河北工业大学优秀博士论文出版基金资助出版

中国自主创新与经济增长

齐晓丽　著

南开大学出版社
天　津

图书在版编目(CIP)数据

中国自主创新与经济增长 / 齐晓丽著. —天津：南开大学出版社，2016.6
ISBN 978-7-310-05150-2

Ⅰ. ①中… Ⅱ. ①齐… Ⅲ. ①技术革新—影响—经济增长—研究—中国 Ⅳ. ①F12

中国版本图书馆 CIP 数据核字(2016)第 130215 号

南开大学出版社出版发行
出版人：孙克强
地址：天津市南开区卫津路 94 号　　邮政编码：300071
营销部电话：(022)23508339　23500755
营销部传真：(022)23508542　　邮购部电话：(022)23502200
*
天津市蓟县宏图印务有限公司印刷
全国各地新华书店经销
*
2016 年 6 月第 1 版　　2016 年 6 月第 1 次印刷
230×160 毫米　16 开本　18.125 印张　2 插页　259 千字
定价：38.00 元

如遇图书印装质量问题，请与本社营销部联系调换，电话：(022)23507125

前　言

根据迈克尔·波特对经济发展阶段的划分方法，全球很多发达国家的各地区都已进入创新驱动发展阶段，但在中国各地区，虽然一些经济发达省份也已进入创新驱动发展阶段，但大部分地区还处于投资驱动阶段，而且中国各地区还面临着日趋严重的外部市场空间压缩和生态环境承载能力下降等一系列的结构性问题。如何引领中国各地区突破现有发展瓶颈，实现经济的可持续发展，迈入创新驱动发展阶段是当前中国经济发展过程中面临的重要问题。为了实现这一目标，在中国经济发展的新常态背景下，国家提出了创新驱动的发展战略。

在创新驱动发展战略中，从全球发展趋势和区域的内在需求来看，区域的自主创新能力以及在此基础上的区域以及跨区域的协同创新能力的提高是突破区域发展瓶颈，释放发展潜能的根本引擎。但目前中国各地区提高自主创新能力过程中又面临着很多问题：各种创新要素流动的障碍和创新资源分布不平衡的问题，各创新主体的功能分工和定位的问题，自主创新对经济增长贡献的问题等。

本书首先利用相关统计数据对中国自主创新的发展现状利用大量的图表从国家整体、各地区以及各行业三个方面对创新要素的分布和各创新主体的定位进行了全面的描述和深入的分析，以帮助读者了解和分析中国自主创新能力的现状和发展趋势。其次，本书对自主创新在不同的经济发展水平下以及不同的区域内与经济增长的关系进行了分析，以便读者从自主创新在经济发展过程中的作用的角度认识创新驱动发展战略。最后，本书对不同的创新模式以及不同的创新投入水平与经济增长之间的关系进行了分析，以期为提高自主创新能力的途径选择提供理论依据。

本书撰写的内容来源是基于对已有研究成果的思考，也获得了很多其他院校和科研机构相关专家学者的宝贵意见和建议，并得到了相关部门的资助和帮助，在此表示衷心的感谢。同时也感谢冯丽景、郭帅等硕士研究生在本书撰写过程中提供的帮助。由于笔者研究能力水平限制等方面原因，书中难免有遗漏、不足之处，希望广大读者不吝赐教，提出宝贵的意见和建议。

目　录

第 1 章 绪　论

改革开放以来，中国经济保持了持续的高速增长，但在中国经济取得巨大成就的同时，其在世界领域中的竞争优势却主要是通过低成本的劳动生产率、巨大的潜在市场以及大规模但低效率的政府投资来实现的，尤其是在中国经济高速增长的时期，中国经济的高速增长并非是由于效率的提升实现的，而主要是投资过度扩张和资源大量消耗的结果。目前，低成本的劳动生产率、巨大的潜在市场等竞争优势正逐渐丧失，而且许多国家拥有更低廉的劳动力，弱化了中国的比较优势；另外，发达国家的国际技术垄断日益增强，而中国自身核心技术的匮乏使其在产业发展和升级、经济增长方式转变上遭受瓶颈制约，难以实现竞争优势的升级。要维持未来持续稳定的经济增长，中国必须尽快提高自主创新的能力，尤其是要依靠先进核心技术的自主创新能力来调整产业结构，转变经济增长模式。

1.1　问题的提出

2013 年以来中国的经济和世界的经济都呈现下滑的趋势，从中国的经济形势显示来看，中国经济增长速度进入了新常态的发展时期，即由原来的高速增长转为中高速增长。同时中国的经济又面临着“中等收入陷阱”的威胁，即在一个经济体达到中等收入水平后，在经济高速发展时期积累的体制、增长机制和发展模式等方面的矛盾进入新的临界状态，而且在原来经济高速发展时期具有的劳动力成本优势、资源优势等逐渐消失，但又无法在高科技领域参与竞争，此外又面临着由于依靠低端制造业带来的经济高速发展而产生的环境污染等问题，而所有这些问题的解决，首先需要对低端制造业进行升级改造，需要科技的支撑。另外，经济的发展在于诸多要素的投入，比如资本、劳动力、技术等要素的投入，但各种要素的投入存在生产要素报酬递减的问题和稀缺资源的瓶颈问题，而这些问题的解决也需要科技的支撑来提高生产率。在现实经济发展的背景下，自主创新在经济发展中的作用越来越重要。

1.1.1 经济发展推动力变化的背景

中国的经济保持着持续高速增长，从国内生产总值的总体变化趋势来看，改革开放以来的经济发展阶段可以分为三个时期（根据 2014 年《中国统计年鉴》中国内生产总值数据的整理得到）：（1）1993 年之前的经济总量增长平稳期，在这一时期，虽然经济增长的速度也很快，但是由于这一时期经济基础薄弱，所以经济实力并未有很明显的增强；（2）1994—2003 年间经济增长速度加快期；（3）2004—2013 年间经济增长总量大幅增加期，整个经济增长呈现了高速、稳定和持续的特征，但从 2012 年开始，中国的经济增长速度开始回落。在这三个经济发展阶段，相对应的能源生产和能源消费情况也有不同的表现（根据 2014 年《中国统计年鉴》中能源生产量和能源消费量数据整理得到）：在 1993 年之前能源生产量和能源消费量很少，而且每年波动幅度不大，几乎是维持在一个水平，1994—2003 年间的能源生产量和能源消费量与 1993 年之前相比有一定程度的增加，但增加幅度不大，能源总量和原煤产量等各种能源的生产量变化比较平稳，每年的增加幅度都很小，甚至在 1997—1999 年间能源的生产率呈下降趋势，即在这个时期能源生产的特点基本呈现总体趋势逐年增多但增幅很小，甚至某些年份有所下降的特点。在 2004 年之后，中国经济进入高速增长的阶段，在经济增长总量大幅增加的同时也显示各种能源的生产和消费也呈现大幅增加的趋势。根据统计数据显示，2002 年之后能源消费量大幅增加，这说明中国的经济增长对能源投入或其他资源的投入可能存在着严重的依赖，这也说明中国的经济增长可能是依靠巨大的资源和能源消耗来拉动的。分析三个阶段经济增长与资源生产的关系和 2002 年之后能源生产量和能源消费量呈明显上升趋势的状况，说明中国经济的高速增长中可能存在着经济增长对资源和能源使用的巨大消耗和低效率问题，而这种经济增长对资源和能源使用的巨大消耗和低效率不仅能够影响国内的资源供需状况，还有可能使得经济运行的持续增长缺乏动力。

在中国经济的整个发展过程中出现了经济增长对资源和能源使用的巨大消耗和低效率问题，在庞大人口和巨大经济总量下，生产效率低和技术相对落后造成了资源的严重浪费，而且产生了严重的环境问题。据测算，在“六五”计划到“十五”计划的每个期间，国内生产总值的增加都是以巨额的固定资产投资实现的，“六五”到“十五”计划期间每增加 1 亿元国内生产总值对应的固定资产投资额分别为 1.8 亿元、2.15 亿元、1.0 亿元、4.49 亿元和 4.99 亿元。[1]从能源消耗量来看，在中国经济进入高速增长的初期，各种能源的消耗量出现了明显的变化，根据 2004 年《中国统计年鉴》测算 2003 年中国国内生产总值对世界经济的贡献率为 4%，但是这四个百分点的经济贡献，在各种能源和资源的消耗上和其他国家相比却非常突出。陈至立同志在中国科协 2005 年学术年会上的讲话中提到：2003 年中国煤炭总消耗占世界煤炭总消耗的 31%，铁矿石的消耗占世界铁矿石总消耗的 30%，钢材的消耗占世界钢材总消耗的 27%，铝材消耗占世界铝材总消耗的 25%，水泥消耗占世界水泥总消耗的 40%，石油消费占世界石油总消费的 7%。[2]中国在能源与资源的消耗方面付出了大量的代价。根据测算，中国一单位的国内生产总值的能源消耗分别高于欧盟的 4.9 倍、日本的 8.7 倍，钢材、铜、铝的消耗分别是世界平均水平的 5.6 倍、4.8 倍和 4.9 倍，用水量是世界平均水平的 4 倍。[3]从以上数据可以看出，中国经济的增长曾伴随着巨大的能源消耗，在这样的发展基础上，为了能够继续保持高速和稳定的经济增长，必须改变资源依赖型的经济增长模式。

经济学家认为，对资源过度使用的做法对中国目前巨大的经济总量而言是难以长期为继的。所以在中国经济发展过程中，国家努力通过新的技术来改变资源依赖型的经济增长模式。改革开放初期，引进国外技术是中国提高科技水平的主要途径，中国通过外商直接投资、跨国企业的合作和技术引进合同等形式大量地从国外引进先进的生产技术和生产管理经验，从一定程度上引进的技术和管理经验有力地促进了中国经济的发展，但由于引进的技术或是通过外商直接投资获得的转让技术一般都缺乏核心技术，所以在技术引进的同时缺少自主知识产权。中国在现阶段仍然是主要依靠廉价的劳动力、巨大的资源消耗、大量的占用土地和利用一些政府优惠政策来赢得竞争优势，所以在国际分工和贸易中仍处在低端的位置，中国的经济增长还是主要通过投资和资源消耗来拉动的。

中国经济的快速增长，是由于投资过度扩张和资源的大量消耗造成的，并非是由于效率的提升实现的，尤其是2003年之后几年中国经济的高速增长主要是钢铁、水泥、电解铝、房地产等行业投资过快引起的。目前低成本的劳动生产率、巨大的潜在市场等竞争优势正逐渐丧失，许多国家拥有更低廉劳动力，弱化了中国的比较优势；而且发达国家的国际技术垄断日益增强，而中国自身核心技术的匮乏使其在产业发展和升级、经济增长方式转变上遭受瓶颈制约，难以实现竞争优势的升级。大量事实表明，中国已进入必须依靠更多科技进步和自主创新推动经济发展的历史阶段（2006年十届全国人大四次会议政府工作报告）。从中国发展的战略全局来看，调整经济结构，转变经济增长方式，缓解能源资源和环境的瓶颈制约，加快产业优化升级，迫切需要坚实的科学基础和有力的技术自主创新能力，因此，自主创新已成为突破资源、能源和环境陷阱的战略需要。要维持未来持续稳定的经济增长，中国必须尽快提高自主创新能力，尤其是要依靠先进核心技术的自主创新能力来调整产业结构，转变经济增长模式。

1.1.2　产业发展战略变化的背景

随着经济的快速发展，中国的产业也得到了快速发展，从而产业升级对技术需求呈现加快增长的趋势。面对激烈的国际竞争和产业发展的需要，技术创新的能力在经济发展中占有越来越重要的地位，单单依靠引进国外技术，采用技术复制的方式提高科技水平不再适应经济发展的需要，而且在日益完善的立法体系和国际竞争环境下，为了获得国外技术需要付出巨额成本。中国从 2005 年开始注重生产中的科技投入和技术创新。根据《中国科技统计年鉴》的数据显示：在规模以上工业企业中，2005 年以前企业的研究与试验发展经费支出低于技术改造经费支出和技术引进经费支出；2005 年以后研究与试验发展经费开始高于技术引进经费支出，但仍低于技术改造经费支出；2010 年开始企业的研究与试验发展经费支出逐渐高于技术改造经费支出，这说明企业越来越重视自主研发和自主创新，但是中国的科技投入相对于世界水平来说还很少。根据 2009 年的统计数据显示，2008 年美国的研究与试验发展（R&D）经费支出为 4037 亿美元，日本的 R&D 经费支出为 173772 亿日元，中国的 R&D 经费支出为 4616 亿人民币，从相对量上来看，2008 年美国 R&D 经费支出占国内生产总值的比例为 2.84%，日本 R&D 经费支出占国内生产总值的比例为 3.47%，中国 R&D 经费支出占国内生产总值的比例为 1.47%。而从 2012 年的 R&D 经费的投入来看，2012 年美国的 R&D 经费支出为 4532 亿美元，日本的 R&D 经费支出为 1996.96 亿美元，中国的 R&D 经费支出为 10298.4 亿人民币，约合 1662.16 亿美元。从相对量上来看，2012 年美国 R&D 经费支出占国内生产总值的比例为 2.79%，日本 R&D 经费支出占国内生产总值的比例为 3.35%，中国 R&D 经费支出占国内生产总值的比例为 1.98%。从发明专利授权量表示的科技成果来看，中国在专利成果总量的发展上较有优势，2006 年国家发明专利授权量情况为美国 173770 件、日本 141399 件、韩国 120790 件、中国 57786 件，2013 年国家发明专利授权量情况为日本 22609 件、美国 16674 件、德国 6589

件、中国 207688 件，中国的人口和投入的 R&D 人员也是最多的，但是如果从人均的研发投入和专利产出上来看，中国仍处于较低的水平。

由于自主创新能力薄弱的问题一直没有从根本上得到解决，中国产业和地区的发展面临着新的挑战，出现了一些趋势性、结构性特征。通过自主创新提高产业的竞争力，这是实现经济可持续增长的重要途径。而且在实现自主创新的经济增长模式过程中最重要的内容就是产业的发展，但长期以来，产业结构尤其是工业结构低度化、产业竞争力不强的问题一直严重影响着中国经济增长的稳定性、可持续性。在中国经济发展过程中的很长一段时间，中国企业的技术创新和制度创新等方面的创新活动主要都是依靠国外技术和制度的引进或是模仿。随着中国经济发展水平的提高，如果中国的经济发展依然依靠引进外国技术来推动技术进步，而不是通过自主的技术创新，那么必将面临着巨额成本的付出，而且还得不到核心的技术，改变不了受制约的现状。另外在技术引进过程中肯定会产生一些其他的问题，比如引进技术的难度将增加，这是因为技术输出国从国家战略的角度出发，拥有技术优势的国家为了保护国家产业的发展，为了使本身在国际竞争中处于优势地位和保持技术的拥有权，也会对技术转让保持封锁或谨慎的态度，从而造成如果依靠从国外引进技术来实现本国技术进步的目标难以达成，将面临着更多的障碍和难度。从以上分析可以看出，依照中国工业化的进程和国际竞争形式的激烈程度，以及中国已经形成的经济基础和科技基础，中国在现阶段应该以自主创新为主，已进入创新驱动发展阶段。正是因为政府和企业都认识到了这一点，所以不管是从国家角度还是从企业角度自主创新都越来越受到重视。

对于中国在产业发展战略方面的改变，可以从中国企业当前的科技投入结构中看出。一般来说，科技投入可以分为政府的科技投入和企业的科技投入。对于企业来说可以从技术改造费用支出、技术引进费用支出、研究与试验发展经费支出、新产品开发经费支出来看；政府科技投入可以以财政科技投入占国内生产总值（GDP）比重的变化来看。从企业的科技投入结构来看，在 20 世纪 90 年代初，大中型企业都是以技术改造和技术消化吸收经费支出为主，研究与试验发展经费支出很少，从 2005 年开始，规模以上工业企业（在 2005 年以前的《中国科技统计年鉴》中都为大中型工业企业的统计，之后为规模以上工业企业的统计）的研究与试验发展经费投入增速加快。另外，1999 年以前，技术改造费用和国外技术引进经费都高于研究与试验发展经费支出，1999 年之后研究与试验发展经费逐渐高于国外技术引进费用，并且投入加快，而国外技术引进经费一直近乎保持在一个水平，但主要经费支出还是在于技术改造费用上，到 2010 年研究与试验发展经费开始高于技术改造费用，在所有的科技投入经费中研究与试验发展经费的支出远远超过了其他经费的支出。从研究与试验发展经费、技术改造经费和技术消化吸收经费的投入结构的变化来看，国家在产业发展中的科技力量逐渐转向了自主创新能力的提高。

1.1.3 国家发展战略变化的背景

世界管理学大师迈克尔·波特根据国家竞争优势的变化把经济发展过程划分为四个阶段[4]：第一阶段是廉价劳动力、自然资源等的“生产要素驱动发展阶段”；第二阶段是大规模投资、改善技术装备成为支撑经济发展主要因素的“投资驱动发展阶段”；第三阶段是创新能力及其水平成为驱动经济发展主要动力的“创新驱动发展阶段”；第四阶段是“财富驱动发展阶段”。在投资驱动发展阶段，企业和政府大量投资兴建现代化、高效率的设备和厂房，并通过购买、合资等途径获取公开渠道中最进步的技术，企业建立起成本优势，还不能建立起差异化的优势，通常还不会形成比较强大的产业链和产业集群，整体上对全球经济景气与汇率变动的抵抗力有所提高。在投资充分带动经济增长之后，创新导向将彻底改变经济增长的方式和质量。在创新驱动发展阶段，创新不仅仅体现在技术领域，还体现在体系、制度、组织、环境等多个方面，企业在生产、营销等方面的竞争达到较高层次，更多地依靠自主创新建立技术或产品的差异，并在国际市场形成一定的竞争优势。这个阶段将形成比较完善的产业集群，对总体经济的变动和外部事件影响的免疫力最强。在财富驱动发展阶段，由于产业升级到相对的水平，消费者的收入较高，房地产、金融等行业挤占了大量的社会财富，商务成本过快增加，实业投资和创新行动受到冷落，企业创新能力减弱，产业竞争优势受到削弱，经济中的炒作成分浓厚，将为整体经济的稳健运行和金融稳定埋下隐患。

根据中国经济发展的过程，当前阶段中国经济已经进入创新驱动发展阶段，而且从中国经济发展战略来看，中国的发展战略也逐渐转向创新驱动发展战略。实际上，中国早在改革开放初期就认识到科学技术就是生产力，但是由于受到经济发展水平的限制，在技术创新路径上很长一段时间都是依靠技术引进的方式实现科学技术的进步。之后在1995年的全国科技大会上提出了科教兴国的发展战略。随着经济发展水平的提高，国家越来越认识到自主研发的重要性。在2004年党的十六届四中全会的会议公报上提出了着力自主创新、构建创新型国家的重大战略思想。在2005年党的十六届五中全会上通过了《中共中央关于制定国民经济和社会发展第十一个五年（2006—2010）规划的建议》，明确地提出将自主创新作为调整经济结构、转变经济增长方式的支撑点，并将提高自主创新能力作为实施科教兴国战略和人才强国战略的核心。之后在中国的经济发展战略调整中，将自主创新战略都放到了特别重要的地位，逐渐成为了国家发展战略。2012年底的“十八大”又提出了创新驱动发展战略。所以从国家发展战略来看，中国自2004年以来逐渐转变经济增长方式，到目前阶段，中国的各地区已逐步开始实施创新驱动发展战略。

基于以上背景，自主创新已经成为中国经济发展过程中的重要内容。本书在国家整体自主创新能力分析、各地区自主创新能力分析以及各行业自主创新能力分析的基础上，对现阶段中国经济增长与自主创新的关系进行探讨。在对现阶段中国经济增长与自主创新的关系进行探讨时，本书主要从比较优势和自主创新与经济增长的关系、自主创新产出与经济增长的关系、不同创新模式与经济增长的关系三个方面进行分析。

1.2　研究意义

在经济增长理论和各国发展实践的影响下，关于中国的经济增长模式的讨论是国内争论的热点问题之一。虽然创新是解决可持续发展问题的有效路径，但是由于发展水平、人员、资金等方面的限制，如何依靠创新解决可持续发展的问题还存在很多争议。许多研究尝试用诸如全要素生产率（TFP）等方法分析中国经济增长的来源，以此判断中国现有经济增长模式的可持续性，并据此提出未来经济增长模式的转型及改革建议。在研究过程中一般认为经济增长模式转型具有多重涵义。第一重涵义是要改变粗放、低效的增长方式，减少消耗，降低成本，提高效率。第二重涵义是实现动态比较优势的转换，在低成本优势逐步削弱后，通过技术、组织和制度创新，形成以提升技术含量和附加价值为重点的新的比较优势和竞争优势。第三重涵义是适应更加开放的国际环境而进行的调整。从经济增长模式转型的涵义来看都是围绕着技术创新展开的，但是技术创新的方式很多，其中自主创新是技术创新过程中最根本的内容，但由于中国各个地区、各个行业经济发展水平不同，所具有的竞争力水平存在着较大的差异，其对应的资金和人员等方面的基础条件也不一样，存在着一定的差距。在中国实施创新驱动发展战略时，对于国家和区域创新体系中各创新主体的结构、创新要素的配置和需求、创新体系的运行特点的现状分析以及对自主创新与经济增长的关系分析是完善区域创新体系建设及提高各地区创新能力的重要内容。

1.2.1　理论意义

经济增长的问题古往今来一直是被无数经济学家关注的话题，也是自亚当・斯密发表《国富论》以来，二百多年的历史中经济学界研究的焦点、难点和重要内容之一。在经济增长问题的探讨中最重要的成果或者说最重要的研究内容就是经济增长理论模型，经济增长理论模型是通过建立投入要素和产出的简化关系式来表达复杂的现实生产中各个要素的关系，在经济增长理论模型中主要探讨经济增长的来源，而在简化关系式中确定各个影响产出的要素以及在函数关系式中的形式是最重要的内容。随着对现实生产和经济发展理解的加深，引入的要素越来越多，而且对经济增长起主要作用的要素也在发生变化。当前的经济增长理论模型中认为技术进步是最主要的影响因素。在探讨技术进步对经济增长的贡献研究中最早的理论模型为索洛模型，索洛模型首先在函数模型中把技术进步当作一个外生变量进行处理。在新经济增长理论中大都是在索洛模型的基础上进行的扩展。如何在已有的经济增长模型基础上探讨自主创新对于经济增长的影响是理论探讨中的重要内容。

关于自主创新对经济增长影响的理论探讨已有一定数量的相关成果，这主要是由于从 1994 年开始不管从国家发展战略还是学术研究中都开始逐渐关注自主创新对经济增长的作用，尤其是在“十一五”规划中提出自主创新的发展模式后，提倡在各地的经济发展中更多地重视自主创新。在学术研究中学者们从不同的研究角度对自主创新对经济增长的作用进行了探讨，比如对比较优势和自主创新进行了比较，以及分析了各种创新投入或是创新产出对经济增长的影响等。但是在关于自主创新对经济增长作用的有关学术研究探讨中所得到的结论并不一致，其中在已有的研究成果中有的研究结论认为在当前阶段自主创新的发展模式并不适合经济增长的需要，而比较优势更适合当前的发展，但又有研究结论认为利用比较优势只能是抑制经济的发展，使经济增长的动力减弱。在讨论不一致的情况下，虽然自主创新的发展模式或许最终是大家认为毋庸置疑的选择，但是在当前条件下，中国到底适合什么样的发展模式，在各种影响经济增长的因素不断变化的条件下，当前中国的自主创新现状达到了什么水平，在现有的基础和条件上如何调整经济增长模式，依然是亟待解决的问题。本书在已有研究成果的基础上，通过调整相关的分析模型和采用分位数回归等方法，利用相关统计数据，对不同经济发展水平上对创新能力以及各种创新投入的需求，从理论上进行了分析和研究，说明了如何根据不同的经济发展水平选择适合的创新模式。

1.2.2　现实意义

熊彼特用自己的创新理论来解释“三阶段”的经济周期，说明经济中周期性波动根源于创新。解释时，熊彼特运用历史统计资料，发现了经济周期的变动，特别是“长周期”的变动，同各个周期内的生产技术创新呈现着相当密切的关联。创新的大小及其重要性不同决定了经济周期时间的不同。知识经济时代，创新已经成为经济增长过程中的决定因素。从 20 世纪 60 年代开始，人们越来越重视创新在经济发展中的作用，从各国实践来说，不管是发达国家还是发展中国家都深刻认识到了创新，尤其是自主创新对经济增长的重要性，都采取了积极主动、各有侧重、各具特色的创新措施，推出了许多重要的计划、措施和政策，并取得了实际效果。中国在“十一五”规划中提出了自主创新的发展战略。2014 年习近平主席又进一步提出了创新驱动发展战略。而中国自主创新的现状及各地区自主创新能力的差异、国家创新体系内创新要素的配置现状以及各区域内创新要素的配置现状等问题是实施创新驱动发展战略的重要基础。

本书的研究成果针对国家创新体系和区域创新体系内的创新要素配置现状以及创新体系的建设情况从国家自主创新现状、各地区自主创新现状、各行业自主创新现状三个方面进行了分析和评价，为国家和各地区在资金投入、政策引导、项目支持等方面提供了依据。此外，研究成果对不同创新模式对经济增长的作用进行了分析，说明在不同的经济发展水平时期，不同的创新模式对经济增长起到的作用存在着很大的差异，即可以根据各地区经济发展水平以及条件选择适合的创新发展模式。

1.3 主要概念界定

1.3.1 经济增长

对于经济增长的涵义，不同时期不同经济学家的看法不尽相同。萨缪尔森（Samuelson，1998）认为：经济增长（economic growth）代表的是一国潜在地区生产总值或国民产出的增加。[5]库兹涅茨在接受诺贝尔奖时（1971 年）发表的演说中提到：一个国家的经济增长，可以定义为向它的人民提供品种日益增加的经济商品的能力的长期上升，这个增长的上升是基于改进技术以及它要求的制度和意识形态的调整。刘易斯在其著作《经济增长理论》（1996 年）一书中提出："经济增长是人均产量的增长，是得到更多的物品与劳务的过程。"[6]

总结以上对经济增长涵义的理解认为，经济增长是指生产总成果在量上的增加，经济增长的过程就是把各种生产要素结合起来，在技术创新和制度环境不断调整的基础上，进行社会扩大再生产的过程。笔者认为，经济增长是指一国或地区在一定时期内，人均实际产出量和实际生产能力的增加及竞争能力的提高。

在实际计量分析工作中，经济学家采用过不同的统计数据作为衡量经济增长的指标。例如，丹尼逊（Denison）在其经济增长因素分析法中使用国民收入或平均就业者国民收入的增长来衡量经济增长的程度，而其他经济学家往往以国民生产总值的增加或人均国民生产总值的增加来衡量该国的经济增长状况，甚至简单地认为产量的增加就是经济增长。[7]现在 GDP 已成为衡量经济发展水平和经济增长的一个比较公认的重要指标，它是衡量一个国家经济发展、综合国力和富强程度的重要标志。与经济增长相关的另一个概念是经济发展，虽然经济发展和经济增长的概念不同，但在本书中对这两个概念不加以严格区分。

1.3.2　经济增长模式

在经济增长模式的概念界定中，首先是模式的界定。模式是解决某一类问题的方法论，在模式定义的基础上理解经济增长模式，认为经济增长模式为在经济增长过程中，实现经济增长或是解决经济持续增长问题的方式。在经济增长过程中，怎样实现经济增长可以从不同的角度来探讨，本书中讨论的就是自主创新的经济增长模式。在自主创新的经济增长模式讨论中，自主创新的基础为创新，而创新的模式也不同。在创新中，创新模式主要是指创新过程中有关技术的选择、开发组织、应用与扩散方式等的总和。因为创新过程中涉及诸多资源要素的整合方式，这些因素在组合、配置方式及其结构上的差异，就构成了不同的创新模式。根据各要素的整合方式可以分为原始创新、消化吸收再创新和引进创新，而这些创新模式会因为所在行业的不同，或所在地区的不同在采用时也会有不同。本书探讨的就是这种加以区分的模式，而在界定自主创新的经济增长模式时和自主创新的界定相关，本书的自主创新指的是创新主体最终掌握了某一核心技术，该技术商业化获得成功，并从根本上具备进一步自主创新的能力，就是一种自主创新模式。

1.3.3　技术进步

技术进步的概念多是在经济学中加以讨论的，在经济学中，技术进步是和效率、经济效益联系在一起的概念，因为在经济增长过程中，经济学家对经济增长源泉的不断研究发现技术在经济增长过程中占有越来越重要的地位，原因是技术进步带来了效率的提高和生产优势，从而获得了更多的利益。所以，在经济学中技术进步的含义是指在把科学技术引入到生产过程时与生产要素结合，通过提高要素投入和产出的效率，使得经济获得效益。经济学理论中把技术进步从产出增长中分离出来，作为产出增长的一个重要影响因素，在从产出增长中分离技术进步的影响时，是扣除由于各生产要素投入量的增加导致的产出增长后的剩余部分，并把剩余部分归结为由于综合要素生产率的提高引起的。影响综合要素生产率水平的因素很多，但起主要作用的是科学技术的发展水平。

1.3.4 技术创新

作为一个词汇，英文中的创新早已有之，其单词 Innovation 源于拉丁语，原意有三层含义：一是更新；二是创造新的东西；三是改变。而“创新理论”（innovation theory）的出现，是在 20 世纪上半叶，由美籍奥地利经济学家、美国哈佛大学教授约瑟夫·阿洛伊斯·熊彼特（Joseph Alois Schumpeter）所提出。在熊彼特关于创新的论述中，他把创新定义为关于生产要素全新的、毁灭性的重新组合，[8]并列举了一系列创新的特点，但是在论述中并未对技术创新给出严格的定义。对技术创新进行较全面研究的是索洛（S.C.Solo），索洛在《在资本化过程中的创新：对熊彼特理论的评论》中以熊彼特的创新论述为基础，研究了技术创新与经济增长的模型。在研究中首次提出技术创新成立的两个条件，为技术创新理论的发展以及经济增长理论模型的发展奠定了重要的基础，所以索洛关于技术创新的论述被认为是技术创新概念界定研究上的一个里程碑。[9]之后关于技术创新的研究很多，对于技术创新的定义也很多。1962 年，伊诺思（J.L.Enos）在其《石油加工业中的发明与创新》[10]一文中对技术创新也进行了研究，论述中是从行为集合的角度对技术创新进行了定义，行为集合即多种行为的集合体，集合体中包括各个影响技术创新的因素，如发明的选择、资本投入保证、组织建立、制订计划、招用工人和开辟市场等。技术创新就是在资本投入保证等多种行为综合作用下产生的结果。后来又有学者从各种角度对技术创新进行定义，其中林恩（Glynn）从创新时序过程角度来定义了技术创新，林恩认为技术创新是一个商业化的过程，所以技术创新的推动力源于技术对商业潜力的认识，也是最终为商业利益服务的，所以技术创新忠于商业利益的获得，即技术创新是从商业需求开始到将其完全转化为商业化产品的整个行为过程。[11]

中国学者结合中国经济发展的实际，在国外经济增长模型理论的影响下，从有利于研究国内实际问题的角度出发对技术创新的定义进行了界定。清华大学的傅家骥教授在他的研究中提出了较为权威的定义，他认为：技术创新是企业家抓住市场的潜在盈利机会，以获取商业利益为目标，重新组织生产条件和要素，建立起效能更强、效率更高和费用更低的生产经营系统，从而推出新的产品、新的生产（工艺）方法，开辟新的市场，获得新的原材料或半成品供给来源或建立企业的新的组织，它是包括科技、组织、商业和金融等一系列活动的综合过程。[12]

在综合国内外学者研究成果的基础上，本书认为技术创新的定义主要和创新的主体有关，技术创新可以是企业技术创新，也可以是政府研究机构的技术创新，但技术创新的目的都是为了经济利益的增加和竞争力的提升，所以技术创新是和经济利益联系在一起的。可以将技术创新界定为：企业或地区提升科技创新竞争力，抢占市场商机，寻求经济收益的超速增长及最大化，通过对自身现有和外部引进的技术、设备、工艺等的革新，实现收益增长的商务活动。

1.3.5　自主创新

自从创新概念由熊彼特提出后，关于创新的研究逐渐增多，其中关于技术进步和技术创新对经济增长的作用，在很多理论中也有探讨，其中最具代表性的就是很多基于技术进步的经济增长模型。基于技术进步的经济增长模型，可以追溯到内生经济增长理论，阿罗（Arrow，1962）将技术进步最早纳入经济增长模型内在因素进行分析，并将技术进步的一部分作用内生化。宇泽（Uzawa，1965）则为解释内生技术变化提供了一个可能的尝试。格鲁斯曼（Grossman, G.M., 1994）建立了一个基于自主创新的长期经济增长模型。

自主创新是在技术进步和技术创新词语的基础上发展而来的，而且是中国所特有的一个概念。对于自主创新的内容和含义的探究，可以从学术搜索和政策搜索中体现，在学术搜索中，搜索的文章最早是在 1994 年发表的《从技术引进到自主创新的学习模式》一文中(陈劲)。而在 1995 年 5 月的全国科学技术大会中,江泽民同志的讲话中提到了“如果自主创新能力上不去，一味靠技术引进，就永远难以摆脱技术落后的局面”。

从对于自主创新的使用来看，自主创新主要和技术进步及技术创新有着很强的联系,也是从学者们对于技术进步和技术创新的关注中，逐渐演化出来的，而所有的这些内容又都是源于对经济活动或是经济问题的研究而逐渐成为大家关注的热门问题。从 19 世纪 70 年代开始，创新和技术进步大量地出现在经济学研究中，对于技术进步的关注，主要来源于学者们对于经济增长模型的研究，经济学家康德拉季耶夫在研究经济波动周期时，论述了技术进步和经济波动之间的关系。后来熊彼特在《经济发展理论》（1912）[13] 中对技术进步和技术创新进行了区分，主要是由于技术进步并不一定能够应用于生产，带来经济效益。所以，为了区分技术领域和经济领域的科技进步，区分了技术进步和技术创新两个概念，技术进步主要是技术领域的进展，它并不必然带来技术创新，而技术创新主要是指科学技术在生产领域中的进展。而且熊彼特所说的技术创新包括了技术、组织、管理等多方面的创新。

而中国的自主创新主要是涉及技术领域，虽然也包含制度创新等内容。但从一开始提出自主创新的概念，到现在的提高自主创新能力还是侧重于技术创新能力的提高。而此处的技术创新能力不是依靠技术引进或是技术改造，而是依靠自主研发而实现的技术创新能力的提高。

自主创新在中国《国家中长期科学和技术发展规划》（2005）中被界定为“自主创新，就是从增强国家创新能力出发，加强原始创新、集成创新和引进消化吸收再创新”。陈至立（2005）也进一步说明“我们所说的自主创新，主要包括三个方面的涵义：一是加强原始创新，努力获得更多的科学发现和技术发明；二是加强集成创新，使各种相关技术有机融合，形成具有市场竞争力的产品和产业；三是在引进国外先进技术的基础上，积极促进消化吸收和再创新”。[14]遵循上面的界定来展开研究分析。自主创新主要是满足市场需求的技术创新，这说明自主创新的作用是一定要利用能产生经济利益的自主创新的数据，那些有关国防等国家方面的数据不计算入内。

自主创新包括三个方面：一是原始创新，努力获得更多的科学发现和技术发明；二是集成创新，通过各种相关技术成果的融合汇聚，形成具有市场竞争力的产品和产业;三是要在广泛吸收全球科学成果，积极引进国外先进技术的基础上，充分进行消化吸收和再创新。

自主创新的概念是由中国在技术创新的过程中提出的，在国外的研究中没有自主创新的概念，和中国自主创新概念相似的概念有内生创新（endogenous innovation）、本土创新（indigenous innovation）和集成创新（integrated innovation）。内生创新是相对于模仿创新、外部引进和裂化的技术创新模式，是系统内自发的行为，在研究中多是侧重 R&D 经费、R&D 人员、知识存量三个方面对生产的贡献。本土创新是基于特定环境下的内生创新及其技术溢出，在研究中多是侧重 R&D 投入的溢出效应。集成创新是利用各种信息技术、管理技术与工具等，对各个创新要素和创新内容进行选择、集成和优化，形成优势互补的有机整体的动态创新过程。关于集成创新概念的提出，1997 年[15]和 1998 年[16]，哈佛大学教授马可·伊恩斯蒂（Marco Iansiti）提出了技术集成（technology integration）的理念，而这也被大多数学者认定为集成创新概念的首次提出。而中国所提出的自主创新的概念是相对于技术引进而言的，是指在经济全球化背景下拥有国家主权的知识产权、独特的核心技术，它反映了国家整体的创新能力。

1.4　主要研究内容

经济增长理论认为，促进经济增长的主要原因可以分为两类，一是由要素投入的增加而引起的，一是由创新产生的技术进步带来生产效率的提高而引起的。在经济增长理论发展过程中，随着理论对现实问题解释的完善，认为经济增长如果是依靠要素投入的增加来实现的，则经济的增长是短期的，而不能实现长久持续的经济增长。根据经济增长理论，技术进步是内生的维持经济长久持续增长的主要原因。而技术进步来源于创新，由创新实现技术进步的两种途径为原始创新基础上的技术进步和技术引进基础上的技术进步。对所有的研究内容进行总结，可以看出现有研究中主要是围绕讨论经济增长是依靠技术进步还是比较优势，如果是技术进步，是依靠技术引进还是自主创新。当前的国家发展战略中把自主创新放在了重要的位置。

本书的研究成果研究的核心内容为自主创新与经济增长的关系以及自主创新对经济增长的作用。本书围绕核心内容在国家整体自主创新能力分析、各地区自主创新能力分析以及各行业自主创新能力分析的基础上，对现阶段中国经济增长与自主创新的关系以及自主创新对经济增长的作用进行了探讨。在对现阶段中国经济增长与自主创新的关系以及自主创新对经济增长的作用进行探讨时，主要从比较优势和自主创新与经济增长的关系、自主创新产出与经济增长的关系、不同创新模式与经济增长的关系三个方面进行了分析。

本书对相关文献进行了归类、比较和总结，以及在相关经济增长理论、自主创新理论和比较优势理论的基础上构建了理论模型，采用统计和计量分析方法对自主创新和经济增长的关系进行研究，研究内容的框架如图 1.1 所示。

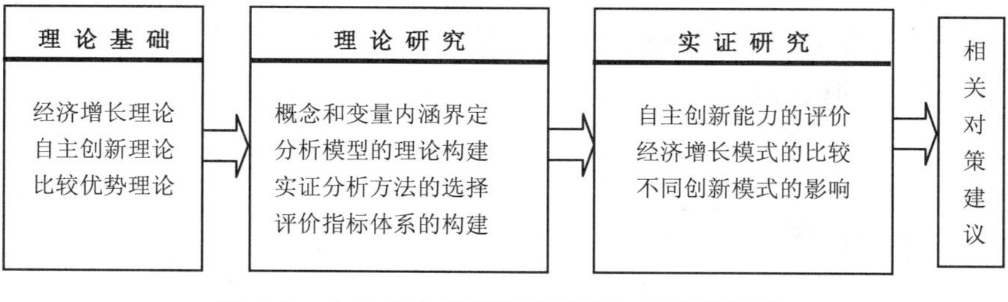

图 1.1　中国自主创新与经济增长的研究框架

1. 主要研究内容一：中国自主创新能力的测度

经济增长的实现除了需要好的措施以外，还需要措施的可实施性。在当前阶段，中国整体的自主创新能力、各个地区的自主创新能力、各个行业的自主创新能力水平如何，是否可以真正实现对经济增长的促进作用，还需要对不同层面的自主创新能力进行测度。关于自主创新能力目前多数是从创新资源投入能力、创新产出能力和创新环境能力等几个方面建立指标体系，运用因子分析或主成分分析方法进行测度。本书研究成果在已有研究的基础上通过建立自主创新能力的评价指标体系，采用因子分析和聚类分析相结合的方法对不同层面的自主创新能力从个体之间的差异和时间序列上的变化趋势两方面进行了分析。

自主创新能力是以创新能力的界定为基础，对于创新能力来说一般包括两个方面的内容，一个是技术创新能力，一个是制度创新能力。具体来说，技术创新能力是指一个国家或地区的技术系统在促进整个国家或地区各种资源要素优化配置，进而推动科技进步、经济和社会发展过程中所具有的能力。它本身是一个由多因素构成的复杂整体，但主要涉及国家或地区的科学、技术要素水平以及相关科技发展的市场、制度结构。如果一个地区技术创新能力比较高，说明该地区通过技术创新活动进行经济增长时可以更有效地利用各种资源，使资源配置更合理。对于创新能力中的制度创新能力是指一个国家或地区进行制度变革的能力，涉及的制度因素不仅包括和科技相关的政策，还包括关系到整个经济运行的所有制度。一般情况下进行自主创新的研究涉及的制度创新能力都是用国家的开放程度来表示，因为认为一个国家的开放程度越高，其各种制度的完善性越好，才能为自主创新创造更良好的环境。创新中两种能力相互影响，相互促进。根据创新能力的内容，自主创新能力也包括自主的技术创新能力和制度创新能力两个方面，但本书的研究成果中进行自主创新能力评价时由于受到中国实际经济发展状况的限制未考虑制度创新能力的评价，而是仅针对技术创新能力的评价。

由于国家的自主创新能力体现在国家整体的自主创新能力、各地区的自主创新能力和各行业的自主创新能力三个方面，且自主创新能力需要创新资金、创新人员等方面的支撑，以及有创新成果的体现。除此之外，创新资金、创新人员的投入又有不同的来源和支出用途等特点，所以进行自主创新能力的现状分析时从各种创新投入的总额、创新投入的来源、创新投入的支出用途、创新主体的发展情况等多个方面进行了分析。

自主创新能力的评价包括自主创新投入能力、自主创新产出能力和自主创新效率三部分，而研究的主体包括中国各个地区和规模以上工业企业中的各个行业。在自主创新投入能力和自主创新产出能力评价中应用建立的自主创新评价指标体系利用因子分析法和聚类分析方法进行了评价，在自主创新效率的评价中采用了数据包络分析法，分析了各主体的自主创新效率水平，以及各投入要素对产出要素的影响以及动态变化趋势。

2. 主要研究内容二：自主创新对经济增长作用的研究

在探讨自主创新的经济增长模式中，自主创新对经济增长的作用是重要的研究内容，在现有的研究中关于自主创新对经济增长的作用大多是根据经济增长理论模型探讨创新对经济增长的贡献，研究时主要是利用经济增长的主要决定因素的确定探讨各因素对经济增长的贡献，其中创新对经济增长的贡献用全要素生产率来表示。在测度各因素对经济增长的贡献时采用的分析方法中比较有代表性的为生产函数法、索洛余值法和丹尼森因素分析法等。在估计全要素生产率时，主要有两种估计方法：一种是增长核算方法，其理论模型简洁，来自于新古典增长理论，是一种非参数的实证估计方法，计算方法主要依靠统计性质与经济学性质很好的一些指数公式。另一种是计量经济学方法，一般将总产出或增加值作为因变量，将不同的投入变量作为自变量，通过参数估计的方法来研究。

从现有的研究结果来看，自主创新对经济增长的作用是毋庸置疑的，但由于自主创新能力受到很多因素的影响，并且具有投入成本高、具有一定风险性等特点，使得在现阶段依靠自主创新实现经济增长仍然存在着争议。争议的主要内容是在经济全球化的今天，中国究竟是走依靠比较优势来推动经济增长的道路，还是走依靠技术创新来促进经济增长的道路，实现经济的可持续发展。所以，本书在探讨自主创新对经济增长的作用时不直接测度自主创新对经济增长的贡献，而是在总结已有研究方法和研究内容的基础上从比较优势和自主创新两种经济增长模式的比较的基础上研究了自主创新对经济增长的作用。

基于已有研究成果，为了分析比较优势和自主创新对经济增长的作用，把整个经济分成两个类别：一个是科技投入水平高的地区，一个是科技投入水平低的地区。利用比较优势的经济增长模式由于主要是利用自然资源，缺乏技术的投入，所以采用技术投入低的地区的数据衡量在比较优势下各影响因素对经济增长的影响，而利用技术投入高的地区的数据衡量在自主创新下各影响因素对经济增长的影响。通过采用面板数据对科技投入水平低的地区和科技投入水平高的地区进行分析比较优势和自主创新对经济增长的作用。

3. 主要研究内容三：不同创新模式对经济增长影响的研究

原始创新是技术进步的一种形式，但技术进步实现的手段可以是多种多样的，对于企业来说，通过技术改造、研究与开发、试验发展、技术引进等方式都可以实现技术进步，其中在技术改造、研究与开发中有可能是由于提高管理水平和劳动者的素质来实现的，所以技术引进是技术进步实现的一种手段，但不是技术进步的全部。技术引进和技术创新从某种程度上来说没有任何联系，因为技术创新是毁灭性的创新，是在生产过程中首次应用的技术成果，是其他的企业从未利用过的成果，而技术创新后被别人引用的称为模仿，而模仿也有可能是对技术的引进，但不是技术创新。从以上论述可以看出，技术进步的形式除了自主创新之外还有技术引进和技术消化吸收再创新、技术改造等形式。

技术引进是其从本地区外购买的技术，但是由于技术引进的研究角度很多，所以具体什么是技术引进并没有一个严格的定义。在有些研究中探讨技术引进与经济增长的关系时，一般用外商直接投资来表示技术引进额，而有些研究是根据大中型工业企业的技术引进费用来分析，所以对于什么是技术引进存在着很多理解，一种理解是技术引进就是技术转移，即按照任何方式进行的技术转移都能称为技术引进，如购买的技术合同、外商直接投资等都可以通过合作实现某种程度的技术转移。技术引进再创新是在经济发展过程中为了能够使得本国的技术能够更快发展，在技术引进的基础上，希望能够获得自己的技术专利而进行的再创新活动。所以技术引进再创新是技术消化吸收之后的再创新过程。而技术消化吸收再创新是指在引进国内外先进技术的基础上，学习、分析、借鉴，进行再创新，形成具有自主知识产权的新技术。

中国作为发展中国家，有些学者认为在技术上和发达国家相比还存在着相当大的差距，如果进行原始创新必然会付出巨额的成本，但技术创新的效果却需要很长一段时间才能显现，而且很多原始创新可能是失败的。即使原始创新是成功的，能转换为经济效益，但因为技术创新取得成果要结合很多环境因素，所以有可能付出的巨额成本不能收回，而使经济发展受到牵制。有很多企业在技术创新方面很成功，但由于其忽略了对技术的保护，使得技术很快被别人掌握，在创新实现很短的时间内优势就被别人占据，使得企业不能成功地发展下去，甚至被迫关闭。所以有的学者主张通过引进国外先进技术，然后消化吸收再创新，认为这是实现中国技术跨越的必要而且经济的战略途径。

本书通过对自主创新、技术改造、技术消化吸收再创新和技术引进等创新模式对经济增长的贡献分析以及自主创新对不同地区的贡献的分析，提出针对不同的地区、不同的行业发展水平选择不同的提高创新能力的创新模式，探讨了不同的创新模式对行业发展影响作用的变化趋势，分析了在提高自主创新能力过程中不同创新方式在不同的经济发展水平以及所处的不同的经济发展阶段所表现出的对经济增长的影响和作用。

1.5 创新点

改革开放以来，中国经济保持了持续的高速增长，但中国经济发展在取得巨大成就的同时，却主要是通过低成本的劳动生产率、巨大的潜在市场，以及大规模但低效率的政府投资来实现的。尤其是近几年来，中国的经济高速增长主要是投资过度扩张和资源大量消耗的结果。要维持未来持续稳定的经济增长，中国必须尽快提高自主创新能力，尤其是先进核心技术的自主创新能力来调整产业结构，转变经济增长模式。

在转变经济增长模式的过程中，自主创新的经济增长模式与其他经济增长模式相比对经济增长作用有哪些差异？中国各个地区的自主创新能力是否都达到了可以依靠自主创新来促进经济增长的水平？有没有比自主创新更好的技术进步方式可以促进经济增长？基于以上问题，本书利用多种统计方法，通过数据分析和模型建构进行了研究，创新点和相关研究结论包括以下几个方面：

1. 比较优势和自主创新的经济增长模式比较

按照经济学理论，一个国家可以通过两种方式提高竞争力水平和促进经济增长：一种是按照比较优势理论，从要素禀赋结构出发，选择具有相对比较优势要素组织生产；另外一种是通过自主创新实现跨越式发展来提高竞争力水平和促进经济增长。由于两种经济增长模式在成本和收益上的差别，使得在现有的对于中国经济的可持续发展模式的研究中，是依靠比较优势还是依靠自主创新存在争议。利用比较优势组织生产会产生资源诅咒；如果利用创新组织生产，在中国还存在着大量被闲置的过剩劳动、人力资本高度短缺、技术创新的效率很低和创新体系很不健全的情况下，可能会造成研究与开发经费的低效率使用，并且随着生产成本的降低和商品价格的下降，会造成要素价格，也就是要素收入的下降，产生贫困增长。即中国在现阶段经济发展过程中，是否可以依靠创新实现经济增长需要进行进一步的研究。本书通过比较两种方式下各个生产要素所发挥的作用，来说明中国经济发展的现阶段是否可以通过提高自主创新能力来实现经济的可持续发展。分析结果显示，在不同的增长模式下各个影响因素对经济增长的促进作用存在着显著的差异性，而在创新投入水平较高的条件下，各生产要素对经济增长的作用要高于创新投入水平较低的情况。

2. 自主创新对经济增长影响的特点分析

由于各个地区的自主创新能力存在着显著差异，是否各个地区都适合利用自主创新促进经济增长？本书利用面板数据的分位数回归，对自主创新对经济增长的影响进行了分析，其可以测度不同的经济发展水平下自主创新对经济增长影响作用的差异性。通过分析发现，自主创新对经济增长的作用随着经济发展水平的提高越来越明显，而且不管经济发展达到任何水平，都是经济发展水平越高，对自主创新能力的要求也越高。但在目前阶段，自主创新对中国的经济发达地区、中等发达地区和不发达地区的作用特征中，对经济中等发达地区的作用最为明显。

3. 不同创新模式对经济增长的作用分析

新经济增长理论认为，技术进步是经济持续增长的原因。引起技术进步的方式包括技术引进、技术消化吸收再创新、技术改造和自主创新等形式。本书利用面板数据模型和分位数回归对引起技术进步的几种形式在经济发展的不同阶段表现出的规律进行了研究。结果显示，随着资金积累的增多，相应的创新活动人员和创新活动经费投入的增多，技术进步的形式可以由技术引进向技术消化吸收再创新、自主创新转换，且随着经济发展水平的提高，要求自主创新的作用也越明显。

第 2 章

自主创新与经济增长研究综述

随着国际竞争激烈程度的加剧，自主创新在经济增长中占有越来越重要的地位，有关自主创新的研究也逐渐增多，但是自主创新这个概念最早是出现在国内 1994 年《科研管理》期刊上发表的《从技术引进到自主创新的学习模式》一文中，在该研究中主要论述了技术吸收、技术引进和自主技术创新三个不同的技术发展阶段所产生的学习模式分别为干中学、用中学、研究与开发中学以及论述了三种学习模式的管理途径[11]。1994 年以后，关于自主创新的研究成果逐渐增多，涉及的领域也逐渐增多。其研究成果主要可以分为自主创新与经济增长的关系研究、自主创新体系的研究、自主创新能力的评价、创新能力的评价指标体系和自主创新路径的研究等方面的内容。

根据文献搜索结果显示，研究的初始阶段主要是对于技术引进、模仿创新和自主创新进行比较，论述在不同的发展阶段各种创新模式的作用。在 2000 年以后开始逐渐探讨如何能够促进自主创新能力的提升。从 2005 年开始对于自主创新的研究大量出现，研究的内容主要围绕自主创新能力的评价（刘凤朝，2005）[18]、如何提高自主创新能力（王一鸣，2005）[19]、（吴增基，2005）[20]、（杨水旸，2005）[21]、产学研合作等，也有一些研究成果是关注自主创新的作用的讨论。2006 年之后对于自主创新相关内容的研究范围越来越广泛，诸如自主创新路径的探讨、自主创新能力的评价（分为自主创新能力、区域自主创新能力、企业自主创新能力、产业自主创新能力等方面)、自主创新能力影响因素分析（包括政府采购、FDI、有效需求、科技投入、R&D补贴等因素)、自主创新模式的探讨、自主创新体系的探讨。

2.1 自主创新与经济增长关系研究综述

在自主创新与经济增长关系相关的研究中，大部分都是研究技术进步或是创新对经济增长的作用。在国外很早就把技术进步作为经济增长重要的影响因素放在模型当中进行考虑，但是对于技术进步对经济增长的贡献的定量测度却从20世纪中期才开始。贡献研究的定量测量内容主要包括两个方面的内容：一个是测量方法的探讨，在定量测度影响经济增长的各个因素的影响时，产生了各种各样的定量测度方法，如因素分析法、回归模型法，而且在使用的数据类型上也不断变化，由时间序列数据到面板数据等在测度方法上做了很多研究；一个是对各影响因素进行更细致的分解。

现有的进行技术进步与增长贡献的分析中，多数都是根据理论模型进行的经验研究。这些经验研究的研究路径一般都遵循索洛开创的总量分析方法及其之后的内生经济增长理论，采用的理论模型一般为柯布—道格拉斯生产函数，采用的分析方法一般为因素分析法或回归分析法，通过计算全要素生产率的方法测度技术进步的贡献。关于技术进步的贡献一般以除去资本、劳动等生存要素后不能解释的份额来表示。所以现有研究的核心思想就是，经济的长期增长为资本不断增加的过程，在没有技术进步下，经济可以实现一个稳态，但一旦经济达到稳态，经济增长速度就取决于技术进步。

2.1.1 自主创新与经济增长关系研究的理论基础

在经济增长理论发展过程中，从一开始模型中探讨资本积累对经济增长的作用，认为资本可以推动经济持续不断的发展，到认识到资本只能解释经济增长的一小部分，大部分不能通过资本等生产要素的投入进行解释，再到后来把不能解释的部分归结为技术进步，关于技术进步与经济增长的研究逐渐形成了一套比较成熟和完善的理论体系。

对于经济增长理论来说，可以分为三个阶段：古典经济增长理论、新古典经济增长理论和新经济增长理论。这三个阶段的经济增长理论都是为了探讨在经济增长过程中经济增长的源泉，主要内容包括如何保持可持续增长、有些国家维持长期较快经济增长的同时而另外一些国家的经济增长缓慢或长期停滞不前甚至是负增长的原因、如何缩小落后国家和发达国家的差距并使落后国家成为现代化国家等。经济增长理论在探讨这些内容时，把复杂的现实中所包含的不同方面的影响用简化的形式表达出来，并形成一系列概念模型。在从古典经济增长理论到新经济增长理论的发展过程中，斯密的分工理论、熊彼特的创新理论、索洛的经济增长理论等是经济增长理论的基础。

1. 斯密的分工理论

最早探讨经济增长原因的理论认为，分工是实现经济增长的原因，这是古典经济理论的创建者亚当·斯密在《国富论》（1776）[22]中提出的。斯密著作的核心观点就是：劳动生产力上最大的增进，以及运用劳动时所表现出的更大的熟练、技巧和判断力，似乎都是分工的结果。通过斯密的论述可以发现，在他看来，推动经济增长最根本的原因是社会分工的日益深化。在著作中，斯密对分工为什么是经济增长的原因进行了解释，认为分工可以促进经济增长是因为分工可以从三个方面促进生产力的提高：一是分工可以提高劳动者的熟练程度，由于分工的存在使得工人可以只专注于一项工作，从而劳动者的技巧因业专而日进，熟练程度大大增加，从而使得在同样的时间内可以完成更多的工作，势必能增加他所完成的工作量；二是分工可以减少因工作转换而造成的效率的损失；三是分工促进了机器的发明，分工的演进使得人们能更容易地利用更简易和便利的方法组织生产，从而产生了机器的改良和发明。

斯密在强调劳动分工的同时，也十分强调资本积累对经济增长的作用，认为资本积累是分工促进经济增长过程中的发动机。他认为，资本的积累须在分工之前，资本积累越多，分工就能按比例分得越细密，而分工越细密，技术就越能进步。

斯密是最早强调技术进步对经济增长具有决定性作用的经济学家。技术进步来源于分工和专业化的深化，技术进步具体体现在机器的改良、劳动者生产能力的提高。亚当·斯密的经济增长理论可以利用图 2.1 表示。

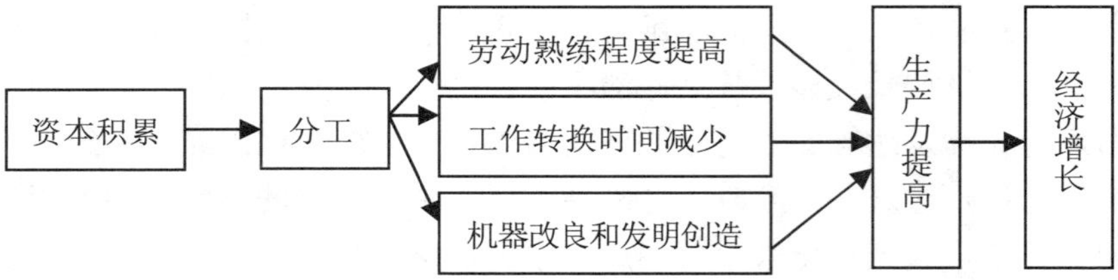

图 2.1　亚当·斯密的经济增长理论

2. 索洛—斯旺的经济增长理论

索洛的经济增长理论（1957 年）被认为是新古典经济增长理论的代表，也被认为是所有经济增长分析的起点，为经济增长模型的发展奠定了重要的理论基础。而新古典经济增长理论是以熊彼特的创新理论为基础的。熊彼特在他的创新理论中认为，创新是经济增长的原因。他认为企业家的创新是造成经济波动和经济增长的原因，根据他的创新理论，创新不仅造成经济偏离均衡的波动，同时也决定趋势本身，因此，创新理论可以用来解释经济增长。熊彼特的创新理论不仅是新古典经济增长理论的基础，也是新经济增长理论的基础。

美国经济学家索洛（Solow）首先在生产函数中引入了技术因素变量。在其于 1957 年发表的《技术进步与总量增长函数》[23]一文中，利用统计资料对美国经济增长做了实证分析，发现 1909—1949 年的 40 年间，资本和劳动的投入只能解释 12.5%左右的产出增长，另外 87.5%的产出增长仅用传统所理解的资本、土地、劳动力等要素难以完全解释经济增长原因，即会出现一个所谓的“索洛余值”（Solow's residuals），索洛把这一余值称作全要素生产率。在索洛模型的基础上，经济增长理论模型逐渐把技术进步因素作为内生变量引入模型，对经济增长实现的原因进行了解释。

索洛—斯旺（Solow-Swan）模型中引入了资本、劳动、技术及技术进步或创新，创新在后来的增长理论中被不断拓展，决定着经济增长。关于索洛—斯旺模型对经济增长的分析，是以六个假定为基础的。六个假定为：（1）经济中只有一种商品，生产的商品既可以消费又可以投资；（2）假定产出由投入的资本和劳动力生产，建立的产出和资本及劳动力的生产函数满足每一种投入为正且递减的边际产品、生产函数为规模报酬不变、生产函数满足要素投入趋于零时边际生产率趋于无穷大；（3）劳动力的供给无弹性；（4）消费者的储蓄率为常数；（5）物质资本以常数折旧；（6）在一个时点上物质资本存量的净增加等于总投资减去折旧。在以上假定基础上，认为人均经济增长率为：

$$\dot{k} = sf(k) - (n + \delta)k \qquad (2\text{-}1)$$

式（2-1）中 s 为储蓄率，是一个常数。$f(k)$ 为人均产出的生产函数，n 为劳动力增加的比率，δ 为折旧率，k 为人均资本。通过式（2-1）可以看出，按照索洛模型，人均经济增长率只和人均资本 k 有关系，而人均储蓄用来增加人均资本存量，控制人口的增长和折旧。当满足 $sf(k) = (n + \delta)k$ 时，人均经济增长率为 0，即经济达到稳态。当经济达到稳态时，总产出、资本的投入以人口增长率 n 的速率增长。

索洛模型探讨生产关系时由两个方程组成，一个是生产函数方程，一个是资本积累方程，通过两个方程之间的关系探讨引起各个国家经济增长的原因。以索洛模型为基础的新古典经济增长理论为探讨贫穷与富裕的差异原因，也为探讨发达与落后、工业化与农业化的差异问题提供了非常重要的理论基础和原始理论模型。但是索洛模型探讨经济增长的原因时也存在着一些缺陷，它把技术进步作为一个外生变量来对待，认为与经济体无关，是独立于经济体之外的，所以索洛模型不能从根本上解释经济能够持续增长的原因。

在索洛模型的基础上，新古典经济学家对经济增长模型进行了改进，但都认为资本积累是促进经济增长的源泉，认为对所有国家来说，只要拥有充足的资本积累，无论其初始的资源禀赋或初始的人均收入存在多大的差异，各个国家的经济最终都会趋于收敛。在这些理论的指导下，很多国家（包括中国）都把资本积累作为生产过程中促进经济增长的重要手段，使得各个国家都以追求重工业化生产为目标，把重工业定为优先发展产业，通过国家的干预，利用行政手段将资源集中到资本密集型的产业上，认为重工业发展的优先战略可最终实现国家的富强，使得各个国家的经济趋于收敛。但实际情况并没有像经济学家预测的那样出现经济收敛的结果，而是很多国家被高通胀、经济结构失衡、生产效率低下等问题所困扰。实施重工业优先发展战略并没有缩小各个国家的差距，而是使差距越来越大。为了解释这一现象，很多经济学家提出了条件收敛、俱乐部收敛等理论，但收敛理论还是未从根本上解释经济增长的来源。

3. 阿罗的“干中学”模型

阿罗（Arrow，1962）[24]在首次分析经济增长时，建立了将技术进步纳入内在因素的经济增长模型，并将技术进步的一部分作用内生化，但是并未解释技术进步产生的原因。阿罗认为，在制造产品的过程中，个人无疑会考虑生产过程的改进。创新的出现、知识的积累、技术进步和生产率的提高是传统经济活动的副产品，也就是可以看作资本积累的副产品，进行新的投资的厂商可以通过积累生产经验而提高生产率，其他的厂商也可以通过学习来提高生产率，这也被称为“干中学”（learning by doing）。因而，在阿罗的分析中，创新产生的技术进步是由经济系统内生决定的，经济的增长可以通过投资、生产，创新会伴随而产生，从而摆脱了新古典经济增长模型中关于资本边际收益递减会导致的经济的增长最终会停滞或收敛于一个外生给定的技术进步的核心结论。

“干中学”的生产函数模型为：

$$Y(t)=K(t)^{\alpha}[A(t)L(t)]^{1-\alpha} \tag{2-2}$$

式（2-2）中，$Y(t)$为产量，$K(t)$为资本的数量，$A(t)$为知识的数量，$L(t)$为劳动的数量，α 是资本占产出的份额，模型假定资本、知识、劳动随时间变化，而且生产中的创新（即学习），是生产新资本的副产品，即知识的存量是资本存量的函数，具有以下形式：

$$A(t) = BK(t)^{\varphi}, B > 0, 0 < \varphi < 1 \tag{2-3}$$

式（2-3）中 B 为转换系数，φ 为知识生产函数的规模报酬。而又由于资本是生产的一部分，即 $K(t) = sY(t)$，其中 s 为储蓄率，把 $Y(t)$ 换成生产函数公式得到：

$$\overset{*}{K}(t) = SB^{1-\alpha} K(t)^{\alpha+\varphi(1-\alpha)} L(t)^{1-\alpha} \tag{2-4}$$

对两边取对数然后求导得到：

$$\gamma_K^* = (\varphi - 1)(1-\alpha)\gamma_K^2 + (1-\alpha)n\gamma_K \tag{2-5}$$

式（2-5）中 γ_K^* 为资本增长率的变化量，φ 为知识生产函数的规模报酬，α 为资本占产出的份额，γ_K 为资本增长率，n 为人口增长率。根据式（2-5）得到，当 $\varphi < 1$ 时，经济的长期增长率将是人口增长率 n 的函数，将收敛于：

$$\gamma_K^* = \frac{1}{\varphi - 1} \times n \tag{2-6}$$

所以当 $\varphi < 1$ 时，在“干中学”生产函数模型中经济的长期增长率将是人口增长率的函数，而且人口增长率是经济收敛状态的重要参数。但当 $\varphi > 1$ 时，经济增长不会收敛，经济会出现持续的增长。

阿罗模型的最大贡献就是说明了经济增长是可以不收敛而是持续增长的，但是在模型中经济的增长取决于外生的人口增长，而不是内生的。

4. 宇泽的两部门增长模型

1965 年，宇泽（Uzawa）[25]建立了两部门的经济增长模型，通过引入一个新的部门解释技术进步产生的原因，为解释内生技术变化提供了一个可能的尝试。在索洛模型中，以及在其基础之上所出现的众多的推广生产函数中，讨论的都是一个部门的生产，所以经济增长都是依靠外生因素实现的，而内生因素主要考虑的也是资本积累。

宇泽突破了已有模型的限制，把技术进步内生化，在产品的生产部门之外还增加了教育部门，即在建立生产函数时建立的是两部门的模型结构，一个是物质资本的生产部门，一个是人力资本的生产部门。在新古典的框架下研究如何通过人力资本的投入来实现长期的经济增长，因为在人力资本生产的部门，即教育部门中进行创新的生产改变了以前知识的积累取决于资本积累的框架，认为创新是独立于物质生产部门的，由教育部门进行创新。宇泽模型虽然通过两部门模型把创新独立出来，但是在两部门模型的讨论中，生产部门是以零成本获得教育部门的创新成果，提高生产部门的产出的。

5. 罗默模型

为了改变索洛模型中提出的经济增长来源于外生的技术变量的影响，20 世纪 80 年代以来，以罗默（Romer，1986）和卢卡斯（Lucas，1988）为代表的学者探讨将技术进步内生化，形成了新经济增长理论。新经济增长理论又称为内生增长理论，原因是这一时期的经济增长理论主要是研究经济的持续增长是如何由经济系统内部决定的。

新经济增长理论产生的基础是索洛模型，但由于索洛模型在解释现实问题中认为经济增长是由外生的技术进步完成的，而在实际中外生的技术进步并不能解释经济的持续增长，所以学者们在索洛模型的基础上进行了不断扩展。在新经济增长理论产生之前，很多学者也曾对索洛模型进行过改进，如阿罗（1962）、谢辛斯基（Sheshinski，1967）和宇泽（1965）提出的增长模型，这些模型为新经济增长理论奠定了基础。

斯坦福大学的罗默在 1986 年发表的《递增报酬和长期增长》[26]一文中把知识作为一个变量直接引入模型，并且认为知识积累是促进现代经济增长最重要的因素。1990 年，罗默构建了第二个内生增长模型[27]。与第一个模型不同，他把经济增长来源在模型中予以明确化，指出知识是经济长期增长的驱动力。

在干中学模型的基础上，罗默（1986）将“干中学”和知识外溢的假设结合起来，对阿罗的干中学模型进行了扩展和修正，建立了一个技术内生的竞争性的均衡长期增长模型。模型的生产函数为：

$$Y = F(k_i, K, x_i) \tag{2-7}$$

式（2-7）中 k_i 是厂商的知识存量，K 是经济的总知识存量，x_i 则代表其他的所有生产要素（如物质资本、劳动力等）。在式（2-7）中，

$K=\sum_{i=1}^{N}k_i$，N 是厂商的数目，每个厂商都将 K 视为既定的变量，并且假定只有知识存量可以增加，而其他的所有生产要素 x_i 数量不变，也就是说，罗默这一模型中认为：①生产能力的提高归结为全社会知识存量的增加；②知识的外溢在整个经济范围内是无障碍进行的。如果采用 C-D 生产函数的形式，并假设其对于所有的厂商都相同的话，则生产函数改写为式（2-8）的形式：

$$Y=k_i^{\alpha}K^{\beta} \tag{2-8}$$

式（2-8）中的 α,β 代表了知识的外溢效应，$\alpha+\beta>1$，因此生产函数对于知识资本具有规模收益递增的特性。

罗默（1987）的模型进一步发展，放弃了完全竞争的分析框架，引入了不完全竞争中在创新产生技术进步的关键思想。从而在其模型中，知识的非竞争性和排他性的特征被描述进来，使得垄断竞争均衡得以取代竞争性均衡。罗默（1990）在研究成果中构造了一个更加完整的增长模型，生产函数为：

$$Y=L_Y^{1-\alpha}\sum_{j=1}^{A}x_j^{\alpha}=L_Y^{1-\alpha}(x_1^{\alpha}+\cdots+x_A^{\alpha}) \tag{2-9}$$

其中 x_j 为若干种资本品，称为中间产品，A 为最终生产部门可以使用的资本品的数量，且该部门中的企业视这一数值为给定。

罗默模型认为经济增长的增长率，取决于创新的技术增长率，而创新的技术进步的增长率取决于劳动重复进行的外部性、知识的溢出效应的程度和人口的增长率。在罗默的新经济增长理论中将知识外溢引入到生产函数中，在某种情况下的生产函数对于知识资本来说具有规模报酬递增的特性。罗默在完善模型的过程中又讨论了非竞争性在经济增长中的作用。新经济增长理论针对现实经济中的问题，在理论模型中不断加入一些因素（如人力资本等）对理论模型进行完善，使得模型解释现实问题的能力大大增强。新经济增长理论通过把技术进步内生化来讨论经济增长模型，并把规模报酬递增、知识外溢、教育培训等人力资本的投资作为影响技术进步的重要原因进行讨论，使得关于经济的长期均衡发展的探讨有了很大的进步。

新经济增长理论可以解释经济持续增长的原因，是增长与发展经济学的主流，在解释为什么各个国家的经济存在差距方面做了很多贡献，为经济的持续发展的研究奠定了重要的基础。但是在解释过程中还是存在缺陷，许多学者提出了新经济增长理论存在的问题。新经济增长理论中解释各个国家的经济存在差距的原因时认为，由于各个国家的技术存量、技术创新等方面具有不同的水平，造成的差距引起了经济发展水平的差异。依照新经济增长理论，有些国家通过技术引进提高本国的技术水平，从而实现经济增长，缩小和发达国家之间的差距。但是技术引进的结果并未从根本上解决技术引进国的现状，未缩小和发达国家之间的差距，甚至有些国家之间的差距是越来越大。雷贝洛（Rebelo，1991）[28]指出了新增长模型在生产函数构造方面具有很大的随意性；法恩（Fine，2000）指出内生增长理论抽象、形式化和聚合的内容导致了其政策主张的模糊不清；费利佩（Felipe）和费希尔（Fisher，2003）[29]则以新增长理论模型采用的总量生产函数为批评对象，论证了其存在的种种问题；纳尔逊和温特（Nelson and Winter，1982）[30]沿着其开创的演化经济学的崭新思路，指出技术进步是一个非均衡过程，是一个存在着较大不确定性、路径依赖和需要较长时间调整的过程。

新经济增长理论在有关问题上也做了新的探讨，认为一个国家光有技术引进不行，必须要有相应的人力资本与之相适应。发展中国家虽有技术引进但是和发达国家之间的差距越来越大的原因就是发展中国家的技术进步水平和人力资本存量较低造成的，引进的技术不能转化成现实的生产力，从而达不到实现经济增长的目标。所以，依据新经济增长理论可以得到结论：发展中国家应该一直通过技术模仿，才能使人力资本的能力与资本的能力相适应，从而达到促进经济增长的目的。但在经济运行过程中，发展中国家是不是应该持续采用技术模仿的战略来发展经济呢？从现实来看，各个国家在经济发展过程中，都并不只是依靠技术模仿来实现技术进步的。对于发展中国家来说，不能单单依靠技术模仿来提高技术水平的原因很多，一是因为如果采取技术模仿的战略，会一直伴随着模仿成本的付出，对于有些情况来说，累加的技术模仿成本可能比技术创新的成本还要高。二是由于一些发展中国家虽然人均资本存量和人力资本水平比较低，但总资本存量和人力资本存量可能很高，所以其也有能力进行技术创新。

6. 其他理论基础

卢卡斯（Lucas，1988）[31]以 20 世纪 60 年代中期宇泽（Uzawa）建立的模型为基础，建立了以人力资本为基础的内生增长模型，他把经济增长的源泉和动力归结为人力资本内生、积累与增长。格鲁斯曼和赫尔普曼（Grossman and Helpman，1991）[32]建立了以技术进步而非人力资本积累为基础的内生增长模型。1994 年，格鲁斯曼等对其建立的经济增长模型进行了进一步的完善，建立了自主创新的长期经济增长模型。

除了理论模型之外，经济学家还对技术进步对经济增长的贡献进行了经验研究，在 1957 年索洛不仅对经济增长模型进行了理论研究，还利用数据测算了美国经济增长的全要素生产率。在具体测算技术进步对经济增长的贡献方面，除了索洛之外，为这一领域做出突出贡献的还有肯德里克（Kendrick，1961）[33]、丹尼森（Denison，1962[34]，1974[35]）、乔根森和格瑞切斯（Jorgenson and Griliches，1967）[36]。在经济增长贡献的经验研究中被广泛利用的方法是根据丹尼森测算美国经济增长贡献时利用的因素分析法。在丹尼森实际的测度中，利用的数据为美国国民收入的历史统计数据，测度结果显示，在美国的经济增长中约 2/3 的贡献是来源于技术进步。在丹尼森因素分析的基础上，各国学者对经济增长贡献的全要素生产率的计算进行了多种研究，国内的学者也大多是在丹尼森方法的基础上对中国经济增长的贡献进行分析。傅道臣等（1996）[37]在丹尼森的研究框架内，把经济增长的五因素（人力资本、非人力资本、规模经济、资源配置和知识进展）进行了模型化，估算了五要素的贡献份额。沈坤荣（1999）[38]估算了 1978 年至 1997 年中国经济增长包括综合要素生产率等各个因素的贡献份额。

2.1.2 自主创新与经济增长关系的实证研究

国内很多学者还探讨了自主创新对经济发展的重要性的问题。王春法（2002）[39]深入研究了东亚地区的国家创新体系与经济增长的关系问题。黄本笑（2002）[40]从科技进步的角度阐述了创新对于区域经济发展的重要意义。王乃静等（2005）[41]通过对中国数控机床产业自主创新发展战略研究得出，当前自主创新已成为中国企业提高核心能力和参与国际竞争的战略性选择。程津培（2006）[42]阐述了，无论是发达国家，还是发展中国家，都把科学技术和国家利益紧密联系起来，强调科学技术要服务于国家利益的重大意义。胥和平（2006）[43]认为，21 世纪，科学技术正步入一个前所未有的创新密集时代，科学技术成为了世界经济和社会发展的主要驱动力，自主创新能力成为国家竞争力的关键。李琳（2006）[44]则论述了自主创新对于国家经济发展的重要作用。邹再进（2006）[45]系统论述了区域创新对区域经济发展的促进作用。张继红等（2007）[46]运用空间自相关 Moran 指数模型、空间滞后模型和空间误差模型，对中国 31 个省域专利创新与区域经济增长的关联机制进行了分析。华民（2007）[47]通过分析比较优势和自主创新两种经济增长方式的区别和联系，并引入收入分配的概念，借助经济福利分析方法来比较两种增长模式的利弊。尚勇（2005）[48]认为，中国的经济发展必须实现从资源依赖型向创新驱动型的转变，实现从对国外技术的依赖型向自主创新型的战略转变。赵炎等（2006）[49]对中国提高自主创新能力的迫切性和策略进行了研究。张占斌（2006）[50]从中国制造能力、配套产业能力、人才储备、自主创新动力等方面论述了中国实施自主创新战略的可行性。

自 2006 年，国家明确提出了把自主创新作为调整经济结构、转变经济增长方式的支撑点，并将提高自主创新能力作为实施科教兴国战略和人才强国战略的核心之后，相关研究成果主要转变为对国家整体或各地区自主创新与经济增长的关系进行实证检验。卢宁等（2010）[51]

利用 1998 年至 2007 年的省际面板数据对中国自主创新与区域经济增长的关系进行了实证检验。欧阳峣等（2012）[52]基于中国省际面板数据的经验分析发现，在不同技术水平的区域，生产性投资与研发投资、模仿与创新对经济增长和技术进步的效应不同。董直庆等（2015）[53]分析了各地区技术差距和经济增长及经济收敛的关系。

2.2 创新能力评价指标体系的研究综述

随着人们对创新认识的加强和深化，大大提升了创新在经济发展中的地位，也促进了创新研究成果的增加。各国政府和世界著名的研究机构也纷纷加强对创新的研究。于是，以创新、竞争力、可持续发展等为评价对象的测评指标体系便成为研究的热点之一。其中最受人们广泛关注和引用的主要有：波特（Porter）和斯特恩（Stern）的国家创新能力指数（National Innovation Capability Index，NICI）、欧盟创新记分牌（European Innovation Scoreboard，EIS）、经济合作与发展组织（Organization for Economic Co-operation and Development，OECD）的科学、技术和产业计分表（Science，Technology and Industry Score Board）等国际机构和学者发表的指标。其次就是亚太经济合作组织（Asia-Pacific Economic Co-operation，APEC）、世界经济论坛（World Economic Forum，WEF）、世界银行、美国、澳大利亚、英国、新加坡等国际组织和国家发表的相关指标。

2.2.1 波特和斯特恩的国家创新能力指数

国家创新能力指数最初发表于 1999 年国际竞争力会议（Council on Competitiveness Washington，D.C.），创始人是波特和斯特恩，它用来评估国家创新体系的强度。国家创新能力的指标体系见表 2.1。

表 2.1 国家创新能力指标体系

一级指标	二级指标
公共创新基础设施	研究与发展人力雇佣总数
	研究与发展支出总额
	国际贸易和投资的开放程度
	知识产权保护的强度
	高等教育支出占 GDP 的比例
	人均 GDP
特定企业群的创新环境	非公共企业 R&D 支出占总 R&D 支出的比例
联系的质量	大学执行研究与发展的比例
其他测评项目	资本投入、退出的难易程度
	国家反垄断政策的强度

波特和斯特恩在国家创新能力指数中首次提出“国家创新能力”的概念，即一个国家为全球创新提供的有利环境的程度，或者说创新产出依赖于私人部门和公共部门政策与投资之间的相互作用的这种要素格局。国家创新能力关注于新技术的经济应用，而不同于纯粹的科学与技术成就，它是一个国家生产出与商业相关的创新流的潜能，因此从某种意义上来说，国家创新能力既是政治上的也是经济上的。过去的技术情况与科学和技术的规模在一定程度上决定了创新能力，因为它们反映了投资、政府政策选择和私人部门的一系列情况，而这些情况影响了一个国家研究、开发和商业化活动的动机及其效率。国家创新能力决定了这个国家各地区的创新活力。国家创新能力的目的在于衡量在一个区域内创新环境的基本情况，而并不仅仅是已达到的创新水平。

国家创新能力由公共创新基础设施、特定企业群的创新环境、公共创新基础设施与单个行业集群区之间联系的质量、公司创新取向四个宽泛的要素构成。

1. 公共创新基础设施

一个国家的公共创新基础设施指的是一个整体经济范围中的支持创新的各种相互制约的因素的集合，这些因素包括整体经济范围内孕育创新活动的公共政策、投入到科学和技术研究中的资金和人力以及经济内生的技术复杂程度。参与创新的骨干科学家与工程师是一个国家的公共创新基础设施。此外，由于基础研究中的投资和制度从根本上支撑着更加商业化的技术，因此也属于公共创新基础设施的范畴，一个国家的国家投资和政策选择通常延续几十年以上才能成为较强的公共创新基础设施。在大多数国家中，真正前沿研究的投资主体依然是政府资助。在政策选择上，反垄断的实施力度和鼓励创新的程度，创新受安全、质量和环境规则阻碍的程度，对创新的税收激励，经济对于贸易和投资的开放程度以及对知识产权的保护是影响创新制衡政策方面的因素。

2. 特定企业群的创新环境

虽然公共创新基础设施符合创新的根本条件，但商业化和新技术的发展却不平衡，并以集群的方式表现出来，集群是指在某个特定领域中，相互关联的公司和机构在地理上的集中。

集群由微观经济商业环境环绕，它建立在创新活力和整体竞争力的基础上。微观经济商业环境有四个属性：强化竞争和鼓励投资的区域环境；来源于复杂区域需求的压力和洞察力；存在专业化和高质量的投入；当地存在高质量相关的支撑企业。

集群是十分重要的，存在于某一个特定地理区域中的创新的外部重要性给企业提供了观察需求和创新机会的利益。同样，存在于集群中的创新观念转变成现实的灵活性和能力也很重要。一家公司在集群区域内可以聚集供商业化使用的机器、配件和服务，创新过程中的关键伙伴是重要投入的供应商和“领先”购买者，在邻近的伙伴之间更容易建立有效创新所必需的关系。在集群区域内强化创新的优势是同行的压力、竞争的压力、客户的压力和不断的攀比，这些都是绝对的压力。

对其竞争力来说，集群环境内的创新环境具有重大意义。在创新过程中集群区域重要性的例子存在于许多领域。以芬兰的纸浆和纸业集群为例，作为世界领袖的芬兰式处理设备制造商之间的竞争构成了同行的压力，像卡默尔（Kamyr）和桑兹（Sunds）等公司在漂白设备的创新商业化过程中通常引导着世界潮流，当地竞争者之间激烈的竞争构成竞争的压力，国内挑剔的客户构成客户的压力，这些强大的压力造就了也成就了集群区域。此外，从美国的制药到中国台湾地区的半导体制造，有关集群的例子比比皆是。

3. 联系的质量

对于创新来说，一个国家的公共创新基础设施与单个行业集群之间联系的质量是十分重要的。它们相互作用，相互影响，形成强有力的集群区域，改善了公共基础设施并从中受益。如果它们之间缺乏强有力的联系，则科学与技术研究的最新成果将会很快流向国外，于是它们在国内被利用的速度就会变慢。例如，VCR 技术最初源于美国，然而成功地将这一创新在全球范围内商业化的却是日本消费电子集群区中的三家公司。一国的大学体系是一个特别重要的机制，它们的重要作用便是在研究者和公司之间建立起桥梁关系。许多国家存在合作机构，即大量正式和非正式的组织与网络，它们将两个领域联系在一起。

4. 公司创新取向

由于公司的适当选择决定创新环境中诸多因素的利用，公司必须采取基于创新的策略，在 R&D 费用支出、客户取向以及对人才招聘与培训等领域必须采取扶持性经营方针。此外，投资不能仅仅局限于 R&D 领域，还要有意识地强化自己在当地创新环境中的地位，如大学和本地供应商等。公司在全球环境下创新的取向是由适当的合作实践与策略和国家创新能力中的其他因素相互作用来共同决定的。

在以上四个方面的要素基础上，波特和斯特恩通过运用数学模型和回归分析来辨识那些与国家创新绩效以及相关贡献紧密联系的因素。他们指出，考察一个国家的创新体系成功与否的主要因素应包含研究与发展的投资总额、国家政策对投资于创新和商业化的鼓励程度、投入高等教育的资源、投入于研究与实验发展的劳动力和其他技术导向工作的数量等方面的内容。

波特和斯特恩以 1973—1993 年间共 17 个经济合作与发展组织国家的数据为例，进行时间序列的回归分析。其结果包括了创新能力、经济合作与发展组织国家创新绩效比较、创新能力指标的预测以及新兴的国际创新中心分析四个方面的内容。

2003 年，波特和斯特恩又利用修正的指标体系和 2002 年经理观点调查中的数据，在《世界经济论坛 2002—2003 年全球竞争力报告》中对 73 个国家的创新能力进行了测评。该项测评使用公开发表的统计数据，以人均为基础，指标体系横跨不同的国家，有利于进行跨国比较，最后根据测评结果比较各国的创新能力。

2.2.2　欧盟创新记分牌

欧盟创新记分牌（European Innovation Scoreboard，EIS）是对欧盟国家创新绩效进行评价的指标体系。2000 年欧盟理事会首次提出，2001 年发布的首个指标体系中只有 18 个反映创新活动的指标，2005 年由欧盟与联合研究中心合作进行了第五次修订。这次修订之后，创新指标种类由原来的四类增加为五类，EIS 指标体系增加到 26 个，同时通过了评估指标间的相关性，允许忽略其中的某几项指标并增加某些影响创新绩效的数据信息。

1. 研究的主要内容

欧盟创新计分牌研究的主要内容包括：①创新计分牌的研究方法；②创新绩效的比较分析；③创新的优势和劣势；④创新和经济绩效；⑤测量创新政策的效果；⑥评估和比较欧盟与美国的创新绩效；⑦欧盟部分国家的创新计分牌；⑧欧盟创新计分牌数据库。

2. 研究主题和步骤

2005 年欧盟创新记分牌（EIS）方法论报告主要研究了两个大主题，分别是修订 EIS 中的创新指标及对综合创新指数和由此得到的国家排序结果的稳健性分析，共由 5 个主题和 12 个步骤组成。

第一个主题是概念框架的识别。这一主题是通过步骤 1 中描述创新过程的 5 个板块指标集合来识别的。其中创新的投入是由创新驱动因素、知识创造和创新与企业家来描述，创新产出是由技术应用和知识产权来描述。在步骤 2 中首批的 52 个指标已经在 2005 年 EIS 报告书中作为潜在的评价指标被确定。

第二个主题是评价指标的选择。它开始于步骤3中对5个板块之间和每个板块中的各指标之间相关性的统计分析。以下两种统计分析是每一板块必不可少的。第一，为辨别有高度相关性的指标，每个板块都要应用一个相关性矩阵分析；第二，为了决定每个板块中的主要因素和指标，主要因素分析（PCA）的方法必不可少。经过这两个分析之后便得到一个包含了27个指标的备选列表。步骤5则是由26个指标组成的最终列表，它是备选列表被送到高级专家评估小组（GSO）进行评估而形成的。

第三个主题是数据的前期处理。步骤6通过对缺少的数据进行归因分析获得一个完整的数据库。步骤7则是在各种指标测量单位不同的情况下，探索了两种规范化的技术——标准化或Z-scores（Z分数），并重新缩放比例。步骤8指出了预先分配比重、采用GSO成员提供的比重、相同比重以及因素分析和疑问益处分析4个不同的权重方案。

第四个主题是综合创新指数的评估和稳健性分析。步骤9运用两个规范化的技术和4个不同的权重方案对5个板块的综合指数以及投入和产出的综合指数进行了计算。步骤10运用单一归因方法对创新指标进行了趋势分析。

第五个主题是结论。这一部分主要是对稳健性分析的主要发现和2005年EIS的现有结论进行了总结。本部分主要包括两个结论，其中，结论一是稳健性分析显示了应用不同权重方案时各国家分组的稳定性。结论二是稳健性分析显示了应用不同权重方案时各国家排序的稳定性。这两个结论都指向了简单权重方案的结果。

3. 欧盟创新计分牌的指标体系

欧盟创新计分牌的指标体系是根据欧盟理事会提出的“欧盟创新计分牌”大纲设计的，2001年发布的首个指标体系中只有17个反映创新活动的指标，2005年增加到5类共26个指标。这5类指标见表2.2。

表 2.2　欧盟创新记分牌

	五类指标	具体指标
投入	创新驱动	科学与工程类毕业生/20～29 岁人口（%）
		受过高等教育人口/25～64 岁人口（%）
		宽带普及率（%）
		参加终身学习人口/25～64 岁人口（%）
		青年受高中以上教育程度/20～24 岁人口（%）
	知识创造	公共 R&D 支出/GDP（%）
		企业 R&D 支出/GDP（%）
		中、高技术 R&D/制造业 R&D 支出（%）
		企业 R&D 支出中来自公共基金的投入比例（%）
		高校 R&D 支出中来自企业的投入比例（%）
	企业创新	开展内部创新的中小企业/中小企业总数（%）
		参与合作创新的中小企业/中小企业总数（%）
		创新支出/销售总额（%）
		早期阶段的风险资本投资/GDP（%）
		信息通信技术支出/GDP（%）
		采用非技术变革的中小企业/中小企业总数（%）
产出	技术应用	高新技术服务行业的就业人口比重（%）
		高技术产品出口/总出口额（%）
		市场新产品销售额/销售总额（%）
		企业新产品销售额/销售总额（%）
		受雇于中、高技术制造业的就业人口比重（%）
	知识产权	百万人口拥有的欧洲发明专利数
		百万人口拥有的美国发明专利数
		百万人口新注册的区域性商标数

指标包括创新投入和产出两个部分。创新投入部分包含三部分，分别是创新驱动、知识创造和企业创新。其中，创新驱动主要考察与创新相关的基础设施和人力资本；知识创造主要是指作为知识经济成

功的关键因素以及研发活动的投入情况；企业创新部分反映了企业在创新活动中的投入，主要是通过分析参与创新的企业数量、企业对创新的投入以及信息通信技术的投资情况。创新产出主要从知识产权和技术应用两方面进行分析。知识产权主要考察专利、商标、外观设计的人均占有量。技术应用则主要从企业活动和劳动力方面考察创新带来的价值增加，包括考察企业采用高技术带来的新价值和参与高技术生产活动的人员带来的新价值。

从 2010 年起这一指标体系调整为 3 类指标，8 个维度（开放、优异的研究体系，金融支持，企业投资，联系与创业，智力资本，创新，经济影响，人力资源），由 25 个指标构成。

2.2.3 亚太经济合作组织的知识经济状态指数

2000 年，亚太经济合作组织（Asia-Pacific Economic Co-operation，APEC）经济委员会发布了知识经济状态指数（KSI），为亚太经济合作组织各个成员国提供了一个进行比较研究的框架，见表 2.3。

该指标体系分为企业环境、创新体系、人力资源发展和信息与通信技术基础设施建设四大方面，并将知识流动划分为知识获取、知识创造、知识传播和知识应用四个阶段。亚太经济合作组织在上述四个方面与四个阶段发布的知识经济指标的基础上选取了 24 个详细指标，根据测算结果，亚太经济合作组织经济委员会将亚太经济合作组织范围内的 21 个经济体分为完全发达的经济体、高绩效的亚洲经济体、高增长的亚洲经济体和拉丁美洲经济体四大类。为了给各经济体提供政策制定、采取行动和开展合作的建议，亚太经济合作组织经济委员会试图通过指标的评估来捕捉相对于以知识经济为基础的发达经济体，亚太经济合作组织经济体发展的概况与表现以及亚太经济合作组织经济体转变成为以知识为基础经济体的潜力。

由于数据主要来源于世界银行的公开报告、瑞士洛桑国际管理发展学院（IMD）的世界竞争力年鉴与经济合作与发展组织的报告，因此亚太经济合作组织的知识经济状态指数也需要进一步完善。其中，经济合作与发展组织的发展资料只包括经济合作与发展组织的成员国家，亚太经济合作组织的指标体系目前还没有覆盖所有亚太经济合作组织的经济体，世界竞争力年鉴除了缺少秘鲁、文莱、巴布新几内亚、越南 4 个国家外，几乎涵盖了经济合作与发展组织与亚太经济合作组织的多数经济体。

表 2.3　亚太经济合作组织的知识经济状态指数

一级指标	二级指标
企业环境	外国直接投资
	高科技出口占 GDP 的比重
	服务业出口占 GDP 的比重
	知识型产业的附加值占 GDP 的比重
	政府的透明度
	企业的透明度
	竞争政策
信息与通信技术（ICT）基础设施建设	每千人中移动电话数
	每千人中电话数
	每千人中计算机数
	因特网使用比例
	每万人中因特网主机数
	电子商务的年盈余
人力资源发展	中等学校入学比例
	每年自然科学毕业生人数
	知识工作者比例
	每千人中每日报纸发行量
	人类发展指数
创新体系	研究与发展支出占 GDP 的比重
	企业研究与发展支出占 GDP 的比重
	每年在美国取得专利数目
	每万人中研究生人员数
	公司间合作程度
	公司、大学间合作程度

另外，由于该指标体系没有形成合成指数，我们只能通过该指标体系来观察并发现一些规律，不能直接得出最终比较结果。但是，在了解中国在国际社会知识经济发展的相对水平，准确地把握中国知识经济的发展中的潜力和不足及考察亚太区域知识经济发展的格局时，亚太经济合作组织的知识经济状态指标体系仍然能提供一个颇具实用价值的国际比较框架。

指标体系的科学性只能是相对的。由于知识经济是一个新事物，它本身也在迅速的发展变化之中，因此我们对它的认识还十分肤浅，知识经济的指标体系还需要不断完善。建立之初的知识经济指标体系并不一定能够科学地测度知识经济的发展，但是通过深入研究测度结果并用研究成果去校正和补充指标体系，指标体系就能逐步完善起来。

2.2.4 经济合作与发展组织的科学技术和工业计分牌

传统的经济增长理论受到了以知识为基础的新经济形态的冲击。在这一背景条件下产生了测度知识经济的系统指标。制定测度知识经济系统指标的目的是试图有效地探测这种新经济形态的系统结构、运行机制、总体规模及其发展趋势，并收集翔实的定量的信息以供政策制定、政策评估和各种理论模型的研究。

1996 年经济合作与发展组织从《1996 年科学、技术和产业展望》中选录部分内容并形成以《以知识为基础的经济》（Knowledge-based Economy）为题的报告，该报告详细讨论了科学系统在经济发展中的作用、知识经济测度的指标体系与统计数据问题以及知识经济的发展趋势。1999 年的《经济合作与发展组织科学、技术和产业公报》指出了“知识经济度量标准”，即一套数据简明并且易于获取的测度知识经济的系统指标。知识对经济发展影响的指标、知识对经济全球化和科技国际化影响的指标以及知识对经济增长与国际竞争力影响的指标构成了测度知识经济的系统指标体系。

这套测评各国创新的指标体系具有三大特点：（1）该指标体系定

义清晰，概念明确。例如，经济合作与发展组织对“知识”与“知识经济”的定义十分明确。其中，“知识”是指“科学知识”与“技术知识”;“知识经济”则是指“以知识为基础的经济”，对知识的投资（包括人力资源开发），知识的生产、推广和应用，国家创新体系及开发程度，学习与协调能力，信息和通信技术产业等都是构成知识经济的重要基础，也是促进经济增长的重要因素。（2）该指标体系与其他国际标准有较强的兼容性。知识经济的相关数据是从国际通用数据库中提取并根据相关定义重新编制的，而并非专门调查收集的。知识经济的度量参考的国际标准主要有:《国民经济核算体系》（SNA）、《国际标准职业分类》（ISCO）、《国际标准教育分类》（ISCED）、《研究与发展调查的推荐标准与规范》（弗拉斯卡蒂手册）、《国际标准产业分类》（ISIC）和《技术创新数据收集和解释指南》。在早期经济合作与发展组织的科学技术和工业记分牌指标体系的具体构成见表 2.4。科学技术和工业记分牌报告为奇数年发布，在 2015 年发布的科学技术和工业记分牌报告中主要从知识构建、知识链接、 瞄准新的增长领域、释放企业创新活力、知识经济下的竞争、参与全球经济几个方面进行评价。

表 2.4　经济合作与发展组织科学技术和工业计分牌指标体系

一级指标	二级指标
知识对经济发展影响	经济环境
	对固定资产和知识的投资
	以知识为基础的制造业和服务业
	信息和通信技术支出
	计算机和互联网
	信息经济基础设施
	电子商务
	人力资本的存量和流量
	研究与发展
	技术创新
	风险投资基金

续表

一级指标	二级指标
知识对经济全球化和科技国际化影响	国际交易
	高及中高技术制造业国际贸易额
	中间品的国际贸易额
	公司的跨国并购
	制造业中外资所占比重
	工业 R&D 中外资所占比重
	跨国公司的 R&D
	公司的国内和国际科技联盟
	专利和科技著作方面的国际合作
知识对经济增长与国际竞争力影响	生产力和收益水平
	单位劳动成本
	科技著作
	专利
	信息和通信技术（ICT）的创新
	创新产出项目数
	技术国际收支
	高技术产品的出口强度
	高技术产品的进、出口比较优势

2.2.5 世界经济论坛的全球竞争力

世界经济论坛（World Economic Forum, WEF）从 1979 年开始就对每个国家的竞争力进行评判。世界经济论坛的《全球竞争力报告》中对各个国家的竞争力进行评价时主要是基于 2004 年提出的全球竞争力指数，全球竞争力指数中选择了 12 个关键影响因素，包括制度和机构、基础设施、宏观经济稳定性、健康和初等教育、高等教育和职业培训、商品市场效率、劳动力市场效率、金融市场状况、技术储备状况、市场规模、商业成熟度、创新能力。在全球竞争力的报告中对这 12 个关键影响因素进行了解释。其指标体系见图 2.2。

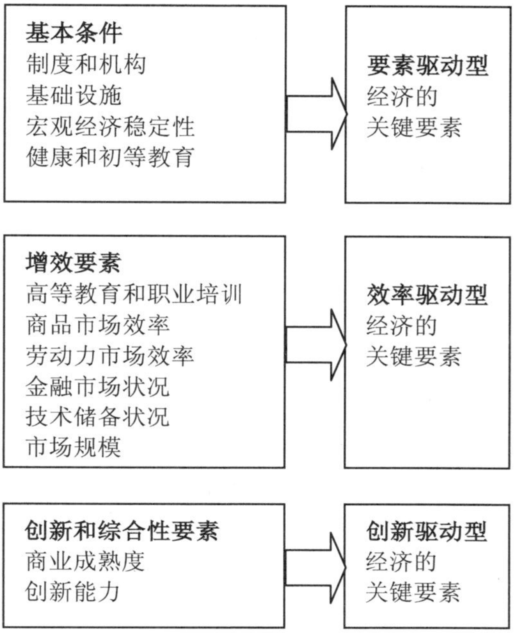

图 2.2　国家竞争力评价指标

2.2.6　中国区域创新能力报告

《中国区域创新能力报告》[54]旨在对中国各省、直辖市、自治区的创新能力做一个客观、动态和全面的评价。该报告通过大量的数字和科学的分析框架，对中国区域创新总的能力做了一个较全面的分析，并对各省、直辖市、自治区的创新逐一做了分析。从 1999 年开始，由科技部政策法规司资助，中国科技发展战略研究小组承担的《中国区域创新能力报告》对每年中国各地区创新能力进行了评价。《中国区域创新能力报告 2014》中区域创新能力的指标体系见图 2.3。

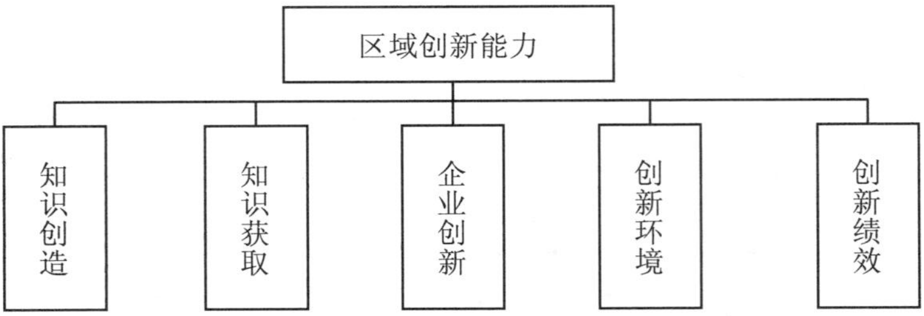

图 2.3 《中国区域创新能力报告 2014》的评价指标

在《中国区域创新能力报告》中，评价指标体系的选取借鉴了《世界竞争力年鉴》《全球竞争力报告》《全球创新指数》《创新型联盟指数》以及《国家创新指数》等国内外知名报告，重点从知识创造、知识获取、企业创新、创新环境、创新绩效五个方面对中国区域创新能力进行了评价。但从 1999 年开始发布的报告中，评价指标体系在不断根据中国区域创新体系的特征进行相应的动态性调整。总体来说，知识创造能力是一个地区技术创新的基础。因为创新是将知识转化为新产品、新工艺和新服务的过程，所以没有知识就没有创新。在《中国区域创新能力报告》中，知识主要是指直接服务于创新的科技知识，因为科技知识是创新所需知识的主体。因此，知识创造能力取决于研究开发的投入水平、科技产出的水平和过程管理的水平，即科技的投入产出比三项。

知识获取的水平反映了一个地区企业对知识需求的程度、对创新的冲动水平和知识流动基础设施的水平。在知识获取中，《中国区域创新能力报告》主要考虑了科技合作、技术转移和外资企业投资。科技合作由科技研究成果的合作水平、高校和科研院所来自企业资金在总科技经费中的比重和专利合作的水平三个指标构成。第一项指标可以说是科技研究合作的指标，第二项指标是产学研合作的指标，第三项指标是直接面向创新的合作指标。技术转移指标由技术市场交易状况、大中型企业从国内其他企业中购买国内技术和技术引进三者构成。

企业创新能力是一个地区的最核心创新能力，在报告中企业创新能力板块由企业的研究开发投入能力、设计能力、制造能力和生产能力、新产品产值几个方面构成。

在一个给定的科技投入、给定的制度体系下，环境是决定一个地区创新能力的关键。由于创新环境涉及的因素较多，且是报告考察的重点，因此，其指标也最多。报告从创新基础设施的发达程度、地区市场环境、劳动者素质、金融环境和创业水平五个方面来刻画创新环境。

一个地区的创新能力最终表现在对经济增长的贡献上，同时，地区经济的发展也有助于当地企业的再次创新。报告从宏观经济、产业结构、产业国际竞争力、就业水平、可持续发展与环保五个方面来考察创新绩效。

2.2.7　结论

目前，在上述国际研究机构、各国政府和专家学者构建的指标体系中，还没有一个指标体系可以完全揭示国家创新能力的本质。但当今的创新能力评价体系存在几个基本的共识和理论基础：

一是对创新能力的共识。组成创新能力的因素主要有：（1）体现和非体现的指示。体现在设备、资本品的技术是体现的指示，人的技能和专业知识是非体现的指示。（2）编码的和缄默的指示。体现在研究成果、专利、图纸中的知识表现是编码的指示，它比较容易衡量；难以编码的指示（如通过干中学和从用中学获得的指示）是缄默的指示，由于它较难衡量，人们通常用劳动力的素质及教育水平来衡量。（3）知识的创造和扩散。对创新来说，两者都很重要，其中，知识的创造对发达国家很重要，而知识的扩散对不发达国家则很重要。

二是在有些能力的评价中，存在一个假设，即创新能力的不同指标间的关系不是替代的而是兼容的，因此可以对这些指标进行加总。有时候虽然两个指标高度相关，但人们通常认为这种重复计算的贡献对所比较的国家和地区而言都是一样的，所以还是把它们进行加总比较。

三是在这些评价看来，尽管不同国家和地区之间在社会、经济和文化中存在很大差异，但跨国的比较和跨地区的比较依然具有重要意义。如洛桑国际管理发展学院曾经对人口在两千万以上和两千万以下两组不同国家之间进行比较，目的是为了减少这种因素对排名所产生的影响，不然的话由于中国和新加坡之间不可比的因素很多，则无法进行比较。后来由于新的分组又产生了新的问题，这种方法应用了几年后又被（洛桑国际管理发展学院）所取消。

总的来说，在这些研究成果中，评价创新的指标体系基本上由以下三个方面构成：

一是研究开发的投入指标和产出指标。这两类指标具有可得性、国际可比性和数据系列长并且可以用货币衡量的优点。研发投入指标表现了政府部门、产业部门对科技的重视程度。在投入到产出之间有一个转换的过程，对不同的国家来说，这一转换过程能产生不同的效率。在研发产出上，首先是将专利作为重要的评价创新能力的指标，专利数据具有可得性和可比性，其次是目前还没有找到一个比专利更好的客观指标，但专利并不等于创新。再次科技的产出指标用科学技术研究成果来表示，它能比较容易地衡量科学的产出水平。由于这一指标具有客观性、可得性和可比性的特点，因此被广泛使用；但科学研究成果间的质量差别很大是这一指标的缺点，如用传统的在国际上发表的科学研究成果（SCI）、工程研究成果（EI）来衡量时则有利于说英语的国家而不利于非英语国家。

二是技术的国际和国内流动。首先是技术使用的提成和许可费指标，它反映了一个国家的技术创造和获取能力，但这一指标的数据比较难以获得。其次是贸易指标，尤其是高技术产品的出口水平。IMD报告就用了这一指标，但由于难以解释指标大小对一个国家科技竞争的意义，也有学者和报告并未采用它。比如，由于马来西亚等国家有限的出口都是由外国直接投资或原始设备制造商（OEM）的产品，因此这些国家的高技术产品出口额会高于美国的水平，这样，在它们国家的出口中高技术产品便会占很大的比重。

三是科技基础设施和环境的指标。在这些研究中，总人口中使用计算机、互联网和电话的比例是共用的指标。由于基础设施和环境方面的指标通常难以量化，问卷指标是通常采用的方法，该方法能够克服量化数据不存在带来的缺陷，因此洛桑国际管理发展学院、世界经济论坛都采用了这种方法，但任何一种方法都存在一定的缺陷，问卷调查的缺点是样本发放的规模和发放的方式都对最后结果产生重要的影响。

我们应该从整体和局部的角度来研究国际组织和学者开发的指标体系的科学性。由于受数据的可获得性和指标的可比性的限制，这些指标体系往往把各个经济体所具有的一些个性的因素剔除掉，将一些共性的指标用在指标体系中。整体上来看，这是科学的，但对每个经济体来说就未必科学。因此，我们应该在区域共用的指标体系基础上，添加符合中国特点的指标，这样才能用这些经济指标体系来观察中国与其他国家创新能力发展水平的变化及其差距，才能使之更好地为中国的市场需要和政府决策服务。此外，我们要严格遵从国际通用标准，学习和借鉴先进国家的研究成果，把它们应用到中国的实践中并以此来规范中国的统计工作，为理论研究和政策制定提供翔实的定量信息。

2.3　自主创新能力的界定及评价研究综述

2.3.1　自主创新能力的界定

对自主创新能力的研究应该始于对技术创新能力的研究。企业技术创新能力是以企业技术能力为基础的。国外对技术创新能力的研究方法都以结构分析为主。拉里（Larry，1981）[55]从组织行为的角度给企业技术创新能力下了定义，认为企业技术创新能力是组织能力、适应能力、创新能力和技术与信息的获取能力的综合。伯格曼（Burgelman，2003）等[56]认为企业技术创新能力是组织支持企业技术创新战略的一系列综合特征，包括对可利用资源的分配、对行业发展的理解能力、对技术发展的理解能力、结构和文化条件以及战略管理能力。这一认识将企业技术创新能力和企业技术创新战略联系起来，强调企业技术创新能力对企业技术创新战略的支撑作用和企业技术创新战略对企业技术创新能力的指导作用。阿德勒（Adler，1990）[57] 等定义了四种技术创新能力，包括：通过发展新产品满足市场需求的能力；通过运用相应的流程技术来生产产品的能力；通过发展和引入新的产品和新的生产过程来满足未来需求的能力；应对由对手和未知的环境所带来的没有遇见的技术活动的能力。巴顿（Barton，1992）[58] 指出，企业技术创新能力的核心是掌握专业知识的人，技术系统、管理系统的能力以及企业的价值观，他的观点突出了企业技术创新能力所渗透的要素。Seven Mulle 认为，企业技术创新能力是产品开发能力、改进生产技术的能力、储备能力和组织能力的综合。管（Guan，2003）[59]等指出，技术创新能力是一种特殊的资产或资源，其中包括技术、产品、工艺、知识、经验与组织，他们进而将创新能力分为七个维度。伯格曼等（2004）等学者将技术创新能力定义为促进和支持企业技术创新战略的一系列综合特征。另外，很多学者和机构，如德赛、谷森正规、世界银行等对企业技术创新能力的定义都明确地把企业技术创新能力看成是企业技术能力的组成部分。以上研究都是从企业技术创新能力结构的角度来探讨的，这些观点也是很有代表性的。

普拉哈拉德和哈默尔（Prahalad and Hamel，1990）[60]从基于产品、技术平台的企业核心能力积累的角度对企业技术创新能力进行了探讨。德赛（Dosi，1992）等从企业技术竞争力的角度研究了企业技术核心能力。迈耶和厄特巴克（Meyer and Utterback，1993）认为企业技术核心能力是企业研究开发能力、生产制造能力和营销能力的系统整合。其他有代表性的研究有：巴特尔和巴维特（Patel and Pavitt，1994），伽隆（Gallon，1995），普隆塞浦（Prencipe，1997）等。卡塞雷斯（Casseres，2000）用案例揭示了企业技术能力增长的途径，指出了企业间的技术合作对企业技术能力增长的作用。[61]

中国学者对自主创新能力的研究也是从对技术创新能力的研究开始的。魏江（1998）[62]等认为，技术创新能力包括研究开发能力、制造能力、市场营销能力、资金投入能力和组织能力五个方面。许庆瑞

（2000）[63]指出：技术创新能力不是一种单功能的能力（区别于研究与发展能力），而是需要多功能的配合，最主要的是研究与发展能力、营销能力、工程转化能力（包括设计、工艺、工装、试制、生产等能力）。温瑞珺（2005）[64]提出，企业自主创新能力就是企业在市场竞争中，通过有效运用企业内外的各种创新资源，建立新的技术平台或改变核心技术，并取得自主知识产权，使企业能不断增强其核心竞争力，从而获得持续竞争优势，在技术创新过程中所表现出来的各种能力的有机综合。具体分为研发能力、生产制造能力、价值实现能力、自治管理能力四个方面。刘凤朝等（2005）[65]指出，自主创新能力应有国家自主创新能力和企业自主创新能力的区别。国家（区域）自主创新能力是指依靠自身（或主要依靠自身）的力量实现科技突破，进而支撑经济发展，保障国家安全，并能对全球科技发展产生重大影响的本领和能量。企业自主创新能力是指企业通过对内外资源的有效整合与运用，实现产业关键技术的重大突破，培育自有品牌，从而掌握或影响价值分配过程的基本素质。自主创新能力是多种能力综合作用的结果，它既包括创新主体对资源的掌握和运用能力，也包括使创新主体资源能力得以实现的载体能力和环境能力；既包括科技成果的创造能力，也包括市场品牌的培育能力。朱春奎（2006）[66]对上海科教兴市的人才、科研机构、企业自主创新能力等关键问题进行了研究。

2.3.2　自主创新能力的评价

关于企业自主创新能力评价指标体系的研究也有很多，2005 年 11 月，国家统计局国家经济景气监测中心发布了《中国企业自主创新能力分析报告》，该报告从技术创新能力的角度提出了一个企业自主创新能力的评价指标体系，共包括四个一级指标：一是潜在技术创新资源指标，包括企业工程技术人员数、企业工业增加值、企业产品销售收入等。二是技术创新活动评价指标，包括科技活动经费占产品销售收入的比重、研究和试验发展活动经费投入占产品销售收入的比重等。三是技术创新产出能力指标，包括申请专利数量占全国专利申请量的比例、拥有发明专利数量占全国拥有发明专利量的比重、新产品销售收入占产品销售收入的比重等。四是技术创新环境指标，包括财政资金在科技活动经费筹集额中的比重、金融机构贷款在科技活动经费筹集额中的比重等。由区域创新研究小组所完成的《中国区域创新能力报告》，提出了区域技术创新能力分析的框架和指标体系；科学技术部专题研究组编写的《中国区域自主创新调研报告》《中国产业自主创新能力调研报告》，从区域和产业的层面对中国目前各区域自主创新能力以及产业自主创新能力进行了较为详细的分析。

柳卸林、胡志坚（2002）[67]分析了中国区域创新能力研究的意义和演化历程，建立了一套综合的创新能力指标体系，对中国的区域创新能力做了一个基本判断；殷尹等（2001）[68]对区域技术创新能力进行了短期评估；邵云飞等（2003）[69]用统计产品与服务解决方案（SPSS）对中国各区域技术创新能力进行了聚类分析；何亚琼、秦沛（2005）[70]从区域创新网络成熟度的视角，建立了一种新的区域创新能力评价指标体系；唐彦东（2003）[71]从区域创新的角度出发，建立一套指标评估体系，利用加权优劣解距离法（TOPSIS）对西部 12 个省区的区域创新能力进行评价，并提出提高西部区域创新能力的政策建议；石琳（2005）[72]围绕知识创造能力、知识流动能力等五个要素对辽宁省区域技术创新能力进行了简要分析；肖智等（2007）[73]利用基于微粒群算法对西部地区自主创新能力进行了综合评价。

其他自主创新能力的研究还有：文（媪）等（2003）[74]从分析企业网络的发育和完善程度出发，探讨影响网络创新能力的因素。陈钰芬（2005）[75]研究了外商直接投资与区域创新能力的关系。胡德龙、周绍森（2006）[76]对中部地区如何提高区域创新能力，促进中部崛起提出了对策建议。李平（2007）[77]进行了中国自主创新中研发资本投入产出绩效分析。刘穷志（2007）[78]构建了公共支出激励自主创新的理论模型并进行了实证分析。范红忠等（2007）[79]分析了需求规模和收入差距通过研发投入对自主创新能力的影响。

2.4　自主创新路径的研究综述

关于实现经济增长的自主创新路径的研究有：以韩国学者金麟洙(Linsu Kim)、李尚宇（Jangwoo Lee)、李金俊（Jinjoo Lee)（1987）为代表的新兴工业化国家的学者们已经指出，U-A 模式只是基于发达国家的实际所提出的，并不能揭示发展中国家技术创新的动态规律，因而对后起国家的企业实践难以起到有效的指导作用，甚至会产生误导作用。韩国的金麟洙（1997）[80]在分析韩国企业的技术学习与创新机制时，引入了四个分析框架：全球技术框架、组织机构框架、企业层面上的主动学习与技术转移。从这四个框架出发，他提出了韩国企业技术追赶与自主创新的几个关键要素：吸收能力、技术需求、技术供给和技术学习的动力。相应的自主创新模式也被概括为三种：跟随追赶、跳跃式追赶和创造新的技术轨道。金麟洙学者们进一步对韩国的产业发展经验进行了研究，他们提出的“逆向 A-U 模型”表明，发展中国家的技术追赶路径是在对引进技术创新的不断积累上最后形成的自主创新能力。

万君康（2000）[81]认为，产业技术发展战略大致可以分为三种模式：领先型或自主创新型、紧跟型或技术引进与自主创新结合型、模仿创新或技术引进型，产业技术战略的模式选择取决于决策实体的经济科技能力以及战略目标的价值取向。程源、雷家骕等（2005）[82]认为，技术战略分为三种类型：领先创新战略、跟随创新战略和模仿创新战略，自主创新战略是以自主创新为基本目标的创新战略，其基本涵义类似于领先创新。

张利华在其《论中国科技跨越式发展战略》[83]一文中通过对美国等国家在 20 世纪实现跨越式发展的剖析，指出“科技自主创新”是中国实现跨越式发展的必然途径。张雷则在《跟踪模仿到创新跨越》[84]中指出，中国科技发展必须加快实现从跟踪模仿为主，向以自主创新和实现跨越发展为主的转变。王必达（2004）[85]从模仿创新、制度移植变迁和结构动态优化等方面论述了后发区域发挥后发优势实现经济跨越发展的形成机理。郭燕青（2004）[86]论述了新时期如何通过技术转移增强中国产业的自主研发能力，推动中国产业结构升级和经济持续增长。姚志坚、王秀昕（2003）[87]从技术跨越资源组织主体维度，综合考虑了技术单元、外部性、转换成本以及共生经济的影响。许治、师萍（2005）[88]提出，产业政策的调整、充分竞争的市场环境、自主研发权的掌握以及建立与市场经济相适应的企业制度，是提升中国汽车产业技术能力的有效途径。郎咸平（2006）[89]评述了韩国三星电子引导世界潮流的高科技领域独树一帜的自主创新战略成功之路。许庆瑞（2013）[90]通过对海尔进行案例分析对企业的自主创新能力演化路径进行了研究。

关于科技创新活动如何通过微观传导机制实现向宏观层面的扩散与转移的探讨始于 1960 年麦克杜格尔（MacDougall）对外商直接投资（FDI）的一般福利效应的研究，并且第一次分析了 FDI 的技术外溢效应。凯夫斯（Caves，1971）[91]对技术的外溢效应进行了系统的研究，并在 1974 年对加拿大和澳大利亚的技术溢出效应进行了检验。格洛伯曼（Globerman）采用加拿大制造业 1972 年的横截面数据进行的实证研究也证实了 FDI 的技术溢出效应。后来的新增长理论的代表人物罗默、卢卡斯的研究也表明，引进外商投资，可以使一国的技术水平、组织效率提高，产生正的外部效应。之后的众多国内外学者对 FDI 的技术溢出效应进行了深入的探讨与研究。此外，纪玉山等（2007）[92]从企业层面的规模效应、行业层面的聚集效应、产业方面的乘数效应三个方面分析了科技创新促进经济增长的微观传导机制，进而对日本与中国经济持续增长阶段的科技创新进行了比较分析。

2.5 自主创新体系的研究综述

关于自主创新体系的研究主要有国家创新系统（体系）、区域创新系统（体系）、产业创新系统（体系）、自主创新环境等几方面的研究。由于本书主要就国家创新系统以及区域创新系统中自主创新能力和经济增长的关系进行研究，所以研究综述部分主要对国家创新系统的研究现状、区域创新系统的研究现状以及对二者关系研究的现状三个方面进行论述。

2.5.1 国家创新系统

最早提出国家创新系统（National Innovation System，NIS）概念的是英国经济学家克里斯托夫·弗里曼（Christopher Freeman），他发现日本的产业政策以及政策有关部门在创新中有着重要作用，在他于 1987 年出版的《技术和经济运行：来自日本的经济》[93]一书中，提出了“国家创新系统”的概念，即“国家创新系统是由公共部门和私营部门中各种机构组成的网络，这些机构的活动和相互影响促进了新技术的开发、引进、改进和扩散”。弗里曼将创新主体的激励机制与外部环境条件有机地结合起来，并相继发展了区域创新、产业集群创新等概念和分支理论。其后，伦德瓦尔（Lundvall，1992）[94]、纳尔逊（Nelson，1993）[95]、爱德奎斯（Edquist，1997）[96]、巴特尔和巴维特（Patel and Pavitt，1994）[97]等学者经过进一步研究，又分别提出了各自的新定义。伦德瓦尔在其主编的《国家创新体系：一种创新和交互学习的理论》中认为，国家创新系统是一个国家内部各种要素和关系的集合，它们相互作用于新的有用知识的产生、扩散和使用；纳尔逊在其主编的《国家创新体系：比较分析》一书中把国家创新体系定义为影响到技术创新的成果而进行主要作用的集合，但是他不把这组织集合看作只直接进行研究开发活动的组织，而是在更大范围内分析国家创新体系，他把企业、企业附设研究所、公共研究机构和高等院校视为国家创新体系的主体。

经济合作与发展组织于 1997 年正式出版了《国家创新系统》[98]的专题报告，介绍了五种定义，其中较有代表性的提法是：“国家创新系统是一组独特的机构，它们分别和联合地推进新技术的发展和扩散、提供政府形成和执行关于创新的政策的框架，是创造、储存和转移知识、技能和新技术的相互联系的机构的系统”。在经济合作与发展组织关于国家创新体系的研究中，已经把知识扩散力、知识网络、知识与人才流动和创新指标研究当作研究的重点。中国学者也提出了一些相应概念，除了对于国家创新系统的界定以外，还有探讨国家创新系统的作用以及如何建设的研究。帕万（Pawan，1998）[99]在对印度企业自主研发的状况进行研究后认为，企业应该和国家实验室以及其他国家研发机构建立紧密的联系；巴维特，弗里曼和巴特尔 Patel（Pavitt Freeman and Patel 1995；2001，2002）的研究进一步表明，尽管创新活动的国际化程度在不断加深，但是国家创新体系的作用仍然是十分重要的。[107]

国内对于国家创新系统的界定以及建设等问题也做了很多研究。例如，冯之浚（1999）[100]认为，国家创新系统是指一个国家内各有关部门和机构间相互作用而形成的推动创新的网络，是由经济和科技的组织机构组成的创新推动网络。叶帆（2006）[101]论述了当前中国要实施自主创新战略所存在的制约因素；而辜胜阻（2006）[102]、保荣本（2004）[103]、许庆瑞（2004）[104]，鲁兴启（2003）[105]则从创新文化角度，研究了自主创新环境问题。郝继明（2006）[106]论述了构建以企业为主体、产学研紧密结合的技术创新体系的五大着力点；张淑君（2006）[107]认为建立自主创新体系，不可或缺的是动态的监督和考评标准。王成军（2005）[108]针对当时国际背景和国内形势认为，三重螺旋是大学、产业、政府三方面合作关系发展至今的最佳形态和结构，对于建设国家创新系统，提升国家的国际竞争力具有重要意义。刘继云（2005）[109]认为，科技基础条件平台建设应以共享机制为核心；魏龙、李华威（2004）[110]通过研究知识产权保护对科技进步推动作用的实证分析得出了中国加强知识产权保护工作优化自主创新环境的政策建议；谭贤楚在其《国家创新战略的一种模式——自主创新的机理、主体及环境》[111]博士研究成果中，从“机理、主体、环境”三位一体的角度对自主创新系统进行了讨论；陈雅兰等（2005）[112]提出了原始性创新的协同理论观，分析了原始性创新中的协同效应等。袁维海（2005）[113]强调，要增强中国科技自主创新能力，提高核心竞争力，充分发挥企业在技术创新中的主体作用；赵刚（2005）[114]通过对山东从林集团自主创新能力建设的调查，提出应建立以企业为主体产学研结合的自主创新体系；竺延风[115]（2002）论述了汽车产业自主创新体系的相关问题；王坚[116]（2002）认为，创新环境是创新人才培育与发挥才能的温床，建立学习型家庭、学习型组织和学习型社会是核心内容。

2.5.2　区域创新系统

从概念上看，区域创新系统是在一国内的一定地域范围内，将新的区域经济发展要素或这些要素的新组合引入区域经济系统，创造一种新的更为有效的资源配置方式，实现新的系统功能，使区域内经济资源得到更有效利用，从而提高区域创新能力，促进区域经济的发展。20 世纪 90 年代以来，以城市与区域规划专业为主的一些专家学者在参与城市与区域开发与管理及国家创新系统研究过程中，开始关注并研究一国之内创新系统建设与区域的密切关系。英国学者库克（Cook）较早提出了“区域创新系统”的概念，并于 1998 年出版了《区域创新系统：全球化背景下区域政府管理的作用》[117]一书，对“区域创新系统”的理论与实证研究进行了详细阐述。

此外，其他学者对区域创新系统从不同侧面进行了研究，魏格（Wiig，1995）[118]在探讨区域创新系统的概念时，认为广义的区域创新系统应包括：（1）进行创新产品生产供应的生产企业群；（2）进行创新人才培养的教育机构；（3）进行创新知识与技术生产的研究机构；（4）对创新活动进行金融、政策法规约束与支持的政府机构；（5）金融、商业等创新服务机构。但更多的学者是在研究某个具体对象的区域发展过程中将研究对象看作一个区域创新系统，如阿施姆和邓福德（Asheim and Dunford，1997）[119]对欧洲区域未来发展的研究，马斯特里赫特大学创新与技术经济研究所（MERIT，1998）对欧洲区域创新战略的研究，萨克森宁（Saxsonian，1994）[120]对美国硅谷和 128 号公路地区的研究，哈森克（Hassink，1992）[121]对巴登—符腾堡及英格兰东北部的研究，考里根（Corrigan，1992）[122]对莱茵—阿尔卑斯地区的研究等。这些理论论证了创新过程中多种因素的作用，有利于激发自主创新，并在这一创新系统的构建中，对区域产业结构带来深刻的变革性影响。

在国内，北京大学王缉慈教授引介、探讨了区域创新的重要理论概念和观点，特别对集群问题进行了较为深入的理论和实证研究，其理论成果主要体现在《北京中关村高新技术企业的集聚与扩散》[123]、《从意大利产业区看浙江专业化产业区发展前景》[124]《创新的空间——企业集群与区域发展》[125]《创新及其相关概念的跟踪观察》[126]等著作中；王德禄主编的《创新中国研究系列》[126]对区域创新的有关理论和国内外实践进行了阐述和分析，特别是对中关村创新网络等问题进行了比较深入和扎实的研究；邓田生等（2011）[128]对长株潭的区域创新体系的构建模式进行了研究；王丽钧等（2012）[129]对中国跨区域创新体系的构建进行了研究；袁潮清等（2013）[130]对区域创新体系的成熟度进行了测度；潘鑫等（2015）[131]认为我国存在开发型、探索型和混合型三种区域创新体系模式，当前我国开发型模式主要分布在中西部内陆地区，探索型模式主要分布在沿海发达省市，其余部分为混合型模式。

2.5.3 区域创新系统和国家创新系统之间的关系

英国的麦特尔卡夫（Metcalfe）教授认为，国家作为一个单位来分析一个技术体系的动态图像可能太大了。因此“应该考虑一组特色的、以技术为基础的体系，其中的每一个以在一个国家地理和制度为边界，而它们之间又进行联结，支撑国家或国际创新体系的发展”[132]。

在论述区域创新系统和国家创新系统的关系时，卡尔森（B.Carlsson，1999）[133]等指出，区域创新系统是创新系统的重要分类形式；卡西奥拉托（Cassiolato，1999）[134]在对拉丁美洲国家创新系统的研究中论述了国家、区域、地方创新系统的关系。

在国内，对于区域创新系统与国家创新系统之间的关系很多学者都给予了论述，认为区域创新系统与国家创新系统之间既有联系又有区别。假如把国家创新系统看作一个大系统，则区域创新系统是子系统，区域创新系统是中观层次的创新系统，国家创新系统属于宏观层次的创新系统（顾新，2001）[135]。区域创新系统的建设是国家创新系统运行的前提和组成部分，没有区域创新系统的内外协调，就不会有国家创新系统的质量和效率（黄鲁成，2000）[136]。区域创新系统运行状态和功能的正常与否直接关系到国家创新系统的质量和效率（罗守贵、甄峰，2000）[137]。

2.6 自主创新与经济增长研究的分析方法

2.6.1 自主创新与经济增长关系的分析方法

现在关于经济增长与创新的文献中，刻画经济增长与创新之间的内在机理基本上遵循着索洛开创的总量分析方法及其后的内生经济增长理论。关于技术进步对经济增长贡献的研究路径，其基本分析思路大都采用柯布—道格拉斯总量生产函数的因素分析方法或回归分析方法。

1. 因素分析法

因素分析法是把一个国家经济增长中不能解释的份额（即索洛余量）归结为技术进步，其基本的模型基于柯布—道格拉斯生产函数，在分析时对生产函数$Q = A(t)F(K,L)$取对数并求导得到增长速度方程$q = a + \alpha k + \beta l$，其中$\alpha,\beta$ 分别为资本和劳动要素的边际产出弹性，q,k,l分别为产量、资本和劳动的增长率，a为技术进步对经济增长的贡献。后来的众多经济学家基本上都是基于这样的研究思路展开了经济增长的因素分析，为这一领域做出突出贡献的除了索洛（Solow，1957），还有肯德里克（Kendrick，1961）、丹尼森（Denison，1962）、乔根森和格瑞切斯（Jorgenson and Griliches，1967），最具影响力的是美国经济学家丹尼森对美国经济增长的因素分析，丹尼森根据美国国民收入的历史统计数字对美国的经济增长因素进行了考察和分析。在丹尼森的因素分析中，把经济增长的影响因素分为要素投入的增加和单位要素投入产出的增加两类，要素投入的增加是指劳动、资本等要素投入量的增加，单位要素投入产出的增加是指由于技术创新、产业结构变化或其他因素引起的效率的增加，在详细分解这些因素的基础上，测度了各因素对经济增长的贡献。国内学者的研究也大都是基于这样的方法展开了对中国经济增长的因素分析，测度创新对经济增长的贡献，傅道臣等（1996）在丹尼森的研究框架内，把经济增长的五因素（人力资本、非人力资本、规模经济、资源配置和知识进展）进行了模型化，估算了五要素的贡献份额。沈坤荣（1999）估算了 1978 年至 1997 年中国经济增长包括综合要素生产率等各个因素的贡献份额。陈清华（2003）将整个经济增长完整地分成了十个部分，通过实际数据估算出这十个方面对经济增长的贡献程度。

2. 回归分析法

回归分析法也是以柯布—道格拉斯生产函数为基本模型，针对不同的数据类型运用计量分析方法对创新或技术进步与经济增长的关系进行分析。根据数据类型的不同，关于回归分析的研究方法可以分为三类：截面数据的回归分析、时间序列的回归分析和面板数据的回归分析。关于截面数据的回归分析是以生产函数模型为基本模型，把所考虑因素作为解释变量，用回归得到的解释变量前的系数分析对应因素与经济增长的关系。时间序列的回归分析一般是通过格兰杰因果检验、协整和误差修正模型来分析各因素与经济增长的关系。张耿庆（2007）利用 1990—2002 年的数据运用协整理论和格兰杰因果检验实证研究了中国技术创新与经济增长之间的关系。面板数据的回归分析是通过建立分析变量间的固定效应模型或随机效应模型分析各因素与经济增长的关系。朱勇、张宗益（2005）利用面板数据研究了中国八大经济区技术创新水平对经济增长的影响差异。

基于以上创新与经济增长的研究方法，研究成果选择面板数据的回归分析建立自主创新和经济增长的关系模型，在选择二者的模型形式时主要利用模型比较的方法确定最优的模型形式，在参数估计方法的选择上选择了面板数据模型的最小二乘回归和分位数回归两种方法。

本部分通过面板数据的分位数回归验证自主创新对经济增长的作用。回归分析是通过建立变量之间的回归方程来分析变量之间的关系，是数据分析中常用的统计方法。传统的线性回归模型描述了因变量的条件分布受到自变量的影响过程，利用普通最小二乘法估计回归系数，描述自变量对于因变量的均值影响。回归分析方法在发展过程中不断完善，产生了很多回归思想。从建立的方程形式上分，有线性回归、非线性回归、离散因变量回归等，从变量的数据类型上来说，有截面数据、时间序列数据和面板数据等，从参数估计方法分，有最小二乘法和分位数回归等。根据不同的分析情况，采用不同的模型和参数估计方法。

分位数回归是为了弥补普通最小二乘法在回归分析中的缺陷，由科恩克尔和巴塞特于 1978 年提出的，它依据因变量的条件分位数对自变量进行回归，因此分位数回归与只能描述自变量对于因变量局部变化的影响的普通最小二乘回归相比而言，更能精确地描述自变量对于因变量的变化范围以及条件分布形状的影响。将分位数回归和面板数据模型结合对变量之间的关系进行分析，可以在控制个体异质性的基础上更好地分析因变量条件分布的不同分位点上变量之间的关系。

分位数回归是对以古典条件均值模型为基础的最小二乘法的延伸，它用几个分位函数来估计整体模型。分位数回归法的特殊情况就是中位数回归（最小一乘回归），用对称权重解决残差最小化问题，而其他条件分位数回归则需要用非对称权重解决残差最小化问题。

分位数是描述一组数据集中分布的指标之一，简单来说就是把一组数据按由小到大的顺序排列，根据数据的位置进行分位数的定义，如位于数据排列中 25%位置处的数据称为四分之一分位数。从概率与数理统计角度来说，对一个连续随机变量 Y，如果 Y 小于等于 $Q(\tau)$ 的概率是 τ，则 Y 的 τ 分位数值是 $Q(\tau)$，或者说 $Q(\tau)$ 就称作 Y 的第 τ 分位数。设随机变量 Y 的分布函数为 $F(Y)=P(Y\leqslant y)$，则 Y 的第 τ 分位数为 $Q(\tau)=\inf\left\{y:F(y)\geqslant\tau\right\}$。

对于 Y 的一组随机样本 $\{y_1, y_2, \cdots, y_n\}$，如果求其平方和的最小值，即：

$$\min\sum_{i=1}^{n}(y_i-\xi)^2 \tag{2-10}$$

样本均值是其最优解，而样本中位数是最小化残差绝对值和的解，即：

$$Q(1/2)=\min\sum_{i=1}^{n}|y_i-\xi| \tag{2-11}$$

对于其他的第 τ 分位数，可以通过求解式（2-11）得到：

$$\min[\sum_{i\in\{i:y_i\geqslant\xi\}}\tau|y_i-\xi|+\sum_{i\in\{i:y_i<\xi\}}(1-\tau)|y_i-\xi|] \tag{2-12}$$

如果令 $\rho_\tau u=\begin{cases}\tau u, u\geqslant 0\\(\tau-1)u, u<0\end{cases}$，则式（2-10）等价于：

$$\min\sum_{i=1}^{n}\rho_\tau(y_i-\xi)$$

分位数回归采用加权残差绝对值之和的方法估计参数，它对模型中的随机扰动项不需要做任何分布的假定，当被解释变量的条件分布是非标准分布时，如非对称分布、厚尾分布或截段分布，采用分位数回归进行分析能得出更加合理的结论。而且分位数回归对于异常值的敏感程度远远小于均值回归，分位回归只受到是否存在异常值的影响，但与其具体位置无关，因此回归模型具有很强的稳健性。

对于一般线性条件均值函数 $E(Y\mid X=x)=x'\beta$，通过求解式（2-12）得到：

$$\beta=\arg\min\sum_{i=1}^{n}(y_i-x_i'\beta)^2 \tag{2-13}$$

而一般线性条件分位数函数为：

$$Q(\tau \mid X = x) = x^{'}\beta(\tau) \tag{2-14}$$

条件分位数函数的结果可以通过求解式（2-15）得到：

$$\beta(\tau) = \arg\min \sum_{i=1}^{n} \rho_{\tau}(y_i - x_i^{'}\beta(\tau)) \tag{2-15}$$

求解式（2-15）的方法有单纯形法、内点法、平滑算法等。

在利用面板数据对建立的变量回归方程进行分析时，由于面板数据是二维数据，所以有可能在不同的时间上，个体之间存在着显著性差异；或是从截面上，不同时间之间存在着显著性差异，这体现在模型中就是针对不同的时间或截面截距不同，所以面板数据模型的一般形式为：

$$y_{it} = x_{it}^{'}\beta + z_i^{'}\alpha + \varepsilon_{it} \tag{2-16}$$

式（2-16）中，y_{it} 是被解释变量在横截面 i 和时间 t 上的数值，x_{it}^{1} 是解释变量在横截面 i 和时间 t 上的数值，$z_i^{'}\alpha$ 为异质性或个体效应，其中 z_i^{1} 包含一个常数项和一系列不随时间而变化的组别变量。如果所有个体的 z_i^{1} 都可以观测到，那么整个模型可被视为一个普通线性模型，并且用最小二乘法来拟合，称为混合估计模型。

对于不同的截面或不同的时间序列，模型的截距是不同的，可以采用在模型中加虚拟变量的方法估计回归参数，称此种模型为固定效应模型。固定效应模型分为三种类型，即个体固定效应模型、时刻固定效应模型和时刻个体固定效应模型。以个体固定效应模型为例进行说明，如果对于不同的时间序列，截距是不同的，但是对于不同的横截面，模型的截距没有显著性变化，则应建立个体固定效应模型，表示如下：

$$y_{it} = \beta x_{it}^{'} + \gamma_1 W_1 + \cdots + \gamma_N W_N + \varepsilon_{it} \tag{2-17}$$

$$W_i=\begin{cases}1,\ \text{当属于第}i\text{个个体，}\ i=1,2,\cdots,N,N\text{为截面的总个数}\\0,\ \text{其他}\end{cases}$$

式（2-17）或者表示为：

$$\begin{cases}y_{1t}=\gamma_1+\beta x_{1t}+\varepsilon_{1t},t=1,2,\cdots,T\\y_{2t}=\gamma_2+\beta x_{2t}+\varepsilon_{2t},t=1,2,\cdots,T\\\cdots\cdots\\y_{Nt}=\gamma_N+\beta x_{Nt}+\varepsilon_{Nt},t=1,2,\cdots,T\end{cases}\tag{2-18}$$

式（2-18）满足普通线性回归的一系列假设时，固定效应模型的参数估计可以利用最小二乘法得到。相对于混合估计模型来说，是否有必要建立固定效应模型可以通过 F 检验来完成。以个体固定效应模型的选择为例，F 统计量定义为：

$$F=\frac{(SSE_r-SSE_u)/[(NT-2)-(NT-N-1)]}{SSE_u/(NT-N-1)}$$

$$=\frac{(SSE_r-SSE_u)/(N-1)}{SSE_u/(NT-N-1)}\tag{2-19}$$

其中 SSE_r，SSE_u 分别表示混合估计模型和个体固定效应模型的残差平方和。用 F 统计量来检验是接受原假设还是备择假设（原假设 H_0：不同个体的模型截距项相同（建立混合估计模型）；备择假设 H_1：不同个体的模型截距项不同（建立个体固定效应模型））。

对面板数据模型也可以采用分位数回归方法进行参数估计，分位数回归在建立模型时模型右端不再是关于解释变量的被解释变量的数学期望值，而是变成了关于解释变量的被解释变量的条件分位数。被解释变量的 τ 分位数方程为：

$$Q_{y_{it}}(\tau_j\mid x_{it},\alpha_i)=x_{it}'\beta(\tau_j)+\alpha_i\tag{2-20}$$

为求得式（2-20）中各参数值，求 $\min\limits_{\alpha,\beta}\sum\limits_{j=1}^{J}\sum\limits_{t=1}^{T}\sum\limits_{i=1}^{N}w_j\rho_{\tau_j}(y_{it}-x_{it}'\beta(\tau_j)-\alpha_i)$ 的最优解，其中，w_j 为相应于各分位数的权数。

2.6.2 自主创新能力的评价方法

在进行自主创新水平评价时采用因子分析的方法。因子分析的思想始于 1904 年查尔斯·斯皮尔曼（Charles Spearman）智商测试的研究，近年来已广泛应用于经济、教育、心理学、医学等许多领域。例如，在心理学研究中，根据学生的测验成绩（指标）来分析他的反应能力和理解能力（公因子）。在教育学中，为了了解学生的学习能力，观测 m 个学生的 n 个科目（如语文、英语、代数、几何、地理等）的成绩，最终归纳出数学推导因子、记忆因子、计算因子等多个公因子。在社会学中，通过设计相关问卷，调查青年对婚姻家庭的态度，通过分析可归结为对金钱的看法、对玩乐的追求、对工作的态度等几个公因子。此外，在顾客满意度、服务质量、形象调查等方面均可用到因子分析。

因子分析的目的是从众多的原有变量中综合出少数具有代表性的因子，实现的基本思想是对于选定的多个变量根据它们之间相关性的大小把变量分组，使得同组内的变量之间相关性较高，不同组的变量相关性较低，每组变量称之为一个因子，从而对于所研究的问题就可以用最少个数的因子来解释。即因子分析是从研究变量相关矩阵内部的依赖关系出发，把一些具有错综复杂关系的变量归结为少数几个具有一定命名性解释的综合因子的多元统计分析方法。

1. 因子分析的原理

因子分析是一种用少数彼此不相关的因子来表达多个观测变量的多元统计分析方法，这些因子往往是不能直接观察到的。比如，学生的各科成绩受智力、理解能力、分析能力和表达能力等因素的制约，这些因素称为因子，我们可以通过考试或其他途径得到学生的各科成绩，而那些对学生成绩起支配作用的因子是不能直接测定的。假设抽取 50 名学生 10 门课程的成绩，每个学生的各科的成绩 X_i（$i=1,2,\cdots,10$）可以表示为上述四个因子的线性函数。

$$x_i = l_{i1}F_1 + l_{i2}F_2 + l_{i3}F_3 + l_{i4}F_4 + \varepsilon_i$$

式中，$F_1, \cdots, F_4$表示四个因子，称为公因子；$L_{i1}, \cdots, L_{i4}$是因子的载荷，表示第i个学生在四个因子方面的能力；ε_i是第i个学生的成绩不能被四个因子解释的部分，称为特殊因子。因子分析的目的和任务就是要估计因子载荷l_{ij}和特殊因子的方差，并给因子F_i一个合理的解释。关于公因子和特殊因子与变量的关系可以用图2.4表示。

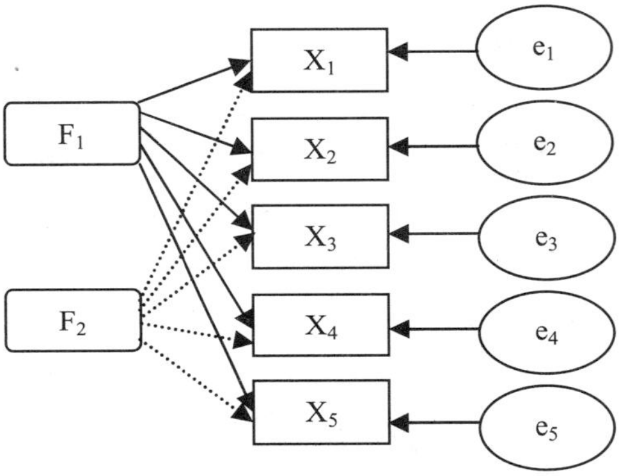

图 2.4　因子模型示意图

图 2.4 表明所有的观测变量（X_1～X_5）一部分受到公因子（F1、F_2）的影响，另一部分受到特殊因子（e_1～e_5）的影响，每个因子和每个变量之间的相关程度是不一样的，其相关程度用各因子载荷表示。所谓载荷就是指某因子和某变量的相关，载荷值即相关系数。相关系数的平方在统计学上称作决定系数，即因子载荷的平方代表在总方差中由该因子引起的部分，因子载荷值越大，则说明其相应因子的支配能力越大。每个因子对变量的解释能力可以通过其方差进行解释。

总之，因子分析是研究如何以最少的信息丢失将众多原有变量浓缩成少数几个因子，如何使因子具有一定的命名解释性的多元统计分析方法。

2. 因子分析模型

设有n个样本，每个样本有p项指标（变量）：X_1，$X_2, \cdots$，X_p，这p个指标之间有较强的相关性（有较强的相关性才能从原始变量中提取公因子)。为了消除量纲不同造成的影响，将样本观测数据进行标准化处理，标准化之后的均值为 1，方差为 0，标准化之后的变量用 x 表示，用 F_1，$F_2,\cdots$，$F_m(m<p)$ 表示标准化的公因子。则一般因子分析模型可表示为：

$$\begin{cases} x_1 = a_{11}F_1 + a_{12}F_2 + \cdots + a_{1m}F_m + \varepsilon_1 \\ x_2 = a_{21}F_1 + a_{22}F_2 + \cdots + a_{2m}F_m + \varepsilon_2 \\ \cdots\cdots \\ x_p = a_{p1}F_1 + a_{p2}F_2 + \cdots + a_{pm}F_m + \varepsilon_p \end{cases} \tag{2-21}$$

式（2-21）中，F_i 称为因子，ε_i 是特殊因子。公因子 F_i 是平均为 0、方差为 1 的随机变量，且相互独立。特殊因子 ε_i 是平均为 0，方差互不相同的随机变量。要求各特殊因子是相互独立的，并且特殊因子和公因子也是相互无关的。各变量 x_i 的方差可分解成公因子方差和特殊因子方差。

$$\begin{aligned} V(X_i) &= V(l_{i1}F_1 + l_{i2}F_2 + \cdots + l_{im}F_m + \varepsilon_i) \\ &= l_{i1}^2V(F_1) + l_{i2}^2V(F_2) + \cdots + l_{im}^2V(F_m) + V(\varepsilon_i) \\ &= l_{i1}^2 + l_{i2}^2 + \cdots + l_{im}^2 + \varphi_i \\ &= h_i^2 + \varphi_i \end{aligned} \tag{2-22}$$

$$h_i^2 = \sum_{j=1}^{m} l_{ij}^2 (i = 1,2,\cdots,\ p) \tag{2-23}$$

h_i^2 称为变量 X_i 的公因子的方差（common variance），或称共性（communality）。它反映了全部公因子对 X_i 的影响程度或贡献。h_i^2 越接近于1，则公因子越能代表原变量的变化。式（2-22）中，ϕ_i 代表变量 X_i 的特殊因子方差，可用式（2-23）求得各变量的特殊因子 $\phi_i = 1 - h_i^2$。

3. 因子载荷

因子分析模型的矩阵表示形式为 $X = \boldsymbol{AF} + \varepsilon$，其中，

$$
\boldsymbol{A}=\begin{bmatrix} a_{11} & a_{12} & \cdots & a_{1m} \\ a_{21} & a_{22} & \cdots & a_{2m} \\ \vdots & \vdots & \vdots & \vdots \\ a_{p1} & a_{p2} & \cdots & a_{pm} \end{bmatrix} \tag{2-24}
$$

矩阵 $\boldsymbol{A}$ 中的元素 a_{ij} 称为因子载荷，且 $\left|a_{ij}\right| \leqslant 1$。$a_{ij}$ 的绝对值越大，表明 X_i 与 F_j 的相依程度越大，即公因子 F_j 对于 X_i 的载荷量越大。

因子载荷的求解方法主要有主成分法、主因子法、极大似然法等。如果是利用主成分法提取因子载荷，一般通过各个变量的协方差矩阵或相关系数矩阵得到其特征值和特征向量，因子载荷用特征值和特征向量表示。其关系矩阵如式（2-25）。

$$
\boldsymbol{A}=\begin{bmatrix} a_{11} & a_{12} & \cdots & a_{1m} \\ a_{21} & a_{22} & \cdots & a_{2m} \\ \vdots & \vdots & \vdots & \vdots \\ a_{p1} & a_{p2} & \cdots & a_{pm} \end{bmatrix}
=\begin{bmatrix} e_{11}\sqrt{\lambda_1} & e_{21}\sqrt{\lambda_2} & \cdots & e_{m1}\sqrt{\lambda_m} \\ e_{12}\sqrt{\lambda_1} & e_{22}\sqrt{\lambda_2} & \cdots & e_{m2}\sqrt{\lambda_m} \\ \vdots & \vdots & \vdots & \vdots \\ e_{1p}\sqrt{\lambda_1} & e_{2p}\sqrt{\lambda_2} & \cdots & e_{mp}\sqrt{\lambda_m} \end{bmatrix} \tag{2-25}
$$

4. 变量共同度

因子载荷矩阵第 i 行的元素平方和 $h_i^2=\sum_{j=1}^{m} a_{ij}^2 \leqslant 1$ 称为变量 x_i 的共同度（$i=1,2,\cdots, p$）。共同度 h_i^2 表示所有公因子 $F_1, F_2,\cdots, F_m$ 与某一原始变量的关系，反映了变量 X_i 对所有公因子 F 的依赖程度。其值越接近于 1，因子分析的效果越好，从原变量空间到公因子空间的转化性质就越好。

5. 因子的方差贡献

因子载荷矩阵第 j 列的元素平方和 $g_j^2=\sum_{j=1}^{p}a_{ij}^2$ 称公因子 F_j 对所有原始变量的方差贡献。公因子的方差贡献表示某一公因子与所有原始变量的关系，它是衡量公因子相对重要性的指标。g_j^2 越大，表明公因子对原始变量的影响和作用就越大。将 g_j^2 按大小排列，可依此找出最具影响的公因子。

因子分析围绕浓缩原有变量提取因子的核心目标，因子分析主要涉及以下几个步骤：因子分析的前提条件，因子分析的目的是从众多的原有变量中综合出少数具有代表性的因子，这就要求原有变量之间应存在较强的相关关系。否则，如果原有变量相互独立，不存在信息重叠，那么也就无法将其综合和重叠，也就无须进行因子分析。

一般在因子分析时需先对因子分析的条件，即原有变量是否相关进行研究；因子的提取，将原有变量综合成少数几个因子是因子分析的核心内容，它是研究如何在样本数据的基础上提取和综合因子；使因子更具有命名可解释性，将原有变量综合成少数几个因子后，如果因子的实际含义不清，则不利于进一步分析，它是研究如何通过各种方法使提取的因子实际含义清晰；计算因子得分，通过各种方法计算各样本在各因子上的得分。

6. 因子分析的步骤

（1）提取初始公因子

提取初始公因子的过程是将原有变量综合成少数公因子的过程，也是因子载荷的求解过程。提取初始公因子时是通过一定的方法利用已知各观测变量 X_i 的特征值矩阵提取公因子，使其每列因子载荷量的平方和等于特征值。提取公因子的方法主要有主成分法（principal component method）、主因子法（principal factor method）、极大似然法（maximum likelihood method）等。相对于其他方法，主成分法比较简单，应用该方法时有一个假定，模型中的特殊因子是不重要的。主因子法是对主成分法的修正，为了得到近似程度更好的主因子解，常常采用迭代主因子法。极大似然法的假定是公因子和特殊因子服从正态分布，即可得到因子载荷矩阵和特殊因子方差的极大似然估计。不管用何种方法确定的初始因子载荷矩阵，因子的载荷值都不是唯一的。此外，在进行因子分析时，样本数要大于变量数，最好是变量数（指标）的 3 至 5 倍。

（2）确定公因子个数

在进行因子分析时，一个重要的问题就是公因子个数的确定，根据公因子的提取过程，公因子个数的确定通常综合考虑以下几个原则：

①根据理论架构及有关文献决定因子个数，常用于验证性因子分析。

②最小特征值基准法：通常保留特征值大于 1（或 0.7）的因子。

③碎石图或陡坡图检验法（scree graph）：根据以样本相关矩阵求出的特征值 $\hat{\lambda}_l$ 为纵轴、因子数为横轴的图，决定初始因子数的方法。碎石图的特点是随着因子数的增加，其特征值减小，且开始时减小幅度较大，随着因子数的增加其减少幅度逐渐变缓慢。根据特征值减少幅度的大小特点选取适当的初始因子数。通常选取对应于其特征值的减少幅度缓慢之前的因子数为初始因子数。

④公因子方差比率法：一般来说，所选取的初始因子方差之和在总方差中所占的比率至少要大于 70%。在 70%的变异量已经能由所抽取的因子解释时，若再抽取的因子对变异量的解释低于 5%就不再抽取。

（3）因子的旋转

当最初的公因子被提取出来后，各公因子之间一般是相互无关的。一些常用的因子提取方法将大多数的变异集中在第一公因子上，次多数的变异集中在第二公因子上，依此类推。如果在这种情况下提取的公因子从专业角度出发不好解释，可以将它们进行旋转。因为因子分析的目的不仅仅是求出公共因子，更主要的是要知道每个公因子的意义，用以解释所研究的问题。

因子旋转分正交旋转和斜交旋转，正交旋转是指坐标轴始终保持垂直 90 度角旋转，所以经正交旋转之后的新的公因子仍然保持相互独立的性质，而斜交旋转中坐标轴中的夹角可以是任意度数，因此斜交旋转后的因子则有可能变为相关，但斜交旋转可得到更为简洁的形式，其实际意义也更容易解释。旋转后的因子载荷矩阵每行或列的元素平方和向 0 和 1 两极分化，这样的公因子便于解释和命名。常用的正交旋转方法有四次方最大法（quartimax rotation）、方差最大法（varimax rotation）和等量最大法（equamax rotation）。常用的斜交旋转方法有四次方最小法（quartimin）、斜交最大法（oblimax rotation）和斜交最小法（oblimin rotation）。

（4）因子得分

因子得分是因子分析的最终体现。在因子分析中，当因子确定以后，便可计算各因子在每个样本上的具体数值，这些数值就是因子得分，即公因子在每一个样本上的得分。比如当关于银行绩效的因子模型建立起来以后，我们希望知道每一个银行绩效的好坏，或者把银行分类，分析哪些银行的绩效高，哪些银行绩效较差等问题，这时就需要进行因子得分的计算。计算因子得分时，需要找出公因子用原始变量和因子得分系数表示的因子得分函数的线性表达式，把原始变量的标准化数值代入表达式中即可获得。

因子得分和主成分得分在意义和作用上相似。因子得分系数通常采用最小二乘意义下的回归法进行估计，除此之外常用的估计方法还有巴特莱特法、安德森—鲁宾法等。当借助于统计分析工具进行因子分析时，因子得分系数可直接给出。

2.6.3　自主创新效率的评价方法

效率的测度最早是由迈克尔·法雷尔 Michael Farrell（1957）和弗里恩特（1972）提出的。创新效率的测度主要建立在创新投入产出效率理论之上，目前创新效率研究的方法主要分为两类：一类是参数方法，如随机前沿方法；一类是非参数方法，如数据包络分析法（DEA）、指数法等。但不管是参数方法还是非参数方法，都有其优势与不足。随机前沿技术充分考虑了随机误差和无效率因素对创新效率的影响，但前提是正确设定函数模型。数据包络分析方法有效地揭示了技术创新效率的内涵，但存在着指标的敏感性和不考虑随机误差等问题。研究成果对自主创新的效率进行研究时，采用随机前沿分析法进行分析。

1. 数据包络分析法

数据包络分析方法是一种进行多目标决策的系统分析方法，特别适用于多输入多输出的复杂系统。

具体地说，DEA 是使用数学规划模型比较决策单元之间的相对效率，进而对决策单元（Decision Making Unit，简记为 DMU）做出评估。确定 DMU 的主导原则是：每个 DMU 都可以看作是相同的实体，各 DMU 有相同的输入和输出；通过对输入和输出数据的综合分析，DEA 可以得到每个 DMU 综合效率的数量指标，据此将各 DMU 定级排序，确定有效的（即效率最高的）DMU，并指出其他 DMU 非有效的原因和程度。DEA 还能判断各 DMU 的投入规模是否恰当，并给出各 DMU 调整投入规模的正确方向和程度。因而在进行投入产出相对效率评价时，DEA 方法是较为有效的评价方法。

以某一省份的钢铁产业为例，将全省各市可看作是一个决策单元，记为 A_j；

设 A 代表单元集 $A=\{A_j,\ j=1,2,\cdots,\ n\}$，视钢铁产业创新系统为具有多重输入和输出的投入产出系统；

设 X_i 代表各市的某年投入，视为输入 $X=\{X_i,\ i=1,2,\cdots,\ m\}$；

设 Y_k 代表各市的产出，视为输出 $Y=\{Y_k,\ k=1,2,\cdots,\ s\}$；

则 X_{ij} 为第 j 个决策单元第 i 种类型输入的量；

则 Y_{kj} 为第 j 个决策单元第 k 种类型输出的量。

（1）数据包络分析模型

假设有 n 个部门或单位（称为决策单元，记为 DMU），且这 n 个决策单元都是具有可比性的。设每个决策单元均有 m 种类型的输入（表示该决策单元对“资源”的耗费）和 s 种类型的输出（它们是决策单元在消耗了“资源”之后，表明“成效”的一些指标）。我们对输入和输出的理解是：输入越小越好，而输出越大越好。记第 j 个决策单元为 DMU_j（$j=1,2,\cdots,\ n$），称集 $T=\{(x,\ y)\mid$ 产出 y 能用输入 x 生产出来}为决策单元集 A 的所有可能的集合。

又设 v_i 为对第 i 种类型输入的一种度量（权），u_k 为对第 k 种类型输出的一种度量（权）。则权系数向量为：

$$v=\{v_i,\ \ i=1,2,\cdots,\ m\}$$

$$u=\{u_k,\ \ k=1,2,\cdots,\ s\}$$

定义：

$$h_j=\frac{u^T y_j}{v^T x_j}=\frac{\sum_{k=1}^{s}u_k y_{kj}}{\sum_{i=1}^{m}v_i x_{ij}},\quad j=1,2,\cdots,\ n \qquad (2\text{-}26)$$

为第 j 个评价单元 DMU_j 的相对有效性指数。

在这个定义中，

①以适当地选取 u 和 v，使 $h_j\leqslant 1$；

②粗略地说，h_{j0} 越大，表明 DMU_{j0} 能够用相对较少的输入得到相对较多的输出。因此，如果想了解 DMU_{j0} 在这 n 个 DMU 中相对来说是不是“最优”的，就可以考察当尽可能地变化 u 和 v 时，h_{j0} 的最大值究竟为多少。这样，如果对 DMU_{j0} 进行评估，就可以构造 C^2R 模型：

$$(\bar{P})\begin{cases}\max\dfrac{\sum_{k=1}^{s}u_k y_{kj0}}{\sum_{i=1}^{m}v_i x_{ij0}}=V_{\bar{P}}\\ s.t.\dfrac{\sum_{k=1}^{s}u_k y_{kj}}{\sum_{i=1}^{m}v_i x_{ij}}\leqslant 1\quad j=1,2,\cdots,\ n\\ u_k\geqslant 0\quad k=1,2,\cdots,\ s\\ v_i\geqslant 0\quad i=1,2,\cdots,\ m\end{cases} \qquad (2\text{-}27)$$

这是一个分式规划问题（为简便起见，此后的 x_{j_0} 简化为 x_0；相同方法处理 y_0），若令：

$$t=\frac{1}{v^T x_0},\quad \omega=tv,\quad \mu=tu$$

于是可变成如下的线性规划模型：

$$(P)\begin{cases}\max u^T y_0=V_P \\ s.t.\omega^T x_j-u^T y_j\geqslant 0\ j=1,2,\cdots,\ n \\ \omega^T x_0=1 \\ \omega\geqslant 0,u\geqslant 0\end{cases}\tag{2-28}$$

根据线性规划对偶理论，（P）的对偶规划模型如下：

$$(D)\begin{cases}\min\theta \\ s.t.\sum_{j=1}^{n}\lambda_j x_j+s^-=\theta x_0\ j=1,2,\cdots,\ n \\ \sum_{j=1}^{n}\lambda_j y_j-s^+=y_0\ j=1,2,\cdots,\ n \\ \lambda_j\geqslant 0\ j=1,2,\cdots,\ n \\ s^+\geqslant 0,s^-\geqslant 0\end{cases}\tag{2-29}$$

为了便于利用线性规划的单纯形方法求解，并使检验工作简化，引入非阿基米德无穷小的概念，即：

$$(P_\tau)\begin{cases}\max u^T y_0=V_{P_\tau} \\ s.t.\omega^T x_j-u^T y_j\geqslant 0\ j=1,2,\cdots,\ n \\ \omega^T x_0=1 \\ \omega^T\geqslant\varepsilon\hat{e}^T \\ u^T\geqslant\varepsilon\hat{e}^T\end{cases}\tag{2-30}$$

其对偶问题为：

$$
(D_\tau)\begin{cases}
\min[\theta-\varepsilon(\hat{e}^T s^- + e^T s^+)] = V_{D_\tau} \\
s.t.\sum_{j=1}^{n}\lambda_j x_j + s^- = \theta x_0 \, j=1,2,\cdots,\ n \\
\sum_{j=1}^{n}\lambda_j y_j - s^+ = y_0 \, j=1,2,\cdots,\ n \\
\lambda_j \geqslant 0 \, j=1,2,\cdots,\ n \\
s^+ \geqslant 0, s^- \geqslant 0
\end{cases} \tag{2-31}
$$

（2）数据包络分析的有效性判断

在式（2-31）中根据规划问题求最优解的方法，设 ε 为非阿基米德无穷小，规划问题（Dε）的最优解为 $\lambda^*, s^{-*}, s^{+*}, \theta^*$，则：$\theta^*$ 为相对有效性指数，s_i^{-*} 为第 i 种投入变量的差额变量，s_r^{+*} 为第 r 种产出变量的差额变量。

DEA 有效：当仅当 θ^*=1 且 $s_i^{-*}=s_r^{+*}$=0 时，该 DMU 为有效率，否则表示相对于其他 DMU 为无效率。

无效调整：当不满足 θ^*=1 且 $s_i^{-*}=s_r^{+*}$=0 时，可将相对无效率的 DMU 的投入与产出调整为：

$$
\begin{cases}
X^* = \theta^* X_{ik} - s_i^{-*} \\
Y^* = Y_{rk} - s_r^{+*}
\end{cases} \tag{2-32}
$$

式（2-31）说明投入应减少多少或产出应增加多少，才能使原来无效率的 DMU 变为有效率。因此，可以利用式（2-31）计算 DMU 的相对效率值，由式（2-32）了解效率的改善方向。

（3）规模有效和技术有效

DEA 有效性包括规模有效和技术有效两种类型。一般地，当产出为 y 时，如果相应的投入 x 不可能再减少时，这样的生产过程称为技术有效。决策单元为技术有效并不表示它就是 DEA 有效，其中还存在一个规模收益的问题，只有当其规模收益不变时，即当决策单元的投入增量百分比与对应的产出增量百分比相等时，决策单元处于最佳生产规模，才是规模有效。

根据 C^2R 模型中 λ 的最优解来判断 A_{j0} 的规模收益情况，令 $\delta = \frac{1}{\theta}\sum \lambda_j$，式中 θ 为综合有效性。

①若 $\delta = 1$，则 A_{j0} 为规模收益不变，即为规模有效；

②若 $\delta < 1$，则 A_{j0} 为规模收益递增；

③若 $\delta > 1$，则 A_{j0} 为规模收益递减。

技术有效性 $\sigma = \theta / \delta = \theta^2 / \sum \lambda_j$。技术有效性还可根据 C^2GS^2 模型直接算出。

在数据包络分析的基本原理基础上，又有面板数据的数据包络分析，面板数据的数据包络分析是通过曼奎斯特等各指数的前后两个时期的变动趋势来对自主创新要素的配置效率进行相对评价。得到的各指数包括全要素生产率指数、技术效率指数、技术进步指数、纯技术效率指数和规模效率指数。

全要素生产率测度的是单位投入所获得的产出的效率。如果全要素生产率指数大于 1，说明在现有的要素投入水平下后一时期较前一时期所获得的生产率得到了提高。如果全要素生产率指数小于 1，说明全要素生产率在整个时间段内有所下降。而全要素生产率指数等于 1，说明在整个时间段内全要素生产率无变化。而全要素生产率的提高可以通过技术效率的提高和技术进步来进行解释。即全要素生产率变化指数可以分解为技术效率变化指数和技术进步变化指数。而其中的技术效率变化指数又可分解为纯技术效率变化指数和规模效率变化指数。即全要素生产率变化指数可以利用纯技术效率变化指数、规模效率变化指数和技术进步变化指数进行解释。

技术效率测度的是在一定的投入水平下，实际的产出和生产前沿面上的产出的比值，而技术效率变化指数测度的是每个观测对象从 t 时期到 $t+1$ 时期对生产前沿的追赶程度的变化。如果该值大于 1，说明在前后两个时期存在着技术效率的改进，即后一时期的生产更接近生产前沿面。如果该值小于 1，说明技术效率恶化。如果该值等于 1，说明前后两个时期技术效率无变化。技术进步变化指数代表的是生产前沿面的移动，如果技术进步变化指数大于 1，说明前后两个时期对比存在着技术进步，即生产前沿面向上移动。如果等于 1，说明技术进步无变化，即生产前沿面未移动。如果小于 1，说明存在着技术退步，即生产前沿面向下移动。

在技术效率变化指数分解的纯技术效率变化指数和规模效率变化指数中，如果纯技术效率变化指数大于 1，说明前后两个时期对比，后一时期的技术水平和管理水平更接近于生产前沿面。如果纯技术效率变化指数小于 1，说明后一时期的技术水平、管理水平和生产前沿面的差距加大。如果规模效率变化指数大于 1，说明前后两个时期对比，后一时期的投入规模达到了规模报酬递增的阶段，如果规模效率变化指数小于 1，说明后一时期的投入规模达到了规模报酬递减的阶段。

2. 随机前沿分析法

随机前沿分析法是效率分析的参数法，而效率分析的参数法是依据传统的生产函数估计思想来进行效率分析。所以在进行随机前沿分析法介绍之前先介绍生产函数，对于生产函数来说是建立投入要素和产出之间的关系式，在实际生产活动中，一般在确定生产函数时都是以实际的要素投入量和产出量来进行生产函数的拟合，但这种生产函数只表示一定要素投入量和平均产出量之间的函数关系，为平均生产函数。根据经济理论认为在特定的生产技术条件下，投入的各种生产要素所能生产的产出有一个最大值，由各种投入对应的一系列的最大产出值形成了生产前沿面或者生产可能性边界，而这种生产可能性边界在实际的生产组织活动中很难达到，一般都是在生产可能性边界的下方或是生产可能性边界上组织生产，不可能位于生产可能性边界之外组织生产，对于导致实际生产偏离生产前沿面的原因在经济理论中认为是由于随机因素的影响造成的，但在早期的经济理论中，随机因素的影响不能从生产函数中独立出来，随着生产函数在形式上取得的重大进展，可以把随机因素对产出的影响从生产函数中分离出来，所以在借助生产函数分析生产率和技术进步的基础上，就可以分析实际产出水平与理论最佳产出水平之间的差距，分别在多大程度上是由随机因素和技术效率水平高低导致的，也就产生了随机前沿分析方法。随机前沿分析法是在一个框架中同时考察随机因素和技术效率对实际产出水平的影响。

在进行随机前沿分析时首先要构造一个具体的生产函数形式，然后使用统计学的方法估计出位于效率前沿面上的生产函数的参数。其应用的基本假设是：在给定的技术水平下，对于一个一般企业，在一定的投入水平下，可以得到一个确定的产出水平，但由于生产中存在着低技术效率、随机影响因素以及测量误差等因素的影响导致产出水平偏低，低技术效率水平越大，产出的偏差也就越大。随机前沿分析方法模型为：

$$y_{it} = \beta x_{it} + (v_{it} - u_{it}) \quad i = 1, \cdots, \ n, \ t = 1, \cdots, \ m \tag{2-33}$$

$$u_{it} = u_i \exp(-\eta \cdot (t - T)) \tag{2-34}$$

$$\gamma = \frac{\sigma_u^2}{\sigma_v^2 + \sigma_u^2} \tag{2-35}$$

y_{it} 是对象 i 在时期 t 的产出，x_{it} 是对象 i 在时期 t 的要素投入，β 为待估参数，v_{it} 为观测误差或随机因素误差，是服从 $(0, \sigma_v^2)$ 的独立同分布，并和 u_{it} 相互独立，u_{it} 是用来表征效率的非负随机变量，u_{it} 非负误差项反映的是每个对象的产出必须位于其生产前沿函数的下方。η 为待估参数，γ 是介于 0 到 1 之间的数值，模型先赋予 γ 一个初始值，然后通过极大似然法，反复迭代求出其值。随机前沿分析方法模型的基本含义是研究对象不能达到生产函数的前沿的原因是由于受到随机扰动因素和技术无效率两个因素的影响。

3. 方法比较

效率前沿非参数方法的数据包络分析方法的缺点是不能考虑随机

因素的影响，这样使得数据统计偏差或其他计量问题所引起的随机误差，由于忽略了随机误差，那么随机因素的影响可能会包括到效率项的估计中。另外，数据包络分析不便于检验计算结果的显著性，而且对效率值的估计偏低，效率值的离散程度较大，同时对于处于效率前沿的决策单元都是赋予 1 的数值，而事实上，即使都是处于效率前沿的各决策单元也可能存在差异；当约束条件较多时，经常会得出各决策单元都有效的结论。

随机前沿方法（SFA）却能有效地克服上述缺点，且根据自主创新效率分析的需要，采用随机前沿分析方法更适合，一是因为在对 31 个省市 1998—2008 年的面板数据进行分析时，不同时期不同地区的自主创新效率存在显著差异的可能性比较大，即随机误差项的影响比较大，所以在分析时需要把随机因素的影响单独分离出来。二是利用随机前沿分析方法可以检验出各投入指标对产出指标影响的显著性，从而能分析出在各投入因素中哪些指标对产出的影响效果比较大。三是利用随机前沿分析方法可以得到各个地区在时间序列上的动态变化趋势。

2.7　本章小结

从有关自主创新与经济增长的国内外研究的现状我们可以看出：目前国内外学者对于自主创新与经济增长的研究，主要是从微观企业、中观产业和宏观的国家创新体系三个层面进行探讨，探讨的问题主要有：自主创新的含义及其对经济增长必要性的相关探讨、对技术引进与自主创新关系的研究、自主创新体系的相关探讨、自主创新战略的相关探讨、自主创新环境的相关探讨、自主创新能力的相关探讨、中国创新能力不足的成因及对策研究；模仿创新能力与自主创新能力的相互关系等。可以说从不同角度对自主创新如何促进经济增长问题进行了深入的研究，但从整体研究来看还主要停留在对自主创新必要性问题的研究上。

在技术进步与经济增长关系研究上关于经济增长与技术进步的研究是基于总量生产函数模型下的对影响经济增长的诸因素的简单计量回归和统计核算。这种核算是一种纯粹的经验性检验，即在一段时间序列内，测算的是各个生产要素对经济增长的份额，存在无法揭示技术进步对经济增长的内在传导机制的缺陷，虽然从理论上估算了在一段时间内技术进步对经济增长的贡献，但无法说明这种贡献是通过何种机制传导的，缺乏有效的动态分析。

在对模仿创新能力与自主创新能力的相互关系上，主要是探讨FDI的技术溢出效应，但对FDI的技术溢出效应的研究是基于发达国家与发展中国家科技创新水平之间的巨大落差，当发达国家跨国公司对发展中国家进行投资时，技术水平的落差就会使得先进技术进行扩散与转移，这种横向的传导出于国与国之间技术的交流，发展中国家通过FDI实现了先进技术的引进，但很少涉及当科技创新在单个企业发生时的研究。由于各自分析问题的视角不同，对自主创新能力的看法也各有差异，但由于只是从某一视角出发来分析问题，缺乏系统性和主体整体性，因此存在着一定的局限性。

另外一方面，由于从国际发展经验和区域经济发展的实际来看，自主创新能力已经成为经济发展和一国竞争力的关键因素，而当前的创新范式又已经从原来的单体式创新经过链条式创新演变到以生态网络式创新为主的协同创新形式，即创新共同体的建设已经成为全球为了解决经济发展和产业发展瓶颈的重要途径。诸如自国际金融危机之后，美国为了应对国际金融危机，由美国大学科技园区协会等诸多组织陆续联合发布了《空间力量：建设美国创新共同体体系的国家战略》《空间力量2.0：创新力量》等报告，提出了“美国创新共同体”这一具有空间属性的创新体系概念和一批相关重要举措。在创新驱动发展战略和协同发展的背景下，国内外很多专家和权威机构更多地开始关注协同创新的相关研究，对协同创新展开了大量的研究和实践。Fan从创新投入、创新产出、创新环境、合作机制等方面对产学研的协同创新绩效建立了评价指标体系[138]。朱俊成提出的多中心共生空间结构模式[139]。解学梅对不同协同创新模式对创新绩效的影响机理进行了研究[140]。杜栋等利用网络层次分析法对产学研协同创新的绩效进行了评价[141]。刘志华等对区域科技协同创新绩效利用云模型进行了评价[142]。解学梅等对协同创新模式对创新绩效的影响进行了分析[143]。

但是自主创新的相关研究仍然是需要关注的重要方面，基于目前对自主创新研究中还存在的局限性，未来研究自主创新可以包括以下几个方面：一是如何对微观层面、中观层面和宏观层面的自主创新能力进行科学的界定，建立自主创新能力的测度模型、测度指标体系和测度标准。二是如何从知识的演化规律出发对形成自主创新能力的具体途径与内在机理进行研究，并形成自主创新能力形成和提升的综合模型。三是如何对不同产业自主创新的相关因素进行分析，在此基础上提出差别化的产业自主创新模式并形成相关政策体系。四是如何学习国外的先进发展模式，并结合本地实际，探索出具有中国特色的自主创新模式，尽快走上创新型国家的道路。五是如何从复杂适应性系统的角度，构筑基于自主创新和技术进步的企业层面、产业层面和国家层面的自主创新体系。

第3章

国家自主创新能力的现状

根据经济理论的研究认为，随着一个国家或是地区的经济发展水平的提高，对于自主创新能力的要求也越来越高，而且从某种程度上，自主创新能力可以决定其经济发展水平，即一般来说自主创新能力和经济发展水平是相适应的，而且按照迈克尔·波特对经济发展阶段的划分，自主创新能力的提高将成为促进经济增长的有效途径。但在不同的创新投入水平下以及不同的经济发展阶段，自主创新能力对经济增长或是经济发展的作用表现不一样，所以在研究自主创新对经济增长的作用时要以研究主体的自主创新能力现状为基础。但是对研究主体的自主创新能力现状进行分析时，研究主体可以是国家，也可以是地区、行业或企业。不同层面的自主创新能力体现不同的创新特征。如果仅仅分析国家自主创新能力是对国家整体的自主创新能力的考察，不能体现其中各个地区的差异，也不能体现各个行业的差异。但只是分析各个地区或是各个行业的自主创新能力，又不能很好地显示整个国家的自主创新水平。所以本书主要是从国家、地区和行业三个方面进行自主创新能力的现状分析。但由于在相关描述行业自主创新能力指标方面，只有规模以上工业企业的指标，所以对于行业自主创新能力的描述为规模以上工业企业的 38 个行业的现状分析。本章对国家自主创新能力的现状进行分析。

自主创新能力是以创新能力的界定为基础，对于创新能力来说一般包括两个方面的内容，一个是技术创新能力，一个是制度创新能力。具体来说，技术创新能力是指一个国家或地区的技术系统在促进整个国家或地区各种资源要素优化配置，进而推动科技进步、经济和社会发展过程中所具有的“本领”。它本身是一个由多因素构成的复杂整体，但主要涉及国家或地区的科学、技术要素水平以及相关的科技发展的市场、制度结构。技术能力的提高、技术创新活动的开展将带来新的资源配置，促使资源配置更有效率。制度能力是指一个国家或地区进行制度变革的能力，这个制度因素不是指狭义层面的与科技相关的“小制度”，而是与整个经济社会体制相关的大制度，对应于中国的国情则包括“改革”和“开放”。从某种程度上来说技术创新能力和制度创新能力相辅相成，互相影响。但本章中进行自主创新能力评价时由于受到中国实际经济发展状况的限制未考虑制度创新能力的评价，而是针对技术创新能力的评价。但由于研究成果中主要是对自主技术创新能力与经济增长之间的关系进行研究，所以本章中对国家自主创新能力的现状进行分析时主要是对自主创新中的技术创新能力进行分析，对制度能力未加以考虑。本章在总结已有研究成果对创新能力的分析的基础上，确定从自主创新资金投入、自主创新人员投入、自主创新产出、自主创新投入产出比四个方面对自主创新能力现状进行分析。

3.1　国家自主创新资金投入现状

在自主创新资金投入现状分析时主要利用研究与试验发展经费内部支出这个指标。除此之外，为了说明自主创新资金投入的不同特征，还涉及国家财政科技支出、研究与试验发展经费外部支出、规模以上工业企业新产品开发经费，以及研究与试验发展经费内部支出的投入强度等指标。

根据《中国科技统计年鉴》中对各指标的解释，研究与实验发展经费内部支出是指在科学技术领域，为增加知识总量，以及运用这些知识去创造新的应用进行系统的创造性的活动的实际支出，包括基础研究、应用研究、试验发展三类活动的实际支出。基础研究是指为了获得关于现象和可观察事实的基本原理的新知识（揭示客观事物的本质、运动规律，获得新发现、新学说）而进行的实验性或理论性研究，它不以任何专门或特定的应用或使用为目的，其成果以科学论文和科学著作为主要形式。应用研究是指为获得新知识而进行的创造性研究，主要针对某一特定的目的或目标，为了确定基础研究成果可能的用途，或是为达到预定的目标探索应采取的新方法（原理性）或新途径，其成果形式以科学论文、专著、原理性模型或发明专利为主。试验发展是指利用从基础研究、应用研究和实际经验所获得的现有知识，为产生新的产品、材料和装置，建立新的工艺、系统和服务，以及对已产生和建立的上述各项做实质性的改进而进行的系统性工作，其成果形式主要是专利、专有技术、具有新产品基本特征的产品原型或具有新装置基本特征的原始样机等。在社会科学领域，试验发展是指把通过基础研究、应用研究获得的知识转变成可以实施的计划（包括为进行检验和评估实施示范项目）的过程。人文科学领域没有对应的试验发展活动。

在各指标数据获取方面，因为考虑到在中国的经历发展过程中虽然一直伴随着创新活动，但是创新活动被国家战略所重视是从1995年全国科技大会之后，即从1995年开始，国家和各地区才逐渐加强了对创新活动的各种投入，而国家对自主创新的重视是在2004年党的十六届四中全会之后。所以本节根据数据的可获得性以及中国在经济发展过程中创新活动的特点，考察的区间为1995—2013年，但由于统计口径的变化，为了保持统计指标的一致性，有些数据只显示了2009年至2013年的数据，分析数据分别从各年度《中国统计年鉴》和《中国科技统计年鉴》中获取。获取的相关统计数据见表3.1。

表 3.1　国家自主创新资金的投入情况

项目	2009	2010	2011	2012	2013
国家财政科技支出（亿元）	76299.9	89874.16	109247.8	125953	140212.1
国家财政科技支出年增长率（%）	21.89904	17.79067	21.55641	15.29111	11.32097
研究与试验发展经费内部支出（亿元）	5802.107	7062.577	8687.009	10298.41	11846.6
企业的研究与试验发展经费支出（亿元）	4248.603	5185.46525	6579.33357	7842.24099	9075.8453
研究与开发机构的研究与试验发展经费支出（亿元）	995.94811	1186.4031	1306.70616	1548.93217	1781.3972
高等学校的研究与试验发展经费支出（亿元）	468.1749	597.29844	688.85105	780.55579	856.71396
R&D 经费内部支出中政府资金比重（%）	23.40996	24.01811	21.67565	21.57027	21.10789
R&D 经费内部支出中企业资金比重（%）	71.74494	71.68974	73.91087	74.04079	74.60133
R&D 经费内部支出中国外资金比重（%）	367.45625	445.42398	494.34049	584.20745	607.21616
R&D 经费内部支出中基础研究比重（%）	4.658406	4.594531	4.740576	4.843531	4.684478
R&D 经费内部支出中应用研究比重（%）	12.59528	12.65527	11.83825	11.28302	10.71291
R&D 经费内部支出中试验发展比重（%）	82.74631	82.7502	83.42117	83.87344	84.60261
研究与试验发展经费投入强度（%）	1.701983	1.758992	1.837037	1.98	2.082601
研究与试验发展经费内部支出年增长率（%）	25.69501	21.72436	23.00055	18.54953	15.03328
研究与试验发展经费外部支出（亿元）	367.45625	445.42398	494.34049	584.20745	607.21616
企业的研究与试验发展经费外部支出（亿元）	304.5777	337.51188	389.88271	455.43162	480.5828
研究与开发机构研究与试验发展经费外部支出（亿元）	21.37782	41.5328	46.35909	60.5645	53.95701
高等学校研究与试验发展经费外部支出（亿元）	37.50294	59.95163	51.84706	62.61385	66.80667
规模以上工业企业新产品开发经费（亿元）	3654.613	4420.692	5697.168	6571.838	7440.64
规模以上工业企业新产品开发经费年增长率（%）	18.05949	20.96196	28.87504	15.35272	13.22007

3.1.1 国家自主创新资金投入整体变化趋势分析

在国家自主创新资金投入整体变化趋势分析中，主要从研究与试验发展经费内部支出、研究与试验发展经费外部支出、规模以上工业企业新产品开发经费、规模以上工业企业技术获取与改造费用、国家财政科技支出几个方面进行分析，并且对于不同的创新主体在各种创新资金的投入上进行了比较。

1. 研究与试验发展经费内部支出

据统计资料显示，研究与试验发展经费内部支出在1995—2013年十八年间逐年以较快地速度增加，其中1995年为348.69亿元，2000年为895.66亿元，2005年为2499.97亿元，2010年为7062.58亿元，而2013年研究与试验发展经费支出额为11846.6亿元。从年增长率来看，除1998年最低为8.24%，其余年增长率均在15%以上，2000年增速最快，较1999年增长31.9%。研究与试验发展经费支出所占国内生产总值比重也在逐年增加，研究与试验发展经费占国内生产总值的比重由1995年的0.57%上升到2013年的2.08%。研究与试验发展经费内部支出及其投入强度和年增长率的变化趋势见图3.1。

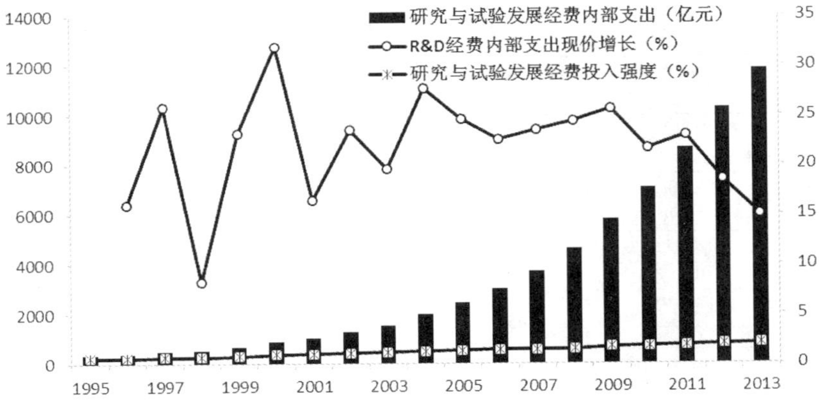

图3.1 研究与试验发展经费内部支出

从图 3.1 中研究与试验发展经费内部支出的绝对量来看，研究与试验发展经费内部支出有稳定的增长趋势，从 1995 年的 348.7 亿元增长到 2013 年的 11846.6 亿元，2013 年研究与试验发展经费内部支出较 2012 年增长 15%，增长迅速。根据图 3.1 中研究与试验发展经费内部支出增长率可以看出，各年增长率有所波动，但除 1998 年较低为 8.24% 外，其余各年增长率均高于 15%，可见研究与试验发展经费增长之快。2013 年研究与试验发展经费投入强度（研究与试验发展经费与 GDP 之比）为 2.08%，比上年的 1.98%提高 0.1 个百分点，首次突破了 2%。继 2012 年中国研究与试验发展经费总量突破万亿元大关后，衡量大国科技投入水平的最为重要指标——研究与试验发展投入的强度又突破 2%，这表明中国科技发展潜力和实力不断增强。

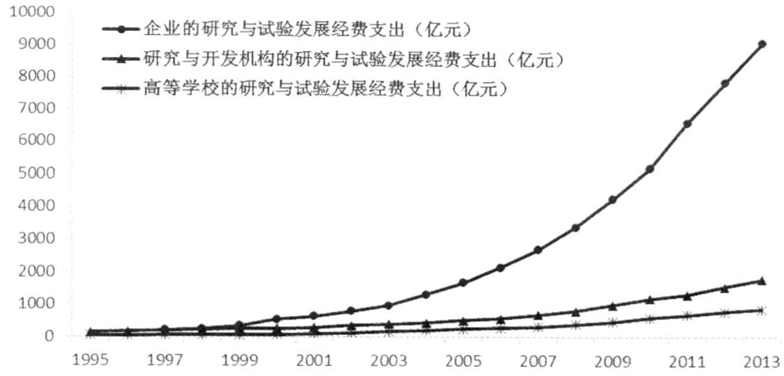

图 3.2　按执行部门分的研究与试验发展经费内部支出

图 3.2 显示了不同执行部门的研究与试验发展经费内部支出。从图 3.2 中可以看出，在 1999 年之前为研究与开发机构的经费支出比较多，但从 1999 年之后企业的研究与试验发展经费内部支出迅速增长，虽然研究与开发机构和高等学校的研究与试验发展经费也有增长，但是企业的研究与试验发展经费已经远远超过了研究与开发机构和高等学校的研究与试验发展经费。2013 年企业的研究与试验发展经费支出为 9075.8 亿元，研究与开发机构的研究与试验发展经费支出为 1781.4

亿元，高等学校的研究与试验发展经费支出为 856.7 亿元。

2. 研究与试验发展经费外部支出

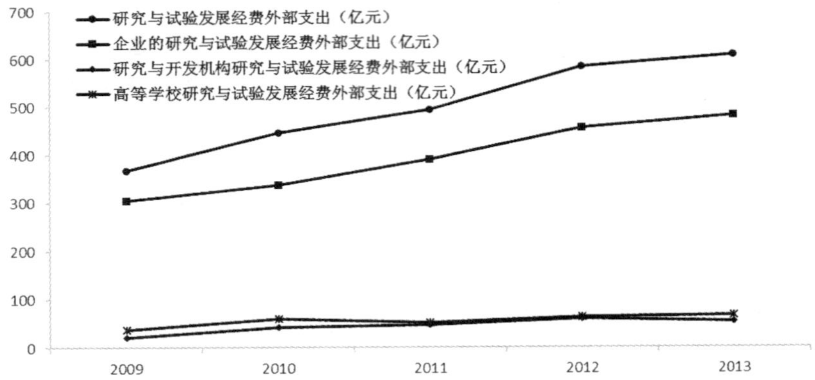

图 3.3 按执行部门分的研究与试验发展经费外部支出

图3.3显示了总的和不同执行部门的研究与试验发展经费外部支出。从图 3.3 中可以看出，2009 年以来研究与试验发展经费外部支出逐年增长，2013 年的研究与试验发展经费外部支出额达到了 607 亿元。从不同执行部门的研究与试验发展经费外部支出来看，企业的研究与试验发展经费外部支出明显高于研究与开发机构和高等学校，且有明显的增长变化，企业的研究与试验发展经费外部支出从 2009 年的 304.6 亿元增长到 2013 年的 480.6 亿元。相对来说，研究与开发机构和高等学校的研究与试验发展经费外部支出变化较稳定，有所增长但变化不大，2013 年研究与开发机构研究与试验发展经费外部支出为 53.9 亿元，高等学校研究与试验发展经费外部支出为 66.8 亿元。

3. 新产品开发经费

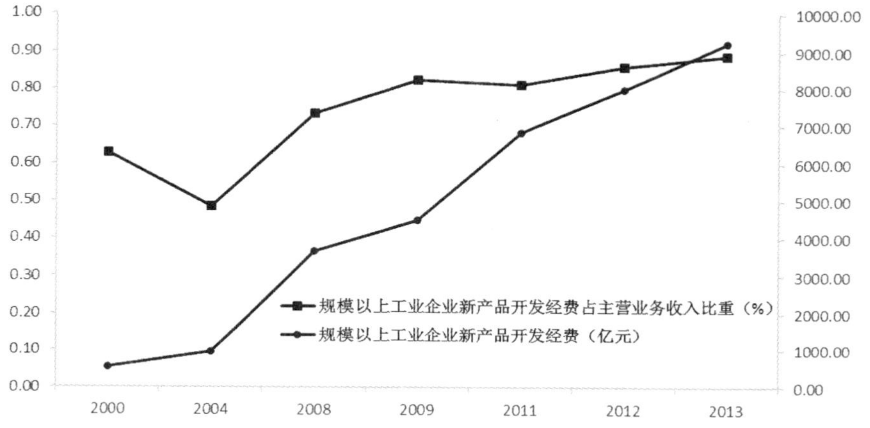

图 3.4　规模以上工业企业（大中型工业企业）新产品开发情况

图 3.4 显示了规模以上工业企业（大中型工业企业）新产品开发情况。由于统计口径的变化在 2009 年以前为大中型工业企业的新产品开发情况的统计，2009 年之后为规模以上工业企业的新产品开发的统计。从图 3.4 中可以看出，自 2000 年以来，规模以上工业企业（大中型工业企业）的新产品开发经费投入不断加大，由 2000 年的 529.46 亿元增长到 2013 年的 9246.74 亿元，增长 17 倍多，从经费增长情况也可以看出，其增长速度有所放缓但均高于 15%，新产品开发发展较快。规模以上工业企业（大中型工业企业）新产品开发经费占主营业务收入比重较小但仍可看出其比重有增长的趋势，新产品开发经费对主营业务收入所占比重在不断小幅增长，2013 年比重达到 89%。

4. 技术获取和改造费用

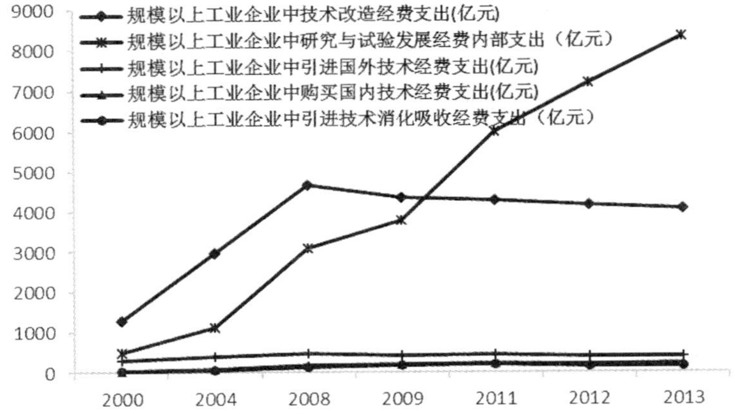

图 3.5　规模以上工业企业研究与试验发展经费内部支出与技术改造和技术获取情况的对比

图 3.5 显示了规模以上工业企业（大中型工业企业）的技术获取和改造费用情况。由于统计口径的变化在 2009 年以前为大中型工业企业的技术获取和改造费用的统计，2009 年之后为规模以上工业企业的技术获取和改造费用的统计。从图 3.5 中可以看出，中国 2000 年以来规模以上工业企业（大中型工业企业）的研究与试验发展经费内部支出、技术获取和改造方面的情况在 2009 年以后有了明显的变化。从整体上来看，2010 年（包括 2010 年）以后中国规模以上工业企业的研究与试验发展经费内部支出已经远远高出了技术消化吸收、技术改造、技术引进的费用，这说明中国的技术创新逐步转向自主创新，而在 2010 年之前主要是以技术改造费用为主。

从具体数据来看，中国规模以上工业企业（大中型工业企业）中研究与试验发展经费内部支出不断提高，由 2000 年的 489.7 亿元提高到 2013 年的 8318.4 亿元，增幅近 17 倍。规模以上工业企业中技术改造经费支出从 2009 年开始有所下降，但其支出一直高于引进国外技术经费支出、技术消化吸收经费支出和购买国内技术经费支出。2013 年规模以上工业企业中技术改造经费支出为 4072 亿元。规模以上工业企业中引进国外技术经费支出较稳定，保持在 400 亿左右，2000 年引进国外技术经费支出为 304.9 亿元，2013 年为 393.9 亿元。规模以上工业企业（大中型工业企业）中引进技术消化吸收经费方面有所增加，从 2000 年的 22.8 亿元增加到 2013 年的 150.6 亿元，中国虽然在引进国外技术方面增幅不大，但在消化吸收经费方面投入在增加。另外，从规模以上工业企业（大中型工业企业）购买国内技术经费支出情况看，2000 年为 34.5 亿元，2013 年为 214.4 亿元，增长了 6 倍。

5. 国家财政科技支出

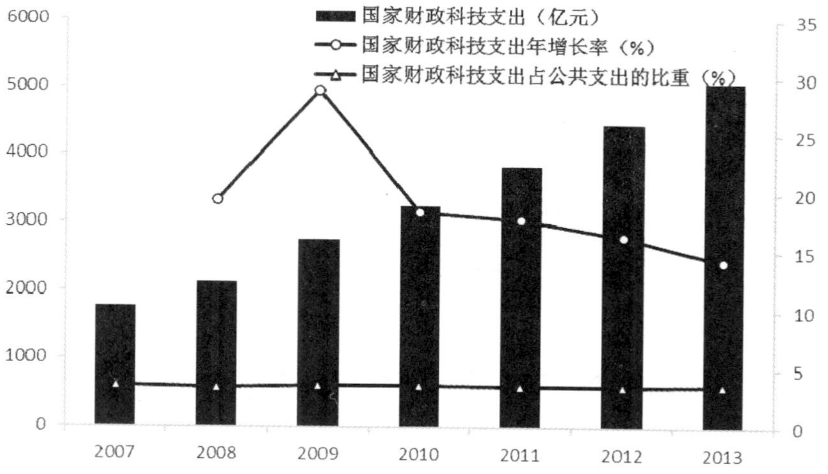

图 3.6　国家财政科技支出

图 3.6 显示了国家财政科技支出情况。2013 年统计局对财政科学技术支出统计口径重新做了界定，并追溯调整了 2007—2011 年数据，财政科学技术支出的统计范围为公共财政支出安排的科技项目。

从图 3.6 可以看出，虽然国家财政科技支出逐年增长，但是国家财政科技支出占公共支出的比重并未有太大的变化，一直维持在 3.6% 左右，2007 年为 3.58%，2013 年为 3.6%。但是国家财政科技支出的年增长率却表现出了不同的特点，其中 2009 年国家财政科技支出的年增长率最高，达 28.9%。之后国家财政科技支出的年增长率开始逐年下降，但是其增长率却一直维持在 14%以上，2013 年国家财政科技支出达到 5084 亿元。

3.1.2 国家自主创新资金投入的资金来源分析

在自主创新资金的分布中主要是研究与试验发展经费的投入。在本节中主要利用研究与试验发展经费的内部支出及其投入强度，并对不同的执行部门的自主创新资金来源进行分析。

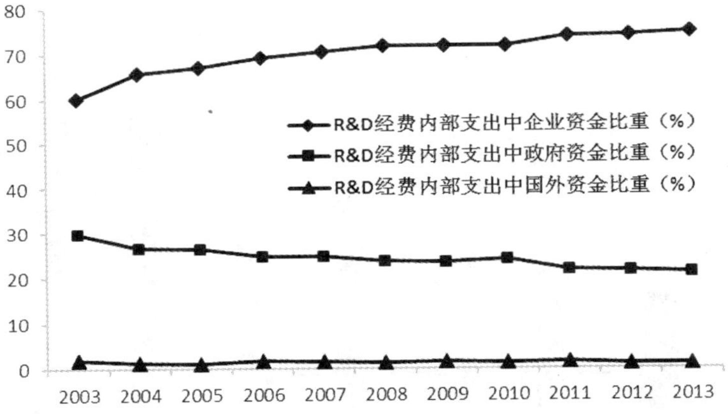

图 3.7　研究与试验发展经费内部支出资金来源

图 3.7 显示了研究与试验发展经费内部支出的资金来源。从图 3.7 的研究与试验发展经费内部支出资金来源来看，各种资金来源所占比重在时间序列上的变化相对稳定，其中企业资金是中国研究与试验发展经费的最主要的来源，且企业资金所占比重仍在逐年小幅增加，2013 年企业资金所占比重为 74.6%。政府资金在研究与试验发展经费中也占较大部分，但政府资金所占比重正逐年下降，2003 年比重为 29.9%，2013 年为 21.1%。国外资金所占比重较低且变化较稳定，每年都保持在 1%左右。

除了从整体上分析研究与试验发展经费内部支出的资金来源特点

以外，还需考察不同执行部门的研究与试验发展经费内部支出的资金来源特点。研究与试验发展经费内部支出按执行部门分为企业、研究与开发机构、高等学校和其他，各执行部门研究与试验发展经费来源又分为政府资金、企业资金、国外资金和其他资金，具体数据见表 3.2。

表 3.2　按执行部门分的中国创新资金来源情况

项目	2009	2010	2011	2012	2013
企业 R&D 经费内部支出（亿元）	4248.603	5185.46525	6579.33357	7842.24099	9075.8453
政府资金来源（亿元）	183.89483	236.75024	288.50195	363.10567	409.00691
企业资金来源（亿元）	3944.89314	4808.96558	6118.04728	7295.18517	8461.01098
国外资金来源（亿元）	68.70604	82.84274	104.69527	88.74878	94.3018
研究与开发机构 R&D 经费内部支出（亿元）	995.94811	1186.4031	1306.70616	1548.93217	1781.3972
政府资金来源（亿元）	849.52805	1036.53	1106.07486	1292.71221	1481.22768
企业资金来源（亿元）	29.83233	34.2449	39.91278	47.41526	60.94931
国外资金来源（亿元）	4.16244	3.4409	4.88708	5.05277	5.67155
高等学校 R&D 经费内部支出（亿元）	468.1749	597.29844	688.85105	780.55579	856.71396
政府资金来源（亿元）	262.20185	358.83676	405.14501	474.07325	516.86721
企业资金来源（亿元）	171.67029	198.50501	242.90777	260.48213	289.27843
国外资金来源（亿元）	4.76349	5.41449	5.95109	6.04285	5.51833
其他 R&D 经费内部支出（亿元）	89.38081	93.41066	112.11848	126.68001	132.64149
政府资金来源（亿元）	62.64622	64.18066	83.24378	91.50383	93.46548
企业资金来源（亿元）	16.32245	21.42802	19.77645	21.94073	26.48109
国外资金来源（亿元）	0.46789	0.44455	0.66282	0.55624	0.3687

从表 3.2 中可以看出，对于企业创新主体来说，其主要研究与试验发展经费内部支出的来源为企业资金，政府资金只是占很小的比重，而且企业资金在企业的研究与试验发展经费内部支出中所占比重逐渐升高，2013 年企业创新主体的研究与试验发展经费内部支出额中企业资金来源金额为 8461.01098 亿元，而政府资金来源金额为 409.00691 亿元。对于研究与开发机构这一创新主体来说，其研究与试验发展经费

内部支出主要来源于政府，而企业资金所占比重不足 4%。而对于高等学校这一创新主体来说，其研究与试验发展经费也是主要来源于政府资金，政府资金比重在 60%左右，而其企业资金所占比重为 40%左右。除了企业、研究与开发机构和高等学校这三个创新主体之外，由其他执行部门支出的研究与试验发展经费内部支出中也是以政府资金为主。

3.1.3 国家自主创新资金投入的支出用途分析

表 3.3 列出了 2009—2013 年不同执行部门按不同研究类型分的研究与试验发展经费内部支出的统计数据。从表 3.3 中可以看出，执行部门主要有企业、研究与开发机构和高等学校三个主体，研究类型主要有基础研究、应用研究和试验发展三种类型，不同的执行部门在这三种不同的研究类型上所支出的研究与试验发展经费存在着一定的差异。

表 3.3 按不同执行部门分的研究与试验发展经费内部支出的支出用途

项目	2009	2010	2011	2012	2013
企业 R&D 经费内部支出中基础研究（亿元）	4.42	4.33	7.27	7.09	8.61
企业 R&D 经费内部支出中应用研究（亿元）	84.82	126.21	190.97	238.86	249.20
企业 R&D 经费内部支出中试验发展（亿元）	4159.37	5054.93	6381.09	7596.29	8818.04
研究与开发机构 R&D 经费内部支出中基础研究（亿元）	110.63	129.92	160.15	197.93	221.59
研究与开发机构 R&D 经费内部支出中应用研究（亿元）	350.91	387.63	417.24	469.30	525.84
研究与开发机构 R&D 经费内部支出中试验发展（亿元）	534.41	668.85	729.32	881.70	1033.97
高等学校 R&D 经费内部支出中基础研究（亿元）	145.51	179.93	226.67	275.65	307.61
高等学校 R&D 经费内部支出中应用研究（亿元）	250.03	337.03	372.42	402.70	441.32
高等学校 R&D 经费内部支出中试验发展（亿元）	72.63	80.34	89.76	102.20	107.78

1. 研究与试验发展经费内部支出的支出用途分析

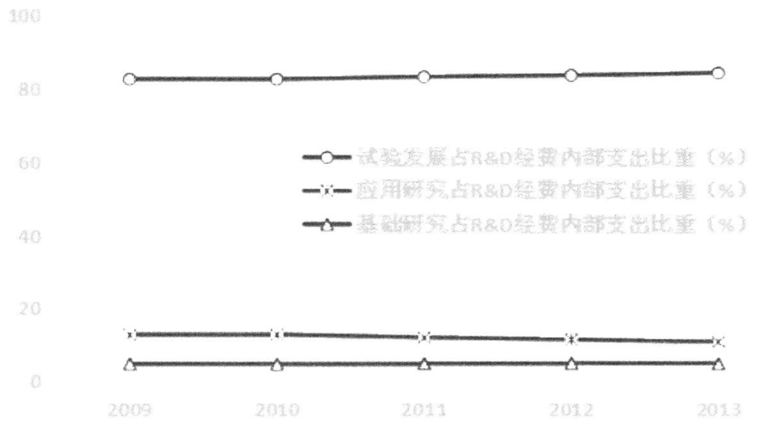

图 3.8　研究与试验发展经费内部支出的各支出用途所占比重

图 3.8 显示了按不同研究类型分的研究与试验发展经费内部支出的时间变化趋势。从图 3.8 中可以看出，2009 年以来，中国研究与试验发展经费内部支出中用于基础研究、应用研究和试验发展的经费所占比重几乎没有变化，但是在不同的研究类型中，试验发展的经费支出远远超过了基础研究和应用研究的经费支出，而应用研究的经费支出稍高于基础研究经费的支出。从具体数据来看，2009 年至 2013 年间研究与试验发展内部支出在基础研究、应用研究和试验发展研究经费三方面所占比重的变化比较稳定，其中基础研究基本稳定在 5%，应用研究稳定在 11%左右，试验发展研究所占比重较高，基本稳定在 84%左右。

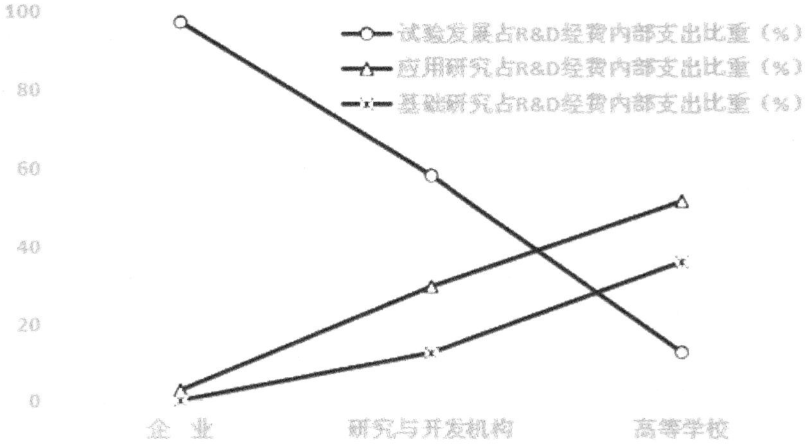

图 3.9　按执行部门分的研究与试验发展经费内部支出的支出用途

图 3.9 显示了 2013 年按不同执行部门分的不同研究类型的研究与试验发展经费内部支出的情况。从图 3.9 中可以看出，对于企业来说，其主要研发支出为试验发展经费支出，应用研究和基础研究的研发经费支出相差无几，而且所占比重很低。而对于研究与开发机构来说，虽然依然是以试验发展研究经费为主，其次为应用研究，基础研究经费支出所占比重最小，但是三者的差距没有企业在这三种不同研究类型上的差距那么大。而对于高等学校来说，其研发经费主要以应用研究为主，其次为基础研究，而试验发展经费支出所占比重最小。从具体数据来看，2013 年企业的试验发展研究经费所占比重高达 97%，基础研究、应用研究占比较少，所占比重分别为 0.09%和 2.7%。研究与开发机构虽然也偏重于试验发展研究，但 2013 年试验发展经费所占比重将近 58.04%，与企业有较大差距，应用研究、基础研究次之，所占比重分别为 29.5%和 12.4%。高等学校的比重与前两者表现不同，应用研究占比较大，所占比重为 51.51%，基础研究次之，所占比重为 35.91%，试验发展比重最小，所占比重仅为 12.58%。

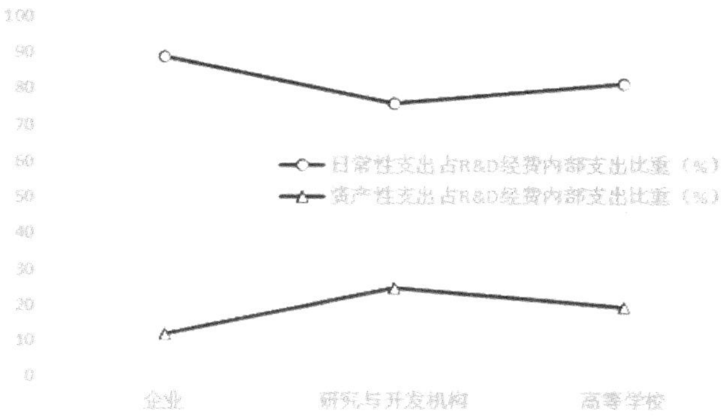

图 3.10　按执行部门和支出用途分研究与试验发展经费内部支出

除了从不同研究类型进行区分研究与试验发展经费内部支出的用途之外，还可以按通过其支出项目来分析其支出用途。图 3.10 显示了 2013 年的按支出项目分类的不同执行部门的研究与试验发展经费内部支出的不同支出用途，其支出项目主要是从日常性支出和资产性支出两个方面来体现其支出用途的特点。从图 3.10 可以看出，各执行部门的研究与试验发展经费内部支出的支出用途表现出一定的相似性，都是日常性支出比重远远高于资产性支出比重，从具体数据来看，其中日常性比重基本都在 80%左右，资产性支出比重仅为 20%。

2. 研究与试验发展经费外部支出的支出用途分析

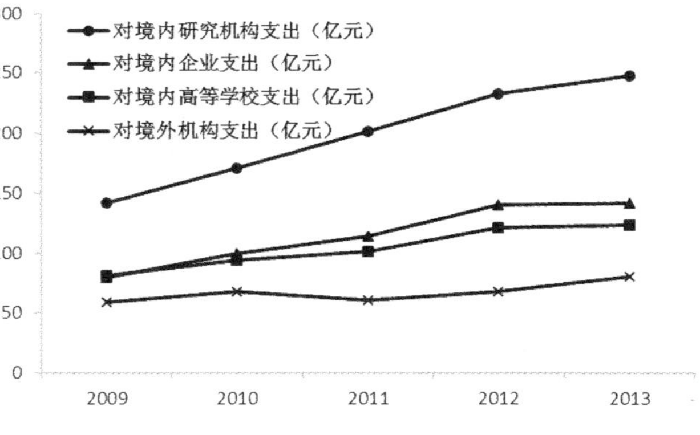

图 3.11　研究与试验发展经费外部支出的支出用途

图 3.11 显示了 2009—2013 年的研究与试验发展经费外部支出的支出用途。从图 3.11 中可以看出，研究与试验发展经费的外部支出主要包括对境内研发机构的支出、对境内高等学校的支出、对境内企业的支出和对境外机构的支出。其中对境内研究机构支出一直高于其他支出，且增长较快，由 2009 年的 142 亿元增加到 2013 年的 248 亿元，对境内高等学校支出、对境内企业支出和对境外机构支出也有所增长，增长幅度相对较小。

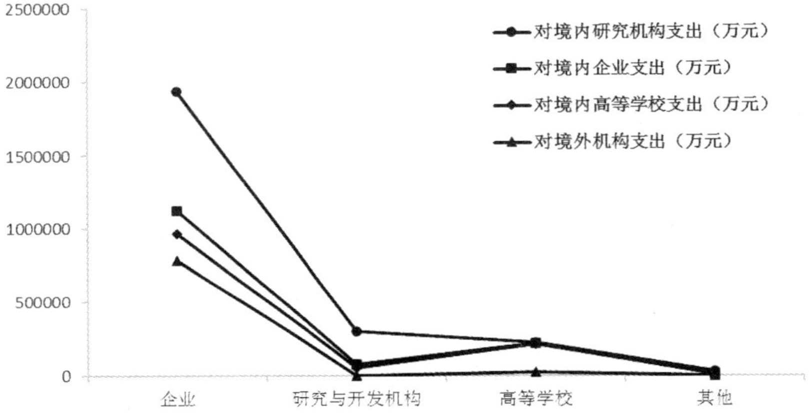

图 3.12　不同执行部门的研究与试验发展经费外部支出的支出用途

图 3.12 显示了不同执行部门的研究与试验发展经费外部支出的支出用途。从图 3.12 中可以看出，企业的对境内研究机构支出、对境内高等学校支出、对境内企业支出和对境外机构支出均高于研究与开发机构和高等学校，高等学校各项外部支出高于研究与开发机构。企业和研究与开发机构中对境内研究机构支出占主要部分，高等学校中对境内研究与开发机构支出、对境内高等学校支出和对境内企业支出绝对量大致相当，投入较均衡。

3.1.4　国家自主创新资金投入的国际比较

为了说明中国在自主创新方面的资金投入力度，利用研究与试验发展经费的支出指标和国外其他国家相比，发现中国研究与试验发展经费的支出和经济发展水平较高的国家还是存在着一定的差距，在经费构成方面有很大的差异。

1. 研究与试验发展经费投入的对比

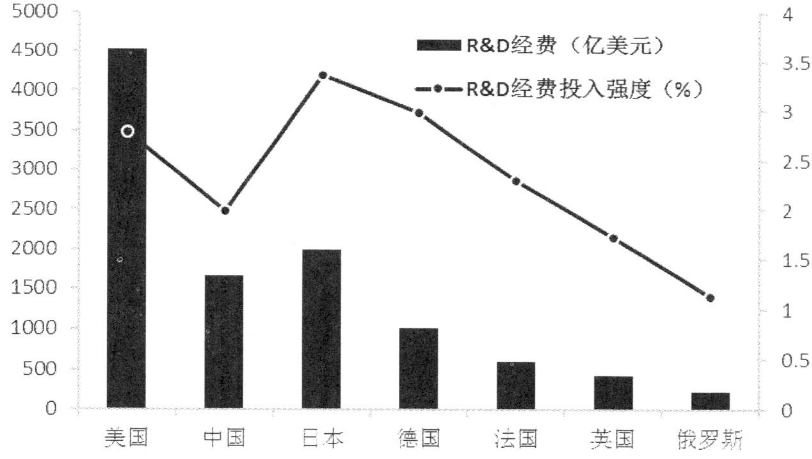

图 3.13　研究与试验发展经费及其投入强度

图 3.13 显示了 2012 年 GDP 排名前七位的国家的研究与试验发展经费及投入强度的对比情况。通过统计数据显示，2012 年，中国研究与试验发展经费投入为 10298.4 亿元，按照汇率计算，约合 1662.16 亿美元，中国研究与试验发展经费投入总量目前位居世界第三，其中最高的为美国，其研究与试验发展经费为 4532 亿美元，研究与试验发展经费排名为第二的是日本，数值为 1996.96 亿美元，各国研究与试验发展经费投入的绝对值差距较大。

从研究与试验发展经费投入强度来看，中国在新兴发展国家中居领先地位，且与发达国家的差距正逐步缩小。中国在 2012 年研究与试验发展经费投入强度为 1.98%，而日本、德国和美国研究与试验发展经费投入强度较高，分别为 3.35%、2.98%和 2.79%，这说明中国的研究与试验发展经费的投入强度还是相对较低，与发达国家仍有差距。从研究与试验发展经费投入强度的国际比较来看，中国对研究与试验发展经费的投入水平还有很大的提升空间。

2. 研究与试验发展经费来源的对比

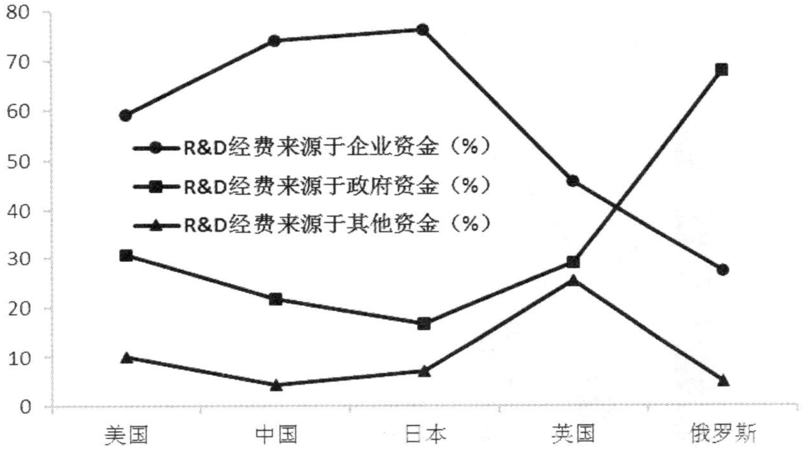

图 3.14　研究与试验发展经费的资金来源

图 3.14 显示了 2012 年经济发展水平较高（国内生产总值较高）的 5 个国家的研究与试验发展经费的资金来源情况。从图 3.14 中可以看出，2012 年的美国、日本、英国和中国的研究与试验发展经费中都是主要来源于企业资金，其次为政府资金。而俄罗斯的研究与试验发展经费主要来源于政府资金，其次为企业资金。从具体数据来看，中国的研究与试验发展经费中企业资金所占比重为 74%，日本的研究与试验发展经费中企业资金所占比重为 76%，美国的研究与试验发展经费中企业资金所占比重为 59.1%，英国的研究与试验发展经费中企业资金所占比重为 45.6%，而俄罗斯的研究与试验发展经费中企业资金所占比重仅为 27.2%。从研究与试验发展经费中政府资金所占比重来

看，俄罗斯的研究与试验发展经费的政府资金所占比重为 67.8%，美国的研究与试验发展经费中政府资金所占比重为 30.8%，英国的研究与试验发展经费中政府资金所占比重为 28.9%，日本的研究与试验发展经费中政府资金比重较低，只有 17%，而中国的政府资金比重也只有 21.5%。

从研究与试验发展经费的资金来源来看，各国在研究与试验发展经费的来源方面存在着较大的差异，虽然美国、日本、英国和中国都为企业资金来源所占比重相对其他来源所占比重较高，但是在所占比重结构方面还是存在着较大的差异。另外，俄罗斯显示了和其他国家在研究与试验发展经费资金来源方面的较大差异。

3. 研究与试验发展经费的研究类型对比

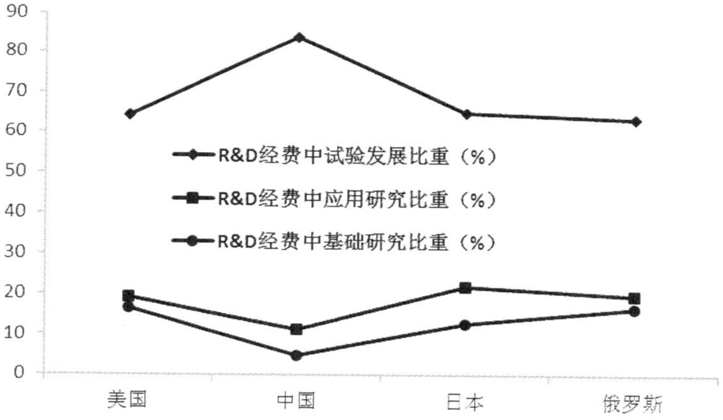

图 3.15 按研究类型分的研究与试验发展经费

基于数据的可获得性和各国国内生产总值的排名，图 3.15 显示了 2012 年美国、中国、日本和俄罗斯四个国家的研究与试验发展经费中对不同研究类型的支出比较。从图 3.15 中可以看出，美国、中国、日本和俄罗斯四个国家的研究与试验发展经费中都是在试验发展方面的支出所占比重最高，其次为应用研究，而基础研究所占比重最小。但从具体数据来看，各个国家在试验发展、应用研究和基础研究三个不同研究类型中的支出结构还是存在着一定的差异。美国、日本和俄罗斯的试验发展集中均在65%左右，而中国相对较高，其试验发展研究所占比重为 83.9%。而日本、美国、俄罗斯和中国在应用研究方面支出所占比重分别为22%、19.2%、19.7%和11.3%。在基础研究所占比重方面，中国最低为4.8%，美国、日本和俄罗斯分别为16.5%、12.9%和 16.5%，中国与美国、日本和俄罗斯在研究与试验发展经费研究类型支出结构上存在着差异。

3.2 国家自主创新人员投入现状

在自主创新能力提高过程中除了创新资金的投入，其中最重要的投入就是创新人员的投入。创新人员的投入是所有创新投入的基础，如果没有创新人员的投入，再多的资金投入都不能得到很好利用。从事和创新工作相关的人员包括很多种，如直接从事研究与发展课题活动的人员、具有大学本科及以上学历或具有中高级职称的科学家和工程师，以及从事科技行政管理、科技服务的人员等。在从事研究与发展课题活动的人员中，又有从事基础研究、应用研究和试验发展的人员。不同的研究类型虽然都是产生创新活动和创新成果的推动力，但对经济的推动作用具有不同的效果。但由于推动经济发展相关的创新主要是有关能够进行成果转化产生经济效益的创新。鉴于数据的可获得性，创新人员的投入一般利用研究与试验发展人员、研究与试验发展人员全时当量人员等绝对指标以及每万人中研究与试验发展人员等强度指标表示。除此之外还有关于研究与试验发展人员、研究与试验发展人员全时当量两个指标按不同研究类型分的创新人员的投入情况。

研究与试验发展活动的人员，包括直接从事研究与试验发展课题活动的人员，以及研究院、所等从事科技行政管理、科技服务等工作人员。研究与试验发展人员全时当量比较全面地统计了参与科研活动的人员，是指参与研究与试验发展项目研究、管理和辅助工作的人员，包括项目（课题）组人员，企业科技行政管理人员和直接为项目（课题）活动提供服务的辅助人员的全时人员加非全时人员按工作量折算为全时人员数的总和。在折算时非全时人员按工作时间折算，例如：有两个全时人员和三个非全时人员（工作时间分别为 20%、30%和 70%），则全时当量为 2+0.2+0.3+0.7=3 人年。

各个指标的数据来源于各年度的《中国科技统计年鉴》，但是由于统计指标的调整，在 2009 年之前，关于创新人员的投入是以科技活动人员指标为主，从 2009 年开始统计研究与试验发展人员数。根据统计数据显示，1995 年科技活动人员数为 262.47 万人，每万人中科技活动人员数为 21.67 人，研究与试验发展人员全时当量为 75.17 万人年，2013 年研究与试验发展人员数为 501.8 万人，每万人口中研究与试验发展人员为 36.8 人，研究与试验发展人员全时当量为 353.28 万人年。虽然科技活动人员和研究与试验发展人员的统计口径有着较大的差异，相对来说科技活动人员的统计范围要大一些，所以还是能够看出中国的创新人员的投入水平有了较大的提高。

从创新人员投入的国际比较上来看，2012 年中国研究与试验发展人员的数量为 461.7 万人，日本为 85.1 万人，韩国为 39.6 万人，中国每万人就业人员中从事 R&D 活动的人员为 60 人，而日本为 133 人，韩国为 160 人。所以从研究与试验发展人员的指标来看，中国的人员投入总量很大，但从相对量来看中国远少于日本、韩国，和其他国家相比仍有较大差距。关于中国创新人员分布的相关数据见表 3.4。

表 3.4　中国创新人员的分布情况

项目	2009	2010	2011	2012	2013
研究与试验发展人员数（人）	3183687	3542244	4017578	4617120	5018218
企业研究与试验发展人员数（人）	2185241	2432903	2845963	3366426	3712375
研究与开发机构研究与试验发展人员数（人）	323034	34151	361920	388303	409032
高等学校研究与试验发展人员数（人）	509366	593569	631772	677787	715430
研究与试验发展人员全时当量（万人年）	229.1252	255.3829	288.2903	324.6840	353.2817
基础研究研究人员全时当量（万人年）	16.45557	17.36832	19.32154	21.21675	22.31915
应用研究研究人员全时当量（万人年）	31.53482	33.55874	35.27765	38.37665	39.56193
试验发展研究人员全时当量（万人年）	181.1405	204.45992	233.72866	265.0944	291.40454
公有经济企事业单位专业技术人员数（人）	28879635	28157323	29186650	29774237	30259517
每万人口中研究与试验发展人员（人）	23.85677782	26.41671701	29.81836939	34.09884494	36.87913752
研究与试验发展人员的年增长率（%）	—	11.26231944	13.41900784	14.922971	8.687190283

3.2.1 国家自主创新人员投入整体变化趋势分析

1. 研究与试验发展人员数

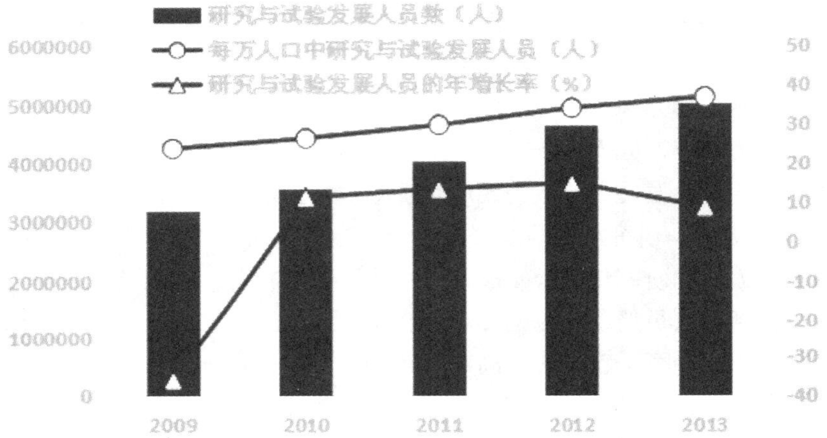

图 3.16　研究与试验发展人员的投入

图 3.16 显示了中国研究与试验发展人员投入的情况。对于研究与试验发展人员指标，在 2009 年之前统计的数据为科技活动人员数，2009 年之后改为研究与试验发展人员数的统计，但是统计人员的范围发生了变化，所以本节只对 2009 年之后的数据进行了显示。从图 3.16 中可以看出涉及指标在 2010 年发生了很大的变化，所以在具体分析创新人员的投入情况时，可以分为两个阶段，一个是 2010 年之前，另一个是 2010 年之后。分别从两个阶段来看，每个时期的创新人员总数、每万人口中创新人员数都逐年增加，但是研究与试验发展人员的年增长率却有波动，但年平均增长率在 15%左右。另外可以看出，每万人口中研究与试验发展人员逐年小幅增加。

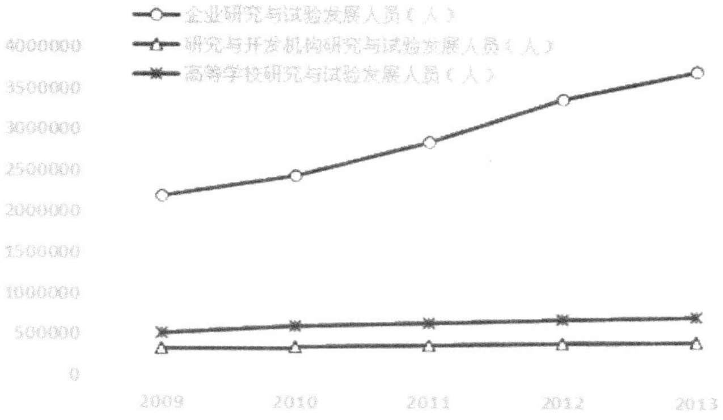

图 3.17　不同执行部门的研究与试验发展人员投入

图 3.17 显示了不同的执行部门中的研究与试验发展人员的变化情况。通过图 3.17 可以看出，在所有的执行部门中，企业的研究与试验发展人员远远超过了研究与开发机构和高等学校中的研究与试验发展人员数。从 2009 年以来，企业的研究与试验发展人员数逐年增加，但相对来说，研究与开发机构和高等学校的研究与试验发展人员增加不明显。

2. 研究与试验发展人员的全时当量

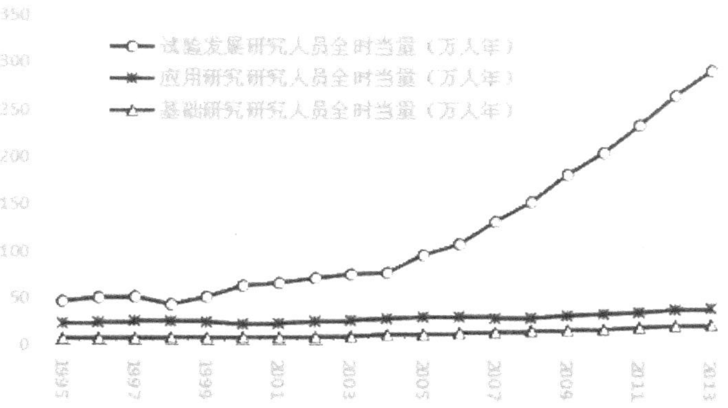

图 3.18　研究与试验发展人员全时当量

图 3.18 显示了研究与试验发展人员的全时当量的时间变化趋势。从图 3.18 中可以看出，在基础研究、应用研究和试验发展这三种研究类型的自主创新人员投入中，试验发展方面的研究与试验发展人员的投入是最多的，尤其是在 2004 年之后试验发展中投入的创新人员的全时当量迅速增长，远远超过了从事基础研究和应用研究的创新人员的全时当量。

从具体数据来看，在 1995 年从事基础研究、应用研究和试验发展的研究与试验发展人员全时当量分别为 6.6643 万人年、22.7928 万人年和 45.7109 万人年，而 2013 年从事基础研究、应用研究和试验发展的研究与试验发展人员全时当量分别为 22.3192 万人年、39.5619 万人年和 291.4045 万人年。

3.2.2 国家自主创新人员投入的国际比较

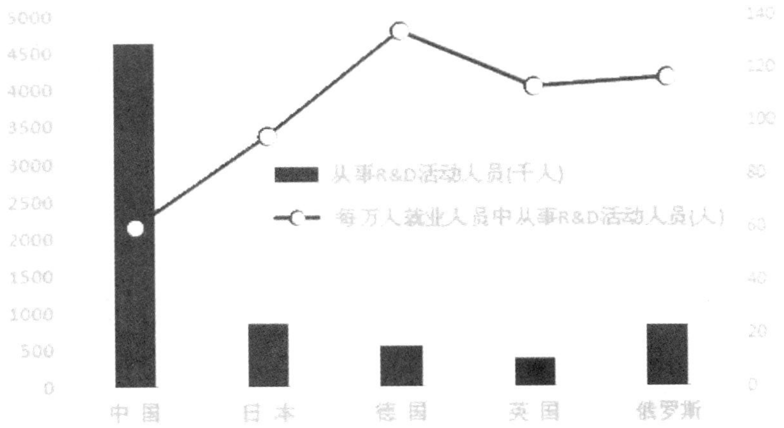

图 3.19 研究与试验发展人员的国际比较

图 3.19 显示了 2012 年中国研究与试验发展人员和其他国家研究与试验发展人员投入的比较。根据研究与试验发展人员数据的可获得性选择了国内生产总值较高的英国、日本、德国和俄罗斯四个国家进

行对比分析。在从事研究与试验发展活动的人员方面，2012 年中国在从事研究与实验发展人员的绝对值数量上远远高于日本、俄罗斯、德国、英国等国家。但从图 3.19 中可以看出，虽然中国研究与试验发展人员的投入总量很大，但是如果按每万人口中从事研究与试验发展人员的指标来看，在每万人就业人员中从事研究与试验发展人员的数量又远远落后于其他国家。

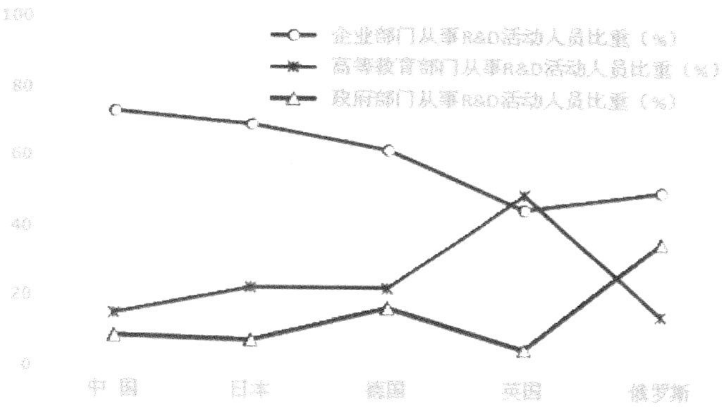

图 3.20　不同执行部门的研究与试验发展人员的国际比较

图 3.20 显示了 2012 年的不同执行部门的研究与试验发展人员的国家比较情况，对比的国家有日本、德国、英国和俄罗斯。从图 3.20 中可以看出，对于研究与试验发展人员投入位于前几名的这些国家中，大部分都是企业中的研究与试验发展人员远远高于政府部门和高等教育部门，但是英国例外，其高等教育部门的研究与试验发展人员要多于其他部门的。但是如果从政府部门和高等教育部门中的研究与试验发展人员来看，不同的国家有不同的特点，日本、英国和德国是高等教育部门的研究与试验发展人员多于政府部门，而俄罗斯政府部门的研究与试验发展人员所占比重要高于高等教育部门的研究与试验发展人员所占比重。

3.3 国家自主创新产出能力现状

自主创新产出指标选择时，是根据国际上通用的指标以及已有研究成果中对创新产出常用的指标来确定，一般情况下都常用专利的数量和发表的论文数来表示自主创新的成果。专利是专利权的简称，是对发明人的发明创造经审查合格后，由专利局依据专利法授予发明人和设计人对该项发明创造享有的专有权，包括发明、实用新型和外观设计三种类型。专利中发明专利是指对产品、方法或者其改进所提出的新的技术方案，实用新型专利是指对产品的形状、构造或者其结合所提出的适于实用的新的技术方案。外观设计是指对产品的形状、图案、色彩或者其结合所做出的富有美感并适于工业上应用的新设计。发表的论文数一般用通过被 SCI、EI 和 ISTP 三大检索机构检索的论文的数量加以体现。除此之外，为了更全面地分析自主创新成果，与自主创新相关的各种科技成果、成交技术合同、新产品开发项目等也可以作为说明自主创新产出的指标。

由于专利为自主研发出来的结果，发表的论文也为科研工作的直接成果，都要求有创新点，所以两个指标可以用来表示自主创新的产出。本节在进行国家自主创新产出现状分析时利用专利和发表论文数来表示自主创新的产出情况。由于专利又分为专利申请和专利授权两个量的统计，所以自主创新产出现状利用的专利数量分国内专利申请量和国内专利授权两个内容，发表的论文数为被 SCI、EI 和 ISTP 三大检索机构检索的论文数。相关数据见表 3.5。

通过表 3.5 中数据可以看出，在 2009 年至 2013 年间，用各种指标表示的自主创新产出项目大多数不管是从数量上还是从金额上都是逐年增加，但是也有一些指标的值呈现了波动的状态。其中发明专利授权数虽然逐年增加，但是发明专利授权数占专利授权数的比重却出现了波动，甚至有每年下降的趋势，另外国家级科技奖励数也有波动，为了更直观的显示表征自主创新产出各指标值的变化情况，分别从专利产出情况、被国外检索机构收录论文情况、研究与试验发展项目情况、成交技术合同情况、创新主体的建设情况、创新产出的国际比较等几个方面进行详细分析。

表 3.5　中国创新技术的分布情况

项目	2009	2010	2011	2012	2013
专利申请量（件）	877611	1109428	1504670	1912151	2234560
专利授权数（件）	501786	740620	883861	1163226	1228413
发明专利（件）	128489	135110	172113	217105	207688
实用新型专利（件）	203802	344472	408110	571175	692845
外观设计专利（件）	249701	335243	380290	466858	412467
每十万人口专利授权数（件）	37.60105	55.23264	65.59996	85.907802	90.276692
发明专利占专利授权数的比重（%）	25.60633	18.24282	19.47286	18.664043	16.907017
国外主要检索工具收录中国科技论文数（篇）	280158	300923	345995	394661	----
研究与试验发展项目（项）	----	----	953,124	1,072,383	1,164,993
规模以上工业企业新产品开发项目数（个）	237754	----	266232	323448	358287
规模以上工业企业新产品销售收入（亿元）	658382082	----	1005827244	1105297711	1284606903
重大科技成果（项）	38688	42108	44208	51723	52477
国家级科技奖励（项）	374	356	384	337	323
技术市场成交合同数（项）	213752	229601	256428	282242	294929
技术市场成交合同金额（亿元）	30390024	39065753	47635589	64370683	74691254
国外技术引进合同数（项）	9964	11253	12202	12988	12448
国外技术引进合同金额（亿美元）	2157179	2563557	3215881	4427370.2	4336413.1

3.3.1 专利成果的产出

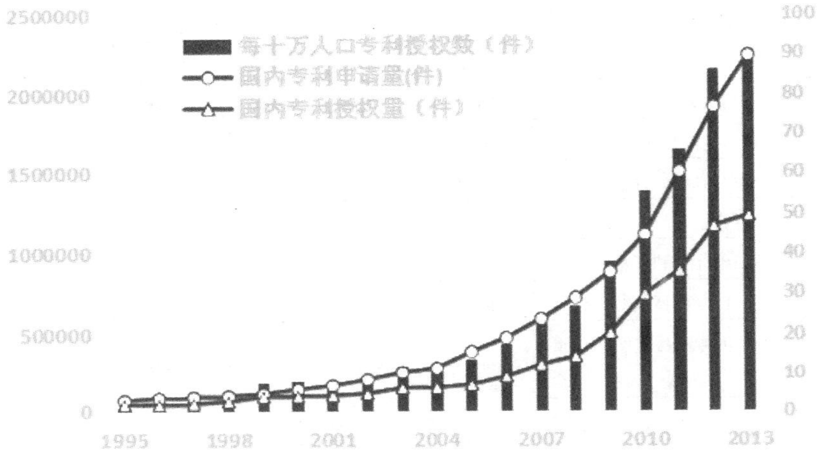

图 3.21　国内专利申请量和专利申请授权量

图 3.21 显示了 1995 年至 2013 年间的专利产出的情况。从图 3.21 中可以看出，专利申请和专利授权的数量，都在逐年增加，而且在 2007 年之后，增加幅度比较大，另外，如果从每十万人口的专利授权数来看，也呈逐年上升的趋势。从具体数据来说，2013 年专利申请量为 2234560 项，1995 年为 69535 项，增长三十多倍，而专利授权量 2013 年为 1228413 项，1995 年为 41881 项，增长近三十倍，但是在专利申请和专利授权的数量逐年增加的过程中，专利申请量中被授权的数量所占的比重变化并不大，而且可以看出，在 2000 年之前专利申请量和专利授权量很接近，说明申请的专利中被授权的数量很高，但是 2000 年后专利申请量和专利授权量的差距逐渐加大，专利授权量是专利申请量的一半左右，这说明专利申请的质量并未随着专利申请量的增加而提高。

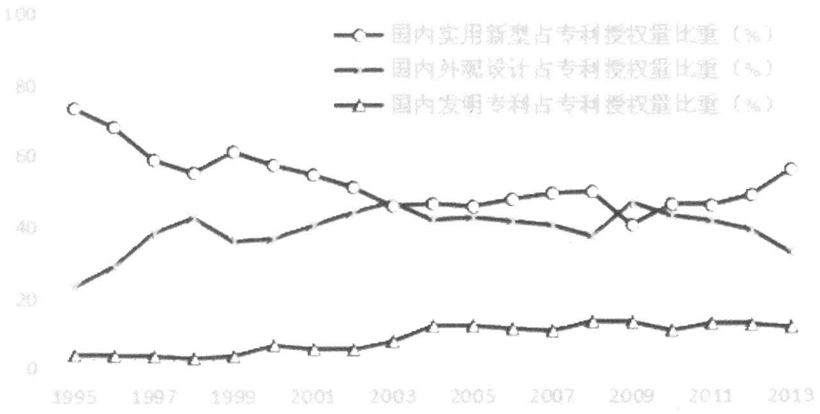

图 3.22　不同专利类型的授权量所占比重

专利授权的数量中分为发明专利授权、实用新型专利授权和外观设计专利授权，三种不同类型的专利代表了不同的自主创新能力，在三种类型的专利授权量中，发明专利的授权数量能更好地说明自主创新能力。

图 3.22 显示了发明专利授权量、实用新型专利授权量和外观设计专利授权量分别占专利授权量的比重等不同专利类型的授权情况。从图 3.22 中可以看出，专利授权的数量虽然逐年增加，但是不同的专利类型的授权情况在每年都有不同的特点。从图 3.22 中可以看出，在 1995 年至 2013 年的考察区间内，发明专利授权量所占比重一直最小，虽然呈现逐年增加的趋势，但增加幅度较小，而实用新型专利和外观设计专利在每年授权量中所占的比重在大部分年份都是实用新型专利授权量所占比重较高，但在 2003 年和 2009 年有些例外，外观设计专利的授权量所占比重要高于实用新型专利授权量所占比重。从具体数据来看，发明专利授权量所占比重在 10%左右，而实用新型专利授权量所占比重在 50%左右，外观设计专利授权量所占比重在 40%左右，但是实用新型专利授权量所占比重和外观设计专利授权量所占比重每

年的波动幅度较大。

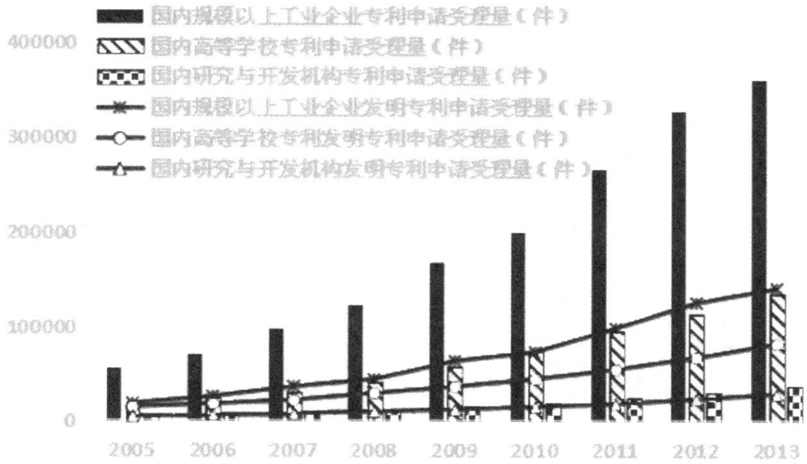

图 3.23　各执行部门的专利申请量和发明专利

图 3.23 显示了不同执行部门的专利成果情况。从图 3.23 中可以看出，规模以上工业企业中的专利申请受理量远远高于高等学校和研究和开发机构的专利申请受理量，但是相对来说，高等学校的专利申请受理量也高于研究与开发机构的专利申请受理量。但对于专利成果中最能体现自主创新能力的发明专利这个指标来看，规模以上工业企业中的发明专利申请受理量远远高于高等学校和研究与开发机构中的发明专利申请受理量。说明在现有的创新产出成果中，能够体现自主创新能力的成果还比较少，而且大多数都位于企业中，尤其是在规模以上工业企业中。从整体变化趋势来看，各执行部门中企业、研究与开发机构、高等学校的专利申请及发明专利申请受理量每年显著上升，这从某种程度上说明发明创造的主动性逐年提高，而且发明创造的质量也逐年提高。

3.3.2　被国外检索机构收录的论文

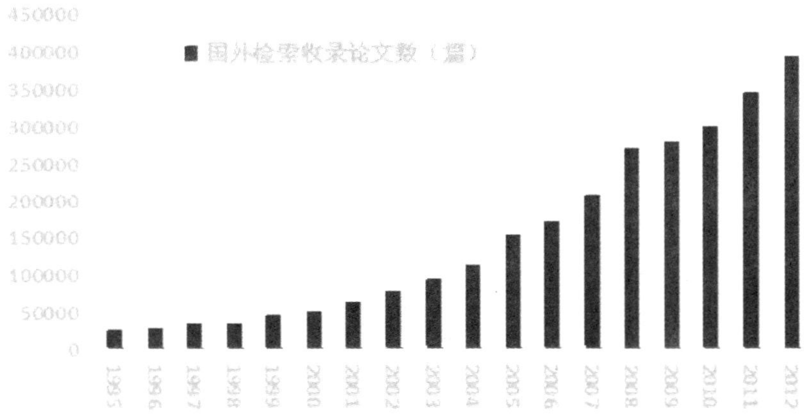

图 3.24　被国外检索工具收录的论文数

对于发表论文的检索情况，主要是被 SCI、EI、CPCI（原 ISTP）三大国外检索机构检索的情况。图 3.24 显示了被国外检索机构检索的中国论文总数在 1995 年至 2012 年间的变化情况。通过图 3.24 可以看出，中国论文被国外检索机构检索的数量逐年增加，尤其是在 2000 年后增加的幅度明显加快。从具体数据来看，这三大检索论文的总量 2012 年为 394661 篇，1995 年为 26395 篇，增长近 15 倍。这说明代表中国科技成果的论文水平逐步提高，越来越多的成果在国际上被认可。

在评价论文的水平时除了考察被国外检索机构的检索情况外，另外一个重要的指标就是论文被引用的次数。图 3.25 显示了被 SCI 收录的中国科技论文的五年滚动被引用的情况。从图 3.25 中可以看出，中国论文被 SCI 收录的数量虽然增长比较缓慢，但是中国发表论文中被 SCI 收录论文的被引用的次数却逐年增加，尤其是 2003 年以后，在每个考察的五年期限内论文的被引用次数快速增长。通过被 SCI 收录论文的被引用情况也能看出，论文的水平得到了较大提高。

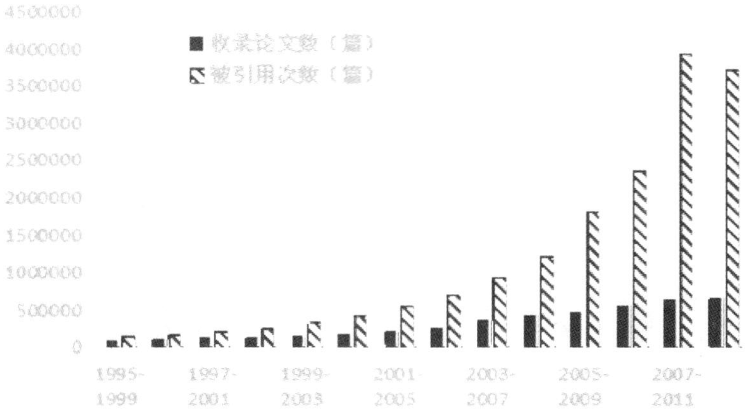

图 3.25　《SCI》收录的中国科技论文的五年滚动被引用情况

3.3.3　研究与试验发展项目

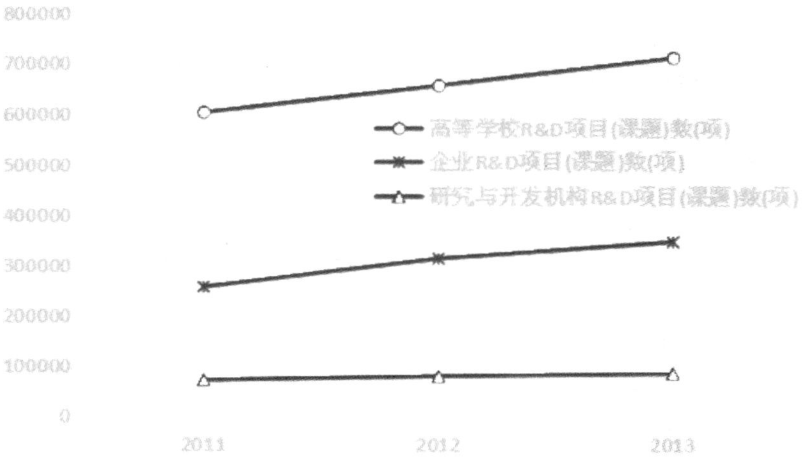

图 3.26　研究与试验发展项目情况

图 3.26 显示了不同执行部门的研究与试验发展项目（课题）数。根据《中国科技统计年鉴》中的数据，从 2011 年才开始此项指标的统计，从图 3.26 中显示的 2011 年至 2013 年中三年的研究与试验发展项目数（课题）的变化来看，研究与试验发展项目（课题）数逐年增加，但各执行部门的研究与试验发展项目（课题）数有着较大的差异。从图 3.26 中可以看出，高等学校的研究与试验发展项目（课题）数最多，其次为企业的研究与试验发展项目（课题）数，而研究与开发机构的研究与试验发展项目（课题）数最少，而且和高等学校和企业的研究与试验发展项目（课题）数相差较多。从具体数据来看，2012 年高等学校的研究与试验发展项目（课题）数为 657027 项，企业的研究与试验发展项目（课题）数为 313651 项，研究与开发机构的研究与试验发展项目（课题）数为 79343 项。但是如果从研究与试验发展项目（课题）的经费内部支出额来看，2012 年企业的研究与试验发展项目（课题）经费内部支出额为 67302457 万元，研究与开发机构的为 62306119 万元，高等学校的为 6072681 万元。所以高等学校虽然进行的研究与试验发展项目（课题）数较多，但在经费投入上却相对最少。

3.3.4　新产品销售收入

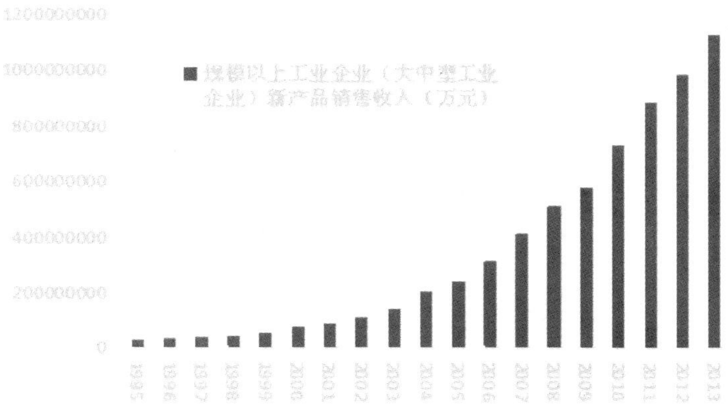

图 3.27　规模以上工业企业（大中型工业企业）新产品销售收入

在新产品销售收入的统计中只有规模以上工业企业的新产品销售收入统计。而且统计口径在 2009 年做了调整，2008 年以前为大中型工业企业的新产品销售收入的统计，而 2008 年后为规模以上工业企业的新产品销售收入的统计。图 3.27 显示了规模以上工业企业（大中型工业企业）的新产品销售收入的情况。从图 3.27 中可以看出，新产品销售收入逐年增多，1995 年大中型工业企业的新产品销售收入为 26200000 万元，而 2013 年规模以上工业企业的新产品销售收入就达到了 1125619063 万元，是 1995 年的将近 43 倍。另外，新产品销售收入和新产品的开发项目数和新产品开发经费支出有着对应的关系。如果新产品开发项目较多，新产品开发经费支出额较高，但是并不能带来更多的新产品销售收入则说明新产品开发项目的收益较低。2012 年规模以上工业企业的新产品开发项目数为 323448 项，新产品开发经费支出为 79985405 万元，新产品销售收入为 1105297711 万元。2011 年规模以上工业企业的新产品开发项目数为 266232 项，新产品开发经费支出为 68459430 万元，新产品销售收入为 1005827245 万元。

3.3.5 技术市场成交合同

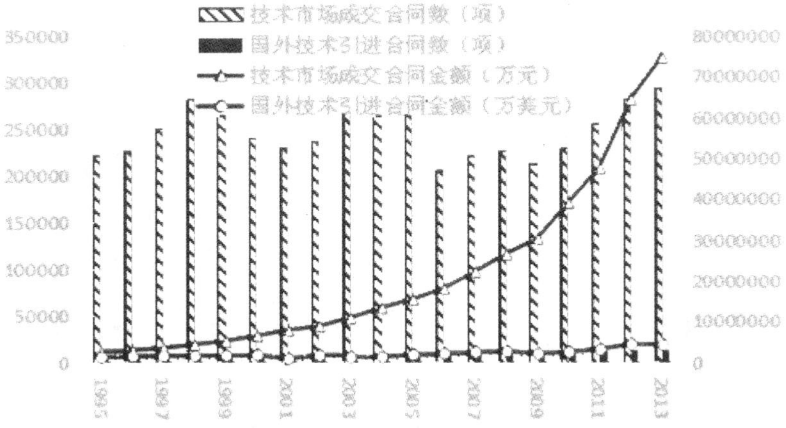

图 3.28　技术市场成交合同及国外技术引进情况

图 3.28 显示了技术市场成交合同的情况以及国外技术引进合同情况。从图 3.28 中的技术市场发展情况来看，中国的技术市场成交合同金额逐年增加，尤其是 2000 年之后技术市场成交合同金额保持大幅增长，但是技术市场成交合同数每年却有较大波动，但在 2006 年以来的数据显示，技术市场成交合同数也逐年增加。但国外技术引进合同金额在 1995—2013 年虽然表现出一定的波动，但近几年还是表现出明显的上升趋势，每年有小幅增加，国外技术引进合同数每年没有明显变化。从具体数据来看，2013 年技术市场成交合同数为 294929 项，技术市场成交合同金额为 74691253.7 万元，而国外技术引进合同数为 12448 项，国外技术引进合同金额为 4336413.1 万元。

3.3.6　创新主体的建设

表 3.6　中国创新基础设施建设情况

项目	2009	2010	2011	2012	2013	2014
国家重点实验室数（个）	218	218	266	266	265	----
全国生产力促进中心总数（个）	1808	2032	2274	2281	2581	----
全国生产力促进中心总资产（亿元）	209.2	157.1	260.8	295.1	351.0	----
全国生产力促进中心服务企业总数（万个）	19.0	24.5	30.7	38.0	38.7	----
规模以上工业企业有 R&D 活动企业的个数	36387	----	37467	47204	54832	----
规模以上工业企业有 R&D 活动企业所占比重	8.5	----	11.5	13.7	14.8	----
高新技术产业企业数（个）	27218	28189	21682	24636	26894	----
国家自主创新示范区	2	2	3	3	3	7

对于创新主体的建设情况，主要包括政府、企业、研发机构、高等学校和中介机构五个方面的创新主体的建设。根据五个方面的特点

以及数据的可获得性，利用表 3.6 中所列项目来表示相关创新主体的建设情况。对于研发机构和高等学校创新主体的建设每年间变化趋势不明显，所以在本节末进行分析，主要考察了企业和中介机构创新主体的建设情况。对于企业创新主体的建设情况，主要是通过规模以上工业企业和高新技术企业的情况进行说明。从表 3.6 中相关数据可以看出，规模以上工业企业中具有 R&D 活动的企业个数逐年大幅增加，而高新技术企业数也逐年增加，可以说明企业创新主体建设情况较好，越来越多的企业从事创新活动。另外，从全国生产力促进中心的建设来看，其每年没有明显变化，这说明中介机构在创新活动中所起作用还有待进一步加强。另外中国从 2009 年开始设立了国家自主创新示范区，到 2014 年全国共有 7 个国家自主创新示范区。从整体上来说，中国各从事研发活动的创新主体从 2009 年以来都得到了较快的发展。

3.3.7 自主创新产出能力的国际比较

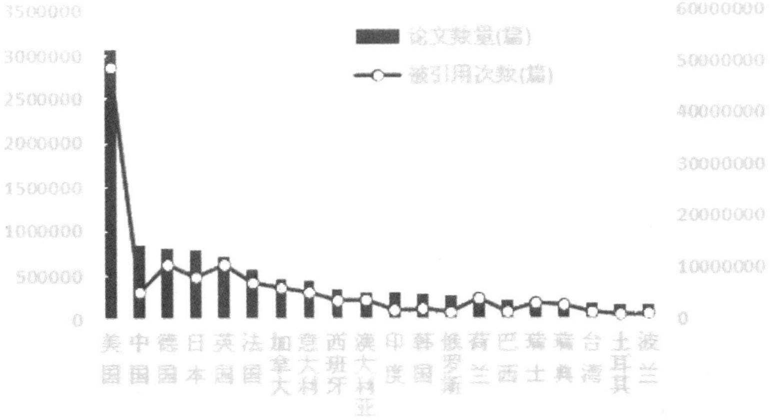

图 3.29　按 ESI 论文数量排序的前 20 个国家

从国际比较上来看，2013 年《中国科技统计年鉴》中显示的 2001 年 1 月至 2011 年 8 月 31 日之间的中国 ESI 论文数为 836255 篇，居世界第二，被引用次数为 5191358 次，排在第七位；美国 ESI 论文数总量第一，为 3049662 篇，被引用次数为 48862100 次，位列第一；德国论文数总量排名第三，ESI 论文数量为 784316 篇，被引用次数为 10518133 次，排名第二；日本论文数总量排名第四，ESI 论文数量为 771548 篇，被引用次数为 8084145 次，排名第四。通过国际比较的绝对值来看，中国论文数量水平较高，说明中国的自主创新产出水平和其他国家的差距在逐渐缩小，创新产出水平从总量上来看居世界前列。

3.4　国家自主创新投入产出比现状

从中国自主创新资金投入、自主创新人员投入和自主创新产出的时间序列趋势来看，在 1995 年至 2013 年的统计区间内，各种创新投入以及创新产出逐年增加，并且在 2007 年之后各创新投入和产出的增长速度明显加快，在创新投入和创新产出明显增强的情况下，另外一个非常重要的内容就是考察创新效率的变化，对于创新效率的变化本节利用创新的投入产出比来描述创新效率的变化情况。自主创新投入产出比在一定程度上能反映某一研究主体的自主创新效率，能够描述某一研究主体的创新产出的提高是依靠研发活动中效率的提高而实现的，还是依靠大量的创新投入来实现的。

从自主创新的投入和产出现状的分析来看，自主创新资金投入的绝对量逐年增加而且增加量比较明显，但自主创新人员的投入在 1995 年至 2013 年的考察区间内的增加量并不明显。另外，从以专利授权量为代表的自主创新产出的增加量来看，自主创新能力有了很大的提高。当然，从各种自主创新投入和产出的相对量来说，各种自主创新投入和产出还存在不同的特征，在 1995 年至 2013 年的考察区间内自主创新资金的投入强度每年的变化并不大，从 1995 年的 0.57%增长到 2013 年的 2.08%。同样各种自主创新产出虽然也在逐年增加，但是需要从相对量的角度考察单位各种自主创新投入对应的创新产出的时间变化趋势以及不同创新主体的单位创新投入对应的创新产出的变化情况。

对于自主创新产出主要是利用专利授权数和新产品销售收入来表示，所以本节中主要分析单位自主创新投入对应的专利授权数和新产品销售收入。另外，从自主创新投入和自主创新产出分析中可以看出，大多数自主创新投入和产出都集中在企业中，所以又分别考察了规模以上工业企业的自主创新投入产出比的情况和高新技术产业的自主创新投入产出比的情况。

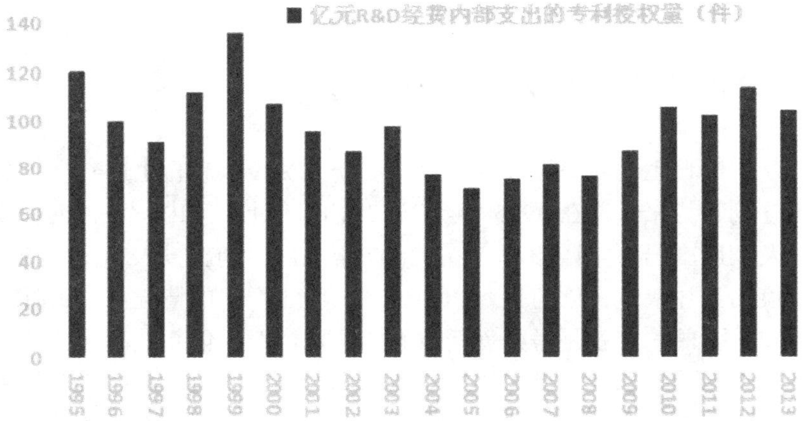

图 3.30　亿元研究与试验发展经费内部支出的专利授权数

图 3.30 显示了 1995 年至 2013 年间每年专利授权数和研究与试验发展经费内部支出的比值变化情况，即亿元研究与试验发展经费内部支出能够实现的专利授权数。从时间变化趋势来看，自主创新投入产出比的变化大致分为三个阶段——1999 年之前，1999 年至 2005 年，2005 年至 2013 年。在 1999 年之前，每年的自主创新投入产出的比值逐年升高，而且比值较大。但是 1999 年之后投入产出比逐年下降。2005 年至 2013 年间创新投入产出比又开始有逐年增加的趋势，但是每年增长的幅度不大。从投入产出比来看，在 2004 年提出自主创新战略后，研发活动或是创新活动越来越受到重视，创新的

效率也得到了提高。

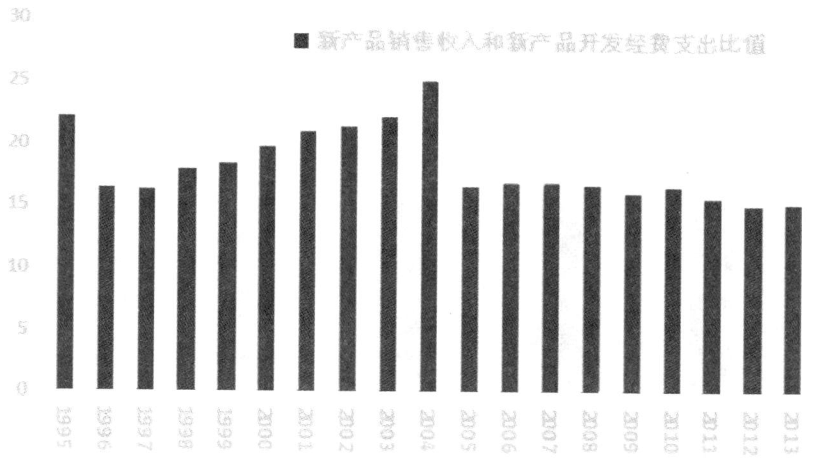

图 3.31　规模以上工业企业（大中型工业企业）新产品销售收入与新产品开发经费的比值

图 3.31 显示了 1995 年至 2013 年间的规模以上工业企业新产品销售收入和新产品开发经费的比值。但由于《中国科技统计年鉴》中对于新产品销售收入和新产品开发经费的统计是关于规模以上工业企业或是大中型工业企业的，2009 年之前统计的为大中型工业企业的数据。而从 2009 年开始统计范围改成了规模以上工业企业的。所以在图 3.31 中，2009 年之前的数据为大中型工业企业的情况，2009 年之后（包括 2009 年）的数据为规模以上工业企业的情况。从图 3.31 中可以看出，对于企业用于新产品开发的投入产出比一直维持在一个水平，甚至有下降的趋势。

图 3.32 显示了高新技术产业新产品销售收入和新产品开发经费的比值情况。从图 3.32 中可以看出，对于创新活动集中的高新技术产业来说，其投入产出比也一直保持一个水平，而且相对于 2009、2010 年来说，2011 年至 2013 年间的高技术产业的新产品开发的投入产出比有小幅下降。如果对比图 3.31 和图 3.32 中规模以上工业企业和高

新技术产业新产品开发的投入产出比，高新技术产业的创新效率要低于规模以上工业企业的创新效率。

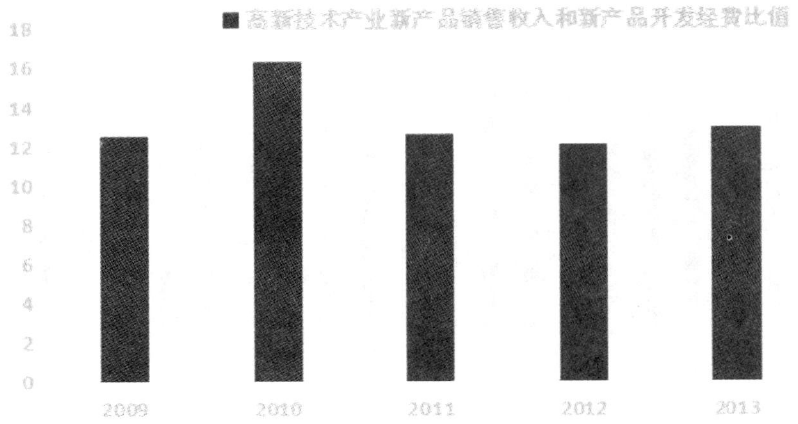

图 3.32　高新技术产业新产品销售收入与新产品开发经费的比值

通过国家自主创新投入和产出的时间序列数据分析和国际比较来看，中国在自主创新投入和自主创新产出两方面都有了较快增长，在一些方面居世界前列，但和一些国家相比仍有差距，还需继续增加创新投入并且提高创新产出的数量和质量，尤其是在创新效率的提高方面还需继续进一步的努力。

第4章

地区自主创新能力的现状

从第三章国家自主创新能力的分析来看，国家整体的自主创新能力在2011年有了明显的提高，不管是从自主创新资金和自主创新人员的投入来看，还是从自主创新产出的水平来看，中国自主创新能力和其他国家相比都有了明显的提升，但是中国各个地区的自主创新能力并未得到考察。本章主要基于各年《中国统计年鉴》和《中国科技统计年鉴》中的数据对中国各个地区的自主创新现状进行分析。

地区自主创新能力的现状分析主要包括各地区自主创新资金投入的现状分析、自主创新人员投入的现状分析和自主创新产出能力的比较分析三个方面。在各地区创新资金投入能力的比较分析中，主要包括各个地区的研究与试验发展经费及其投入强度的比较分析、研发经费的资金来源的比较分析、研发经费的支出用途的比较分析。在各地区自主创新人员投入分析中，主要从各个地区研究与试验发展人员及其全时当量的比较、各个地区不同创新主体中从事不同研究类型的研发人员的比较几个方面进行分析。各个地区的自主创新产出能力的比较分析主要是从各个地区的不同创新主体在专利申请量等指标上的比较、各个地区技术市场成交合同的比较、各个地区不同创新主体发展的比较几个方面进行分析。

4.1 地区自主创新资金投入现状

中国各地区的经济发展水平存在着较大的差异，则在各地区实施自主创新战略过程中必然也存在着较大的差异。体现一个地区自主创新能力的一个重要方面就是自主创新资金投入的能力，而自主创新资金投入的能力不仅需要经济发展水平的支撑，而且还和各地区的产业结构、主导产业和支柱产业发展的特点有关系，并且需要各地政府加强对提高自主创新能力的重视程度。为了分析中国各地区在自主创新资金投入能力方面的差异，本节以2013年中国31个省、市、自治区的统计数据为基础，对于各地区的自主创新资金投入现状进行了分析。

地区的创新资金投入分析指标主要涉及研究与试验发展经费内部支出及其投入强度、研究与试验发展经费外部支出、规模以上工业企业的新产品开发经费、规模以上工业企业的技术获取与改造费用等指标。而且各地区的研究与试验发展经费的内部支出又可以通过进一步分析其资金来源以及其支出用途来更深入地说明当前阶段中国各地区自主创新资金投入的现状。

4.1.1 各地区自主创新资金投入总量及强度分析

在各个地区的自主创新资金投入方面，分为研究与试验发展经费的内部支出、研究与试验发展经费的外部支出、规模以上工业企业的新产品开发经费、规模以上工业企业的技术获取与改造费用四个方面。利用研究与试验发展经费的内部支出及其投入强度反映本地区对于研究与试验发展活动的重视程度以及衡量该地区进行研发活动的能力。利用研究与试验发展经费的外部支出反映本地区从事研发活动的单位和其他研发机构或是高等学校等方面的合作能力。利用规模以上工业企业的新产品开发费用反映本地区对于新产品开发的重视程度。规模以上工业企业的技术获取与改造费用主要是反映该地区创新活动中的技术引进情况。

1. 研究与试验发展经费内部支出

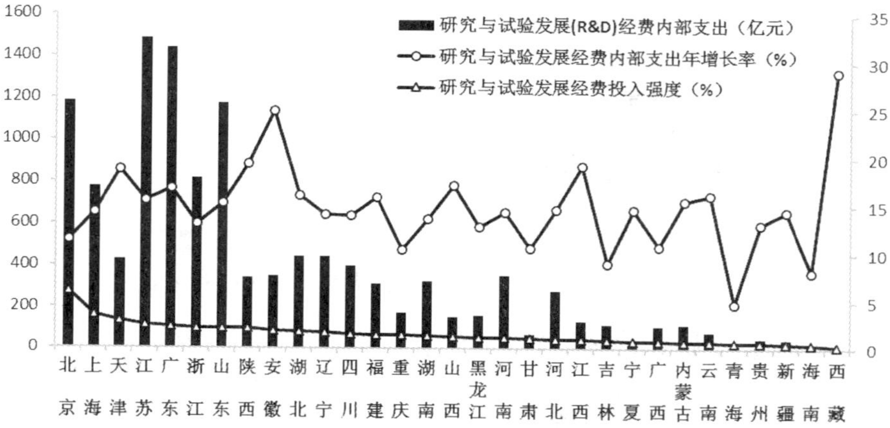

图 4.1　各地区研究与试验发展经费内部支出情况

图 4.1 显示了各地区 2013 年的研究与试验发展经费内部支出情况，从数据显示结果来看，排在前三位的为江苏、广东和北京，最后三位分别为海南、青海和西藏，其具体数额分别为江苏 1487 亿元、广东 1443 亿元、北京 1185 亿元、海南 15 亿元、青海 14 亿元、西藏 2 亿元。从各地区研究与试验发展经费内部支出的数额上来看，各地区的研究与试验发展经费支出差距很大。从研究与试验发展经费内部支出的投入强度来看，各地区研究与试验发展经费投入强度在 0.28%到 6.07%之间，其中北京是研究与试验发展经费投入强度最高的地区，其投入强度为 6.07%。从各地区研究与试验发展经费支出年增长率来看，西藏增长率最高，达 29%，但其研究与试验发展经费支出绝对值不大，其次为安徽，其增长率为 24.94%，再次为江西，其增长率为 19.21%。各地区的增长率差距非常明显，研究与试验发展经费内部支出额的增长率的最高值为 29%，研究与试验发展经费内部支出额增长率最小的地区为青海，其数值为 4.81%。

2. 研究与试验发展经费外部支出

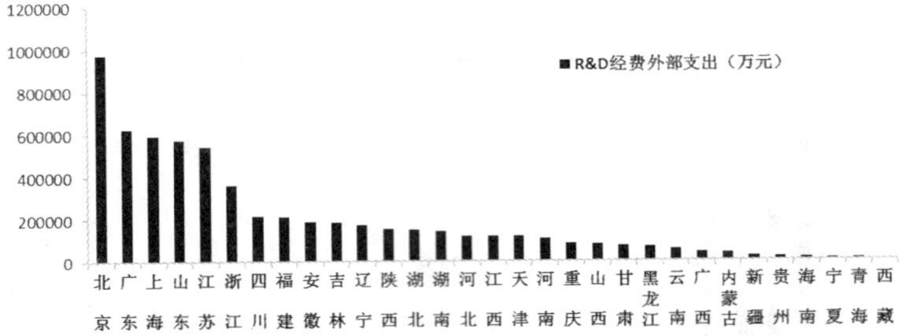

图 4.2　各地区研究与试验发展经费外部支出

图 4.2 显示了各地区 2013 年研究与试验发展经费外部支出数额情况，从各地区研究与试验发展经费外部支出额的绝对值来看，各地区差距明显，外部支出数额排在前三位的是北京、广东和上海，其具体数额为 97.32 亿元、62.7 亿元和 59.3 亿元，这说明这些地区不仅本机构进行研发活动，也存在着较高水平的和其他研发机构或是高等院校的研发活动的合作项目。最后三位为宁夏、青海和西藏，分别为 1.05 亿元、0.75 亿元和 0.18 亿元。

3. 新产品开发经费

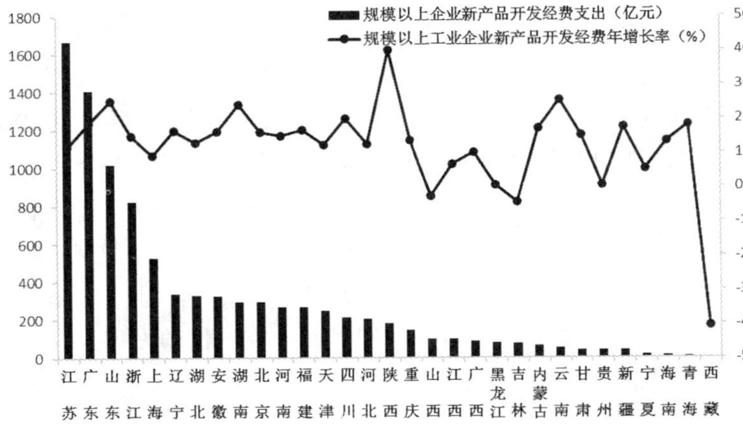

图 4.3　各地区规模以上工业企业的新产品开发经费

图 4.3 显示了各地区规模以上工业企业新产品开发经费支出的情况，从具体的数值来看，排在前三名的是江苏、广东和山东，分别为 1669.3 亿元、1406.6 亿元和 1020.6 亿元，最后三位分别是海南、青海和西藏，数额为 11.5 亿元、8.8 亿元和 0.1 亿元，这些数据显示各地区新产品开发经费支出差距明显，分布不平均。各地区关于新产品开发经费的增长率的差距更大，增速最快的有陕西、云南和山东，增长率分别为 40%、25.3%和 25.2%，其中山西、吉林和西藏增长量为负值，分别为−2.8%、−4.6%和−40.7%。

4. 技术获取或改造费用

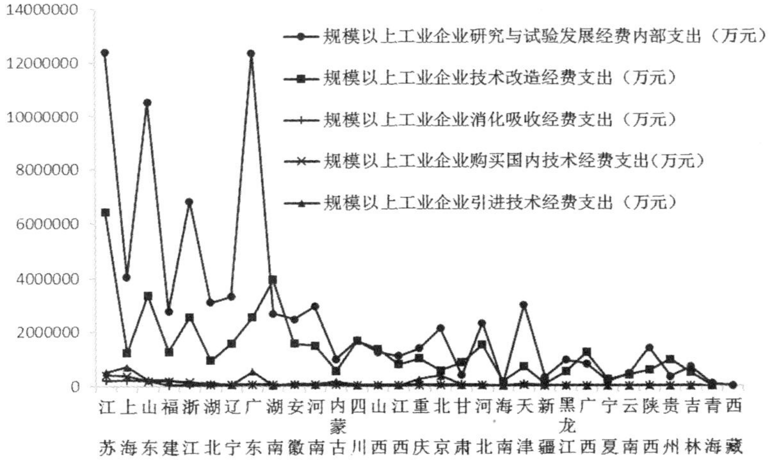

图 4.4　各地区规模以上工业企业研究与试验发展经费内部支出及技术获取与改造费用

图 4.4 显示了各地区规模以上工业企业的研究与试验发展经费内部支出、技术改造经费支出、引进技术消费支出、消化吸收经费支出、购买国内技术经费支出的对比情况。从图 4.4 中可以看出，在经济发展水平较好的江苏、广东、山东、浙江等地区，规模以上工业企业的研究与试验发展经费内部支出额都较大，其次为技术改造费用的支出，再次为引进技术经费支出，说明在这些地区的创新能力中自主创新能

力较强。另外，在湖南、山西、广西、甘肃、贵州等地区，规模以上工业企业的技术改造经费支出高于研究与试验发展经费内部支出，说明这些地区的规模以上工业企业投入在技术改造方面的经费要多于进行自主研发技术的经费。

从各地区规模以上工业企业研究与试验发展经费内部支出的具体数额来看，排在前三位的是江苏、广东和山东，分别是 1239.6 亿元、1237.5 亿元和 1052.8 亿元，数额相差较小，但第四位的浙江为 684.4 亿元，和第三名差距较大，排在最后三位的是海南、青海和西藏，数额为 9.35 亿元、8.95 亿元和 0.46 亿元，可以看出各地区差距明显，数额相差较大。从各地区规模以上工业企业引进技术经费支出来看，前三位是上海、广东和江苏，分别是 71.5 亿元、54.9 亿元和 52.5 亿元，最后三位是海南、青海和西藏，海南为 1362 万元，青海为 437 亿元，西藏在引进技术方面没有发生费用。从规模以上工业企业购买国内技术经费支出来看，排在前三位的是江苏、上海和山东，分别为 41.3 亿元、37.6 亿元和 19.9 亿元，最后三位是吉林、青海和西藏，分别是 6058 万元、327 万元和零。

各地区规模以上工业企业消化吸收经费支出差距明显，其中上海、山东和江苏数额最多，分别为 22.1 亿元、21.5 亿元和 20.4 亿元，数额最少的为海南、青海和西藏，分别为 1026 万元、35 万元和零。规模以上工业企业技术改造经费支出方面，投入最多的为江苏、湖南和山东，数额为 642.1 亿元、395.6 亿元和 338.4 亿元，投入最少的为新疆、青海和西藏，新疆为 9.05 亿元，青海为 1.5 亿元，西藏的技术改造经费为零。

从以上数据分析可以看出，各个地区的创新能力有着巨大的差异，一般来说，经济发展水平越高的地区，自主研发的经费投入及其所占比重越高。另外，不同的经费支出项目代表了不同方面的创新能力，从图 4.4 中也可以看出，各个地区所侧重的创新模式存在着明显的差异，在经济发展水平较高的地区，更侧重于自主研发经费的投入，而其他地区的技术改造费用和研究与试验发展经费内部支出相差不大，说明更侧重于技术改造方面的创新投入。

4.1.2　各地区自主创新资金投入的资金来源分析

一个地区的自主创新资金都是通过创新体系中的各个创新主体投入到各个创新活动中的，而在一个地区或是一个区域内从事创新活动的有企业、研发机构、高等学校、政府、中介机构等不同的创新主体，每个创新主体在从事创新活动时投入的资金又有不同的经费来源。按照《中国科技统计年鉴》中的统计数据，创新资金的经费来源主要有政府资金、企业资金、国外资金和其他资金。从对各创新主体的经费来源分析可以看出创新活动中的主导者是谁。

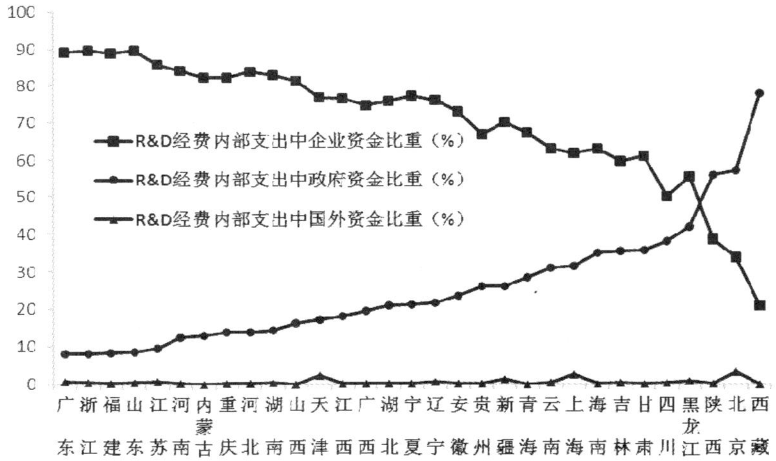

图 4.5　各地区研究与试验发展经费内部支出资金来源

图 4.5 显示了各个地区研究与试验发展经费内部支出的资金来源情况。根据《中国科技统计年鉴》中的相关数据，把研究与试验发展经费内部支出按资金来源分为政府资金、企业资金、国外资金和其他资金。从图 4.5 中可以看出，不同的地区资金来源构成有着明显的差异。在山东、浙江、广东、福建、江苏等地企业资金占很大比重，都在 90%左右，而在西藏、北京、陕西、四川、黑龙江等地政府资金占

很大比重。其中北京地区是研究与试验发展经费内部支出最多的地区，但是其资金主要来源于政府，而广东在研究与试验发展经费内部支出上位于第二位，但是其创新资金主要来源于企业。这说明两者在创新研究类型等方面存在着差异。

从具体数据来看，其中研究与试验发展经费内部支出中企业资金所占比重排在前三位的是山东、浙江和广东，企业资金所占比重分别为 89.8%、89.76%和 89.4%，从这些地区的企业资金所占比重可以看出，这些地区的创新活动主要是依靠企业来推动。而相对的，西藏、北京和陕西的研究与试验发展经费的内部支出中是以政府资金为主，其政府资金所占比重分别为 78%、57%和 56%，其企业资金所占比重分别为 20.83%、33.85%和 38.76%。说明这些地区的创新活动主要依靠政府来推动。从各地区国外资金所占比重来看，各地区的创新资金中国外资金来源都很少，而且差异不大，大都在 2%～3%范围内。

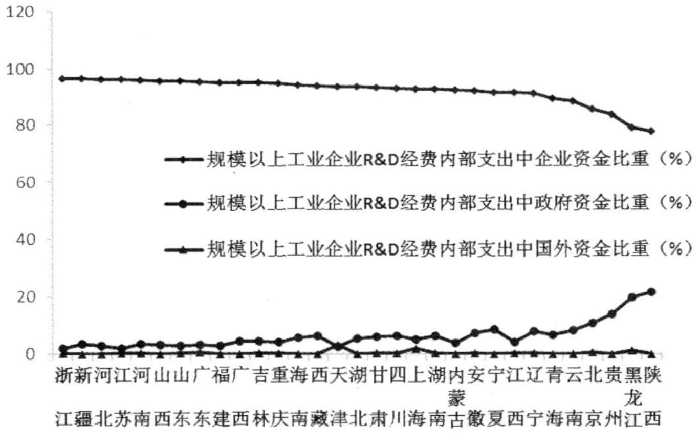

图 4.6　各地区规模以上工业企业研究与试验发展经费资金来源

从各个地区的整体来看，每个地区的企业资金来源和政府资金来源存在着显著的差异。为了进一步分析各个创新主体的创新资金来源的差异，图 4.6 显示了企业创新资金的各个来源所占的比重，但由于没有企业整体按资金来源分类的研究与试验发展经费内部支出的统计，只有规模以上工业企业按资金来源分类的研究与试验发展经费内部支出的统计，所以本节以规模以上工业企业的数据说明企业创新资金的来源分布。但是相关数据也显示，企业创新活动的 90%左右都集中在规模以上工业企业中，所以利用规模以上工业企业的相关数据进行说明有很强的代表性。

从图 4.6 中可以看出，各地区规模以上工业企业研究与试验发展经费内部支出中政府资金所占比重、企业资金所占比重以及国外资金所占比重都比较一致，各地区规模以上工业企业的创新资金大都主要来源于企业资金，所占比重大部分在 90%以上，而政府资金所占比重都较小，大部分地区政府资金所占比重低于 10%。但是有一些个别的地区例外，比如北京、贵州、黑龙江和陕西四个地区的规模以上工业企业的研究与试验发展经费内部支出中企业资金所占比重相对较低，分别为 85.4%、83.6%、78.8%和 77.7%。从而，这些地区规模以上工业企业的研究与试验发展经费内部支出中政府资金所占比重就较高，所占比重分别为 10.7%、13.7%、19.5%和 21.4%。

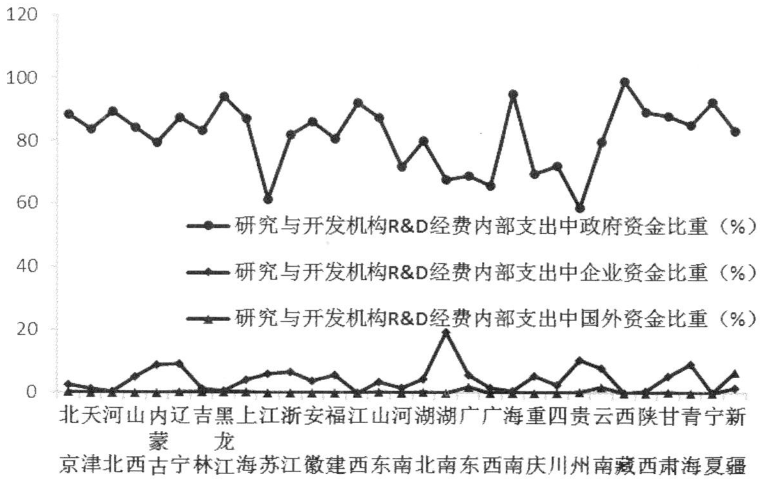

图 4.7　各地区研究与开发机构研究与试验发展经费资金来源

图 4.7 显示了各地区研究与开发机构这一创新主体的研究与试验

发展经费内部支出中政府资金、企业资金和国外资金所占比重。从图4.7 中可以看出，各地区的研究与开发机构创新资金都是以政府资金为主导，企业资金所占比重较小。但是各地区的研究与开发机构的研究与试验发展经费内部支出中政府资金比重还是存在着较大的差异，尤其是贵州、江苏、重庆、四川、广西几个地区与其他地区比较，研究与开发机构的经费来源中政府资金所占比重相对较低。

从具体数据来看，研究与开发机构的研究与试验发展经费内部支出中政府资金所占比重较高，位于前三位的地区分别是西藏、海南和黑龙江，政府资金所占比重分别占 99.2%、95.1%和 94.1%，而研究与开发机构的创新资金中政府资金所占比重较低，位于后三位的地区分别为广西、江苏和贵州，政府资金所占比重分别是 65.8%、61.4%和59%。对于各地区研究与开发机构的研究与试验发展经费内部支出中企业资金来源情况是,企业资金比重所占比重较高的地区分别是湖南、贵州和青海，企业资金所占比重分别为 19.3%、10.4%和 9.4%，从该数据可以看出，各地区研究与开发机构中企业资金所占比重都较低。另外国外资金投入就更少，新疆、广东和云南所占比重相对较大，分别是 6.8%、2.07%和 1.9%，而青海、内蒙古、天津、陕西、海南和西藏各地的研究与开发机构没有国外资金投入。

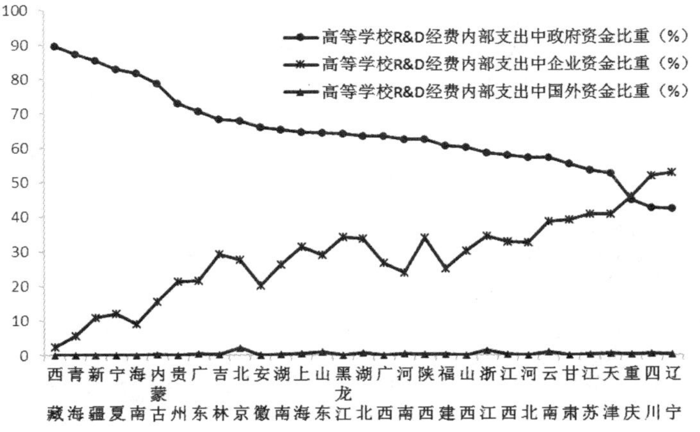

图 4.8　各地区高等学校研究与试验发展经费资金来源

图 4.8 显示了各地区高等学校这一创新主体的创新资金的资金来源情况。由图 4.8 可以看出，各地区高等学校的研究与试验发展经费支出中，政府资金所占比重和企业资金所占比重存在着较明显的差异。但各地区高等学校的研究与试验发展经费内部支出还是以政府资金为主，但是重庆、四川和辽宁三个地区的高等学校的企业资金所占比重超过了政府资金所占比重。

从具体数据来看，各地区高等学校的研究与试验发展经费内部支出中政府资金所占比重较高，位于前三位的地区分别是西藏、青海和新疆，其政府资金所占比重分别为 89.6%、87.5%和 85.6%；政府资金所占比重较低，位于后三位的地区分别是重庆、四川和辽宁，所占比重分别是 44.9%、42.6%和 42.3%。而在各地区高等学校研究与试验发展经费内部支出中企业资金所占比重较高，位于前三位的地区分别是辽宁、四川和重庆，其企业资金所占比重分别为 52.8%、51.9%和 45.8%，企业资金所占比重位于后三位的地区分别是海南、青海和西藏，企业资金所占比重分别为 9.2%、5.7%和 2.4%。各地区高等学校另外的一个资金来源就是国外资金，各地区研究与试验发展经费中国外资金所占比重位于前三位的地区分别是北京、浙江和云南，分别是 2.12%、1.35%和 1.08%，河北比重较小为 0.013%，青海和西藏没有国外资金投入。

4.1.3　各地区自主创新资金投入的支出用途分析

各地区的创新资金投入有研究与试验发展经费的内部支出，还有研究与试验发展经费的外部支出，根据各项支出的特点，每项支出都有不同的用途。对于研究与试验发展经费内部支出来说，其支出用途主要是支持本机构进行基础研究、应用研究和试验发展三个方面，对于研究与试验发展经费的外部支出来说，其支出用途主要有支出给境内研究机构、高等学校、企业或是境外机构等几项。

1. 研究与试验发展经费内部支出的支出用途分析

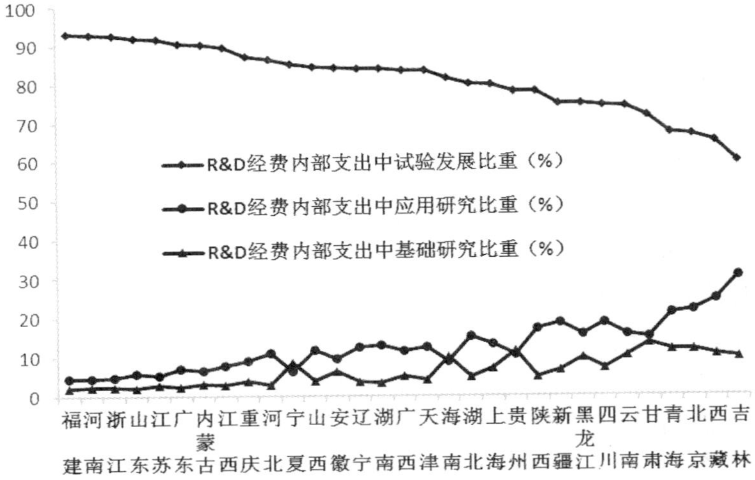

图 4.9　各地区按不同研究类型分的研究与试验发展经费内部支出

图 4.9 显示了各地区研究与试验发展经费内部支出的支出用途情况。从图 4.9 中可以看出，各地区的研究与试验发展经费内部支出主要是用于试验发展的支出，其所占比重都在 60%以上，其次为应用研究的支出，其所占比重在 10%～30%范围内。基础研究支出所占比重最低，所占比重在 10%左右。

在图 4.9 中，从各地区研究与试验发展经费内部支出的支出用途的具体数据来看，试验发展支出所占比重较高，位于前三位的地区分别是福建、河南和浙江，其试验发展所占比重分别是 93.3%、93.02%和 92.8%，而北京、西藏和吉林三个地区的试验发展支出所占比重分列后三位，分别是 66.6%、64.96%和 59.7%。应用研究方面，排在前三位的是吉林、西藏和北京，分别是 30.5%、24.5%和 21.8%，后三位是浙江、福建和河南，分别是 1.87%、4.69%和 4.67%。基础研究所占比重相对较小，其中排在前三位的是甘肃、青海和北京，比重为 13.4%、11.6%和 11.58%，排在最后三位的是河南、山东和福建，比重分别为 2.3%、2.25%和 2.01%。

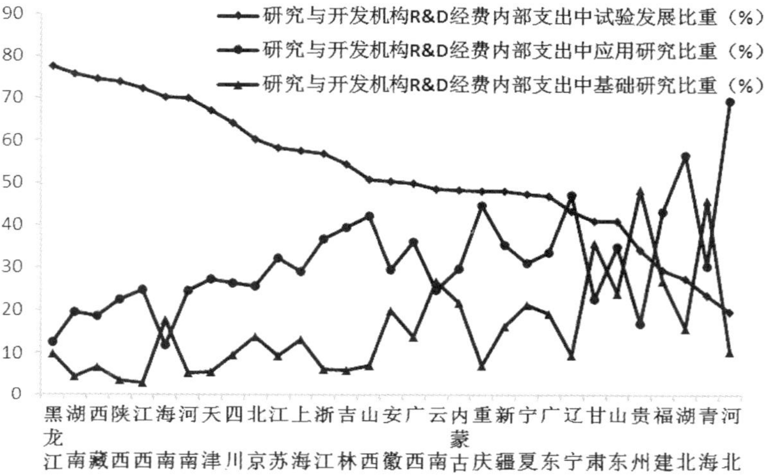

图 4.10　各地区研究与开发机构 R&D 经费内部支出

在图 4.10 中，从各地区研究与开发机构的研究与试验发展经费内部支出的支出用途看，试验发展占主要部分，其次是应用研究，基础研究所占比重较小。试验发展方面，排在前三位的是黑龙江、湖南和西藏，比重分别为 77.5%、75.8%和 74.5%，排在最后三位的是湖北、青海和河北，比重分别为 27.5%、23.6%和 19.8%。从应用研究支出比重看，河北、湖北和辽宁所占比重较高，分别是 69.6%、56.7%和 47.1%，贵州、黑龙江和海南所占比重较小，分别是 17%、12.7%和 11.99%。基础研究比重排在前三位的是贵州、青海和甘肃，比重分别为 48.6%、46%和 36.0%，排在最后三位的是湖南、陕西和江西，比重分别为 4.5%、3.5%和 2.9%。各地区研究与开发机构研究与试验发展经费的支出用途存在着明显的差异。

在图 4.11 中，从各地区高等学校研究与试验发展经费内部支出的支出用途看，应用研究占较大比重，其次是基础研究，试验发展所占比重较小，可见高等学校在科学研究方面的投入较大。从应用研究所占比重来看，排在前三位的是福建、西藏和甘肃，比重分别为 66.9%、65.4%和 61.1%，排在最后三位的是安徽、海南和宁夏，比重分别为 42.1%、

38.1%和 34%。从基础研究的支出比重看，宁夏、海南和吉林所占比重较高，分别是 63.6%、59.4%和 48.3%，福建、辽宁和四川所占比重较小，分别是 26.8%、24.8%和 24.5%。试验发展所占比重总体偏低，排在前三位的是四川、辽宁和陕西，比重分别为 27.6%、27.3%和 23.1%，排在最后三位的是宁夏、甘肃和西藏，比重分别为 2.3%、1.9%和 0。

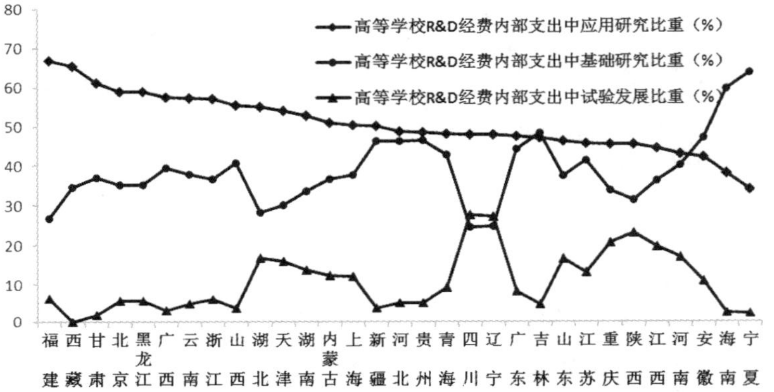

图 4.11　各地区高等学校研究与试验发展经费内部支出

2. 研究与试验发展经费外部支出的支出用途分析

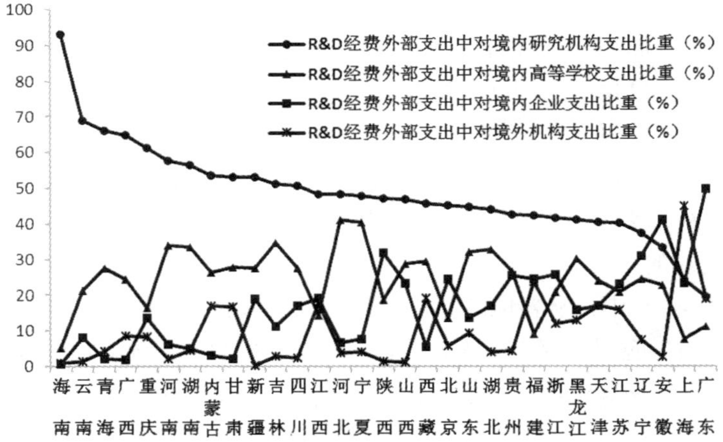

图 4.12　各地区研究与试验发展经费外部支出的支出用途

在图 4.12 中，各地区研究与试验发展经费外部支出可分为对境内研究机构支出、对境内高等学校支出、对境内企业支出和对境外机构支出。对境内研究机构支出占研究与试验发展经费外部支出的绝大部分，其中海南、云南和青海对境内研究机构支出所占比重最高，分别为 93%、68.8%和 65.9%，而安徽、上海和广东比重相对较小，分别为 33.17%、24.2%和 19.3%。研究与试验发展经费外部支出中对境内高等学校支出比重方面，排在前三位的是河北、宁夏和吉林，分别为 41.1%、40.5%和 34.7%，排在最后三位的是福建、上海和海南，比重为 9.06%、7.57%和 5.29%。对境内企业支出占研究与试验发展外部支出比重中，比重较高的是广东、安徽和陕西，分别为 49.9%、41.06%和 31.9%，比重较小的是青海、广西和海南，分别为 2.2%、1.9%和 0.73%。对境外机构支出比重方面，排在前三位的是上海、福建和西藏，比重为 45.03%、23.7%和 19.2%，排在最后三位的是山西、海南和新疆，比重为 1.14%、0.98%和 0.37%。

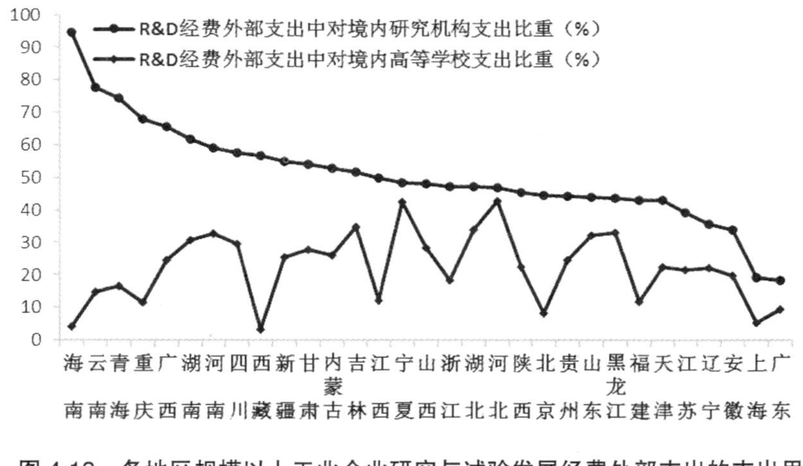

图 4.13　各地区规模以上工业企业研究与试验发展经费外部支出的支出用途

在《中国科技统计年鉴》中的各地区的规模以上工业企业的研究与试验发展经费外部支出的统计中，只统计了对境内研究机构和境内高等学校的支出情况，并未显示对境内企业和境外机构的支出情况。

在图 4.13 中，从各地区规模以上工业企业的研究与试验发展经费外部支出的支出用途来看，其中对境内研究机构支出比重均高于对境内高等学校支出比重，各地区的支出比重结构差异明显。对境内研究机构支出比重排在前三位的是海南、云南和青海，比重分别为 94.7%、77.6% 和 74.5%，排在最后三位的是安徽、上海和广东，比重分别为 34.06%、19.07%和 18.18%。从研究与试验发展经费外部支出中对境内高等学校支出比重方面来看，排在前三位的是河北、宁夏和吉林，比重为 42.8%、42.7%和 34.7%，排在最后三位的是上海、海南和西藏，比重分别是 5.4%、4.2%和 3.2%。

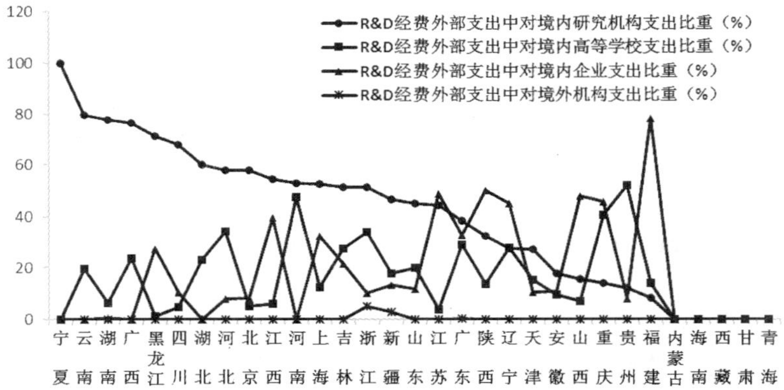

图 4.14　各地区研究与开发机构研究与试验发展经费外部支出的支出用途

在图 4.14 中，从各地区研究与开发机构的研究与试验发展经费外部支出的支出用途来看，内蒙古、海南、西藏、甘肃和青海没有研究与试验发展经费外部支出。在其他地区中对境内研究机构支出所占比重中，宁夏最高为 100%，说明其研究与开发机构中的全部研究研究与试验发展经费外部支出均用于对境内研究机构的支出，排在第二位的是云南，比重为 79.7%，第三位的是湖南，比重为 77.9%，对于研究与开发机构有研究与试验发展经费外部支出的地区，比重排名在最后三位的是重庆、贵州和福建，比重分别为 13.9%、12.04%和 8.16%。从各地区研究与开发机构对境内高等学校的支出比重方面，排在前三位的是贵州、河南和重庆，数值为 51.9%、47.3%和 40.6%，支出比重排在最后三位的是四川、江苏和黑龙江，比重为 4.7%、3.66%和 1.37%。在各地区研究与开发机构的研究与试验发展经费外部支出中对境内企业的支出比重方面，排在前三位的是福建、陕西和江苏，比重分别是 78.04%、49.9%和 48.7%，河南、广西、湖北和云南在对境内企业方面支出为零。各地区研究与开发机构的研究与试验发展经费外部支出中对境外机构有支出的地区有浙江、新疆、广东、上海和北京，比重分别为 4.9%、2.8%、0.19%、0.05%和 0.0017%。

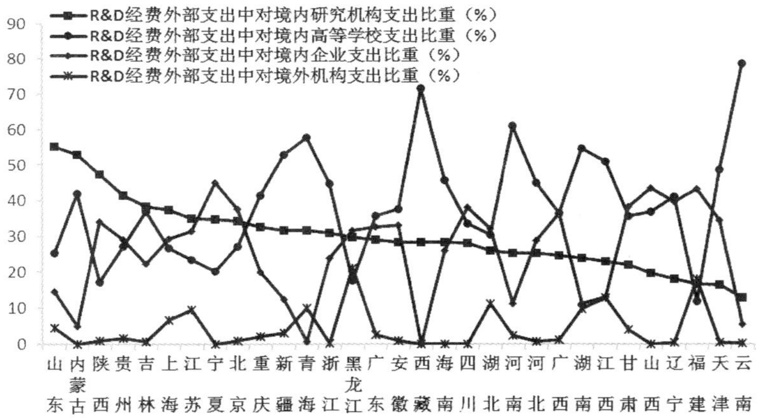

图 4.15 各地区高等学校研究与试验发展经费外部支出的支出用途

在图 4.15 中，从各地区高等学校的研究与试验发展经费外部支出的支出用途来看，各地区高等学校的研究与试验发展经费外部支出中对境内研究机构支出比重方面，排在前三位的是山东、内蒙古和陕西，比重分别为 55.3%、52.9%和 47.3%，排在最后三位的是福建、天津和云南，比重分别为 16.5%、16.2%和 12.7%。若按各地区高等学校的研究与试验发展经费外部支出中对境内高等学校支出比重排序，可知云南、西藏和河南排在前三，比重分别是 78.7%、71.7%和 61.3%，而黑龙江、陕西和福建排在最后，比重分别是 17.5%、17.03%和 11.9%。从各地区高等学校的研究与试验发展经费外部支出中对境内企业支出比重方面，排在前三位的是宁夏、山西和福建，比重为 44.8%、43.4% 和 43.2%，排在最后三位的是内蒙古、青海和西藏，内蒙古为 5.07%，青海为 0.63%，西藏的高等学校的研究与试验发展经费外部支出在境内企业方面没有支出。各地区高等学校的研究与试验发展经费的外部支出中对境外机构支出的比重，排在前三位的是黑龙江、福建和江西，比重分别为 21.02%、17.9%和 12.7%，而宁夏、山西、海南、内蒙古和西藏的高等学校的研究与试验发展经费的外部支出对境外机构没有支出。

4.2 地区自主创新人员投入现状

创新人员的投入对于地区自主创新能力的提高有着至关重要的作用。但是由于各地区经济发展水平以及教育资源等基础设施的差异，以及创新环境的差异，使得创新人员会集中到某些经济发展水平较高，创新环境较好的地区，而那些经济发展水平不发达，尚未建立良好创新环境的地区很难吸引创新人员。从而造成经济发展水平不发达的地区在提高自主创新能力过程中面临巨大的困难。本节通过分析各个地区的创新人员投入的现状，明确中国各地区之间创新人员投入的差距。

在对中国各地区的自主创新人员投入现状进行分析时，主要是利用研究与试验发展人员数以及研究与试验发展人员全时当量两个指标来进行分析。由于考虑到各地区人口基数相差较大，所以整理计算了 2013 年较 2012 年每万人口中研究与试验发展人员数和研究与试验发展人员的增长率。为了进一步分析各地区自主创新人员投入的现状，本节还对各地区不同创新主体的自主创新人员的投入进行了分析。本节所采用的数据为 2014 年《中国科技统计年鉴》中的相关数据以及在其基础上整理计算的数据。

4.2.1　各地区自主创新人员投入总量及其强度分析

图4.16显示了各地区创新人员投入总量以及投入强度。从图4.16中可以看出，各地区就研究与试验发展人员的投入总量和每万人口中研究与试验发展人员数来看，各地区之间的差异非常大。中国绝大部分自主创新人员的投入都集中到了经济发达地区，而那些经济不发达地区自主创新人员的投入非常少。但是从各地区研究与试验发展人员的增长率来看，有些经济不发达地区的自主创新人员投入的增长率较高，当然还是有一些经济不发达地区不但现有自主创新人员投入总量很小，而且自主创新人员投入的年增长率几乎为零，甚至为负数。

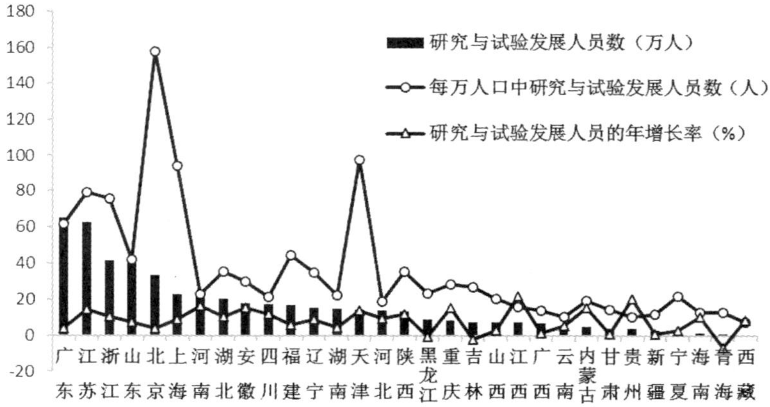

图 4.16　各地区研究与试验发展人员投入

从具体数据来看。研究与试验发展人员投入总量位于前三位的地区分别为广东、江苏和浙江，其研究与试验发展人员数分别为 65.2 万人、62.7 万人和 41.6 万人，而研究与试验发展人员总量位于后三位的地区分别是海南、青海和西藏，其研究与试验发展人员数分别为 1.15 万人、0.73 万人和 0.23 万人。从每万人口中研究与试验发展人员数角度来看，各地区差距也很大，每万人口中研究与试验发展人员数最高的地区为北京，数值为 158 人，其次为天津 98 人，再次为上海 94 人，排在最后三位的地区分别是云南、贵州和西藏，其数值分别为 10.6 人、10.3 人和 7.4 人。从各地区研究与试验发展人员的年增长率来看，除黑龙江（-0.7%）、吉林（-2.3%）和青海（-6.7%）三省有所下降外，其他地区增长率均为正值，增长最快的三省为江西（21.7%）、贵州（20.5%）和河南（16.5%）。

图 4.17 显示了各地区规模以上工业企业、研究与开发机构和高等学校的自主创新人员投入量。从图 4.17 中可以看出，对规模以上工业企业、研究与开发机构和高等学校三个创新主体来说，各地区的自主创新人员绝大部分都集中在了规模以上工业企业中，但从各地区规模以上工业企业的自主创新人员的数量比较来看，各地区规模以上工业企业中自主创新人员的数量存在着显著的差距。而对于研究与开发机构、高等学校中的创新人员投入来说，各个地区之间的差距不大，但是有的地区为研究与开发机构中投入的自主创新人员较多，而有的地区是高等学校中投入的自主创新人员较多，体现了不同的特点。

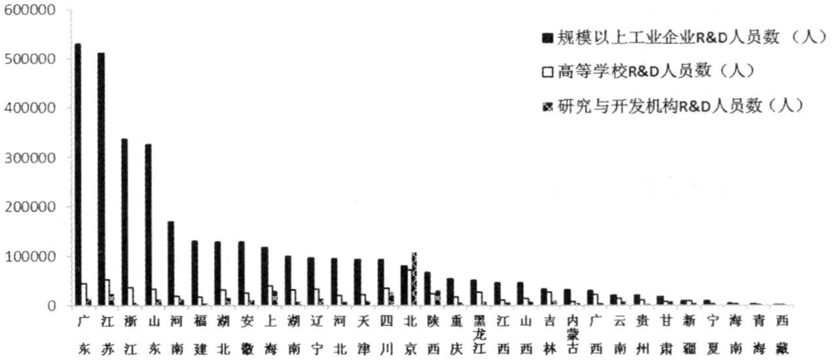

图 4.17　各地区按不同执行部门分的研究与试验发展人员投入

从具体数据来看，各地区规模以上工业企业的研究与试验发展人员投入中排在前三位的地区分别是广东、江苏和浙江，人员数分别为 530551 人、510930 人和 337155 人，排在最后三位的地区分别是海南、青海和西藏，人员数分别为 4678 人、2940 人和 228 人；从研究与开发机构的研究与试验发展人员方面来看，排在前三位的地区分别是北京、陕西和上海，人员数分别为 107796 人、31462 人和 30844 人，北京人数远远高于其他地区，在此方面有较大优势，排在最后三位的是青海、宁夏和西藏，人员数分别为 1016 人、526 人和 386 人，相对落后；从高等学校的研究与试验发展人员数来看，北京、江苏和广东人员数较高，分别是 72619 人、52344 人和 44051 人，人数较少的地区是宁夏、西藏和青海，分别为 2559 人、1429 人和 1082 人。

从以上分析可以看出，中国研究与试验发展人员分布比较集中，都集中在经济比较发达的城市，如北京、上海、浙江、江苏、广东等地，这一方面取决于城市的功能，另一方面能够说明创新人员的数量和经济发展水平有着密切的关系，存在着创新人员从经济发展水平不发达地区向经济发达区域集中的现象。

4.2.2　各地区自主创新人员的全时当量分析

图 4.18 显示了各地区各创新主体的研究与试验发展人员全时当量的投入情况。从图 4.18 中可以看出，各地区的研究与试验发展人员全时当量绝大部分集中在规模以上工业企业中，而且各地区规模以上工业企业中研究与试验发展人员的全时当量的投入存在着巨大的差异，但是从各地区的研究与开发机构、高等学校的研究与试验发展人员的全时当量投入来看，各地区差异不明显，有的地区高等学校的研究与试验发展人员全时当量的投入要高于研究与开发机构的研究与试验发展人员全时当量的投入，有的地区是研究与开发机构的研究与试验发展人员全时当量的投入要高于高等学校的研究与试验发展人员全时当量的投入，但是每个地区的高等学校和研究与开发机构之间研究与试验发展人员全时当量的投入相差不大。在所有的地区中，北京地区的研究与试验发展人员全时当量的投入有个显著的特点，其研究与开发机构的研究与试验发展人员全时当量明

显高于其他地区，显示出了和其他地区在研究与试验发展人员投入方面的差异。

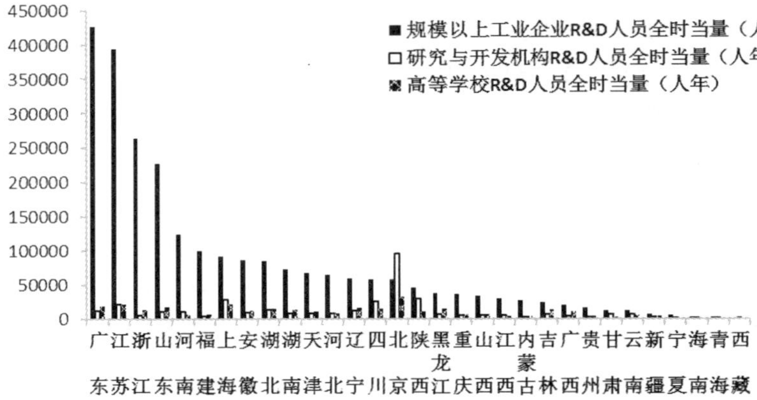

图 4.18　各地区按不同执行部门分的研究与试验人员全时当量

从具体数据来看，各地区规模以上工业企业的研究与试验发展人员全时当量中，排在前三位的地区分别是广东、江苏和浙江，研究与试验发展人员全时当量分别为 426329 人年、393942 人年和 263506 人年，排在后三位的地区分别是海南、青海和西藏，研究与试验发展人员全时当量分别为 2881.9 人年、2039.1 人年和 81 人年。各地区研究与开发机构的研究与试验发展人员全时当量方面，投入水平较高的地区分别是北京、陕西、上海，投入量分别为 96249 人年、30128 人年和 28743 人年，投入水平较低的地区分别是青海、宁夏和西藏，投入量分别为 698 人年、504 人年和 380 人年。各地区高等学校的研究与试验发展人员全时当量方面，排在前三位的地区分别是北京、江苏和上海，投入量分别为 32117 人年、22189 人年和 21799 人年，排在后三位的地区是海南、青海和西藏，投入量分别为 844 人年、549 人年和 512 人年。

4.2.3　各地区自主创新人员投入的研究类型分析

图 4.19 显示了各地区按研究类型分类的研究与试验发展人员全时当量的投入情况。从图 4.19 中可以看出，各地区研究与试验发展人员全时当量大部分分布在试验发展研究中，尤其是经济发达地区的试验发展研究与试验发展人员全时当量远远高于基础研究和应用研究的研究与试验发展人员全时当量。而对于在基础研究和应用研究方面投入的研究与试验发展人员全时当量来说，各地区相差不多，但在应用研究中投入的研究与试验发展人员全时当量高于在基础研究中投入的研究与试验发展人员全时当量。

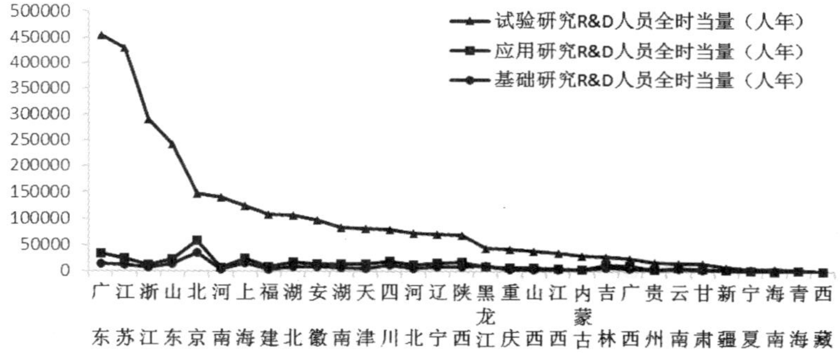

图 4.19　各地区不同研究类型的研究与试验发展人员全时当量

从具体数据来看，在试验发展中投入的研究与试验发展人员全时当量排在前三位的地区分别是广东、江苏和浙江，投入量分别为 454484.3 人年、429919.4 人年和 291962.3 人年，位于后三位的地区分别是海南、青海和西藏，投入量分别为 5459.7 人年、2945.9 人年和 349.1 人年。从在应用研究方面投入的研究与试验人员全时当量来看，各地投入量都较低，其中投入量排在前三位的地区分别是北京、广东和上海，投入量分别为 59253 人年、32796 人年和 25523.8 人年，排在最后三位的地区分别是青海、海南和西藏，投入量分别为 1063.9 人年、721.3 人年和 491.7 人年。和应用研究一样，在基础研究中投入的研究与试验发展人员全时当量在各地区均较少，在基础研究中投入的研究与试验发展人员全时当量较高的地区是北京、上海和广东，投入量分别是 35933.3 人年、15406.8 人年和 14438.4 人年，在基础研究中投入的研究与试验发展人员全时当量较低的地区分别是海南、青海和西藏，投入量分别是 780.8 人年、758.2 人年和 362.1 人年。

图 4.20 显示了各地区研究与开发机构的不同研究类型的研究与试验发展人员的全时当量。从图 4.20 中可以看出，各地区研究与开发机构的研究与试验发展人员全时当量在不同的研究类型中投入的力量相差不大，但总体来说，还是试验发展中投入力量相对较多，其次为应用研究，最后为基础研究。

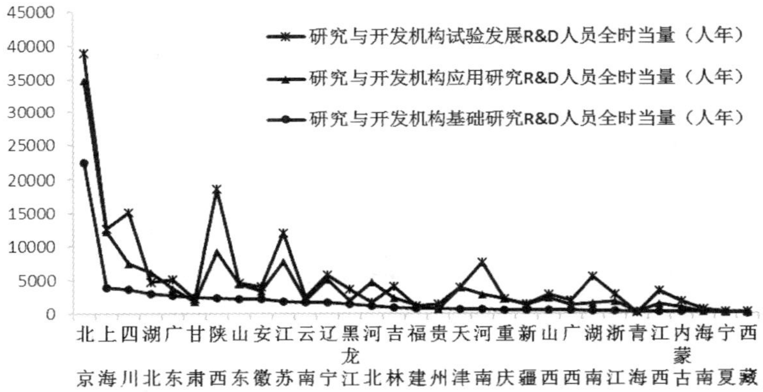

图 4.20　各地区研究与开发机构的不同研究类型的研究与试验发展人员的全时当量

从具体数据来看，各地区研究与开发机构在试验发展中投入的研究与试验发展人员全时当量方面，排在前三位的地区分别是北京、陕西和四川，绝对量为 38983 人年、18618 人年和 15099 人年，排在最后三位的地区分别是西藏、宁夏和青海，分别为 208 人年、194 人年和 145 人年。从在应用研究中投入的研究与试验发展人员全时当量来看，排在前三位的地区分别是北京、上海和陕西，投入量分别为 34834 人年、12217 人年和 9168 人年，排在最后三位的地区分别是海南、宁夏和西藏，投入量分别为 242 人年、180 人年和 114 人年。在基础研究方面，投入量较多的地区分别是北京、上海和四川，投入量分别为 22432 人年、3957 人年和 3709 人年，排在最后三位的地区分别是海南、宁夏和西藏，投入量分别为 194 人年、130 人年和 58 人年。从数据中可以看出，北京的研究与开发机构不管是在试验发展，还是在应用研究和基础研究方面投入的研究与试验发展人员全时当量均高于其他地区，北京地区的研究与开发机构在研究与试验发展人员投入方面具有绝对的优势。这从某种程度上说明自主创新人员更愿意集中到经济发展水平较高和创新环境较好的地区。

图 4.21 显示了按研究类型分类的各地区高等学校的研究与试验发展人员全时当量的投入情况。从图 4.21 中可以看出，各地区高等学校的研究与试验发展人员全时当量集中在基础研究和应用研究方面，而且各地区的差异非常明显，而试验发展方面投入的研究与试验发展人员全时当量相对较少，而且各地区差异不大。

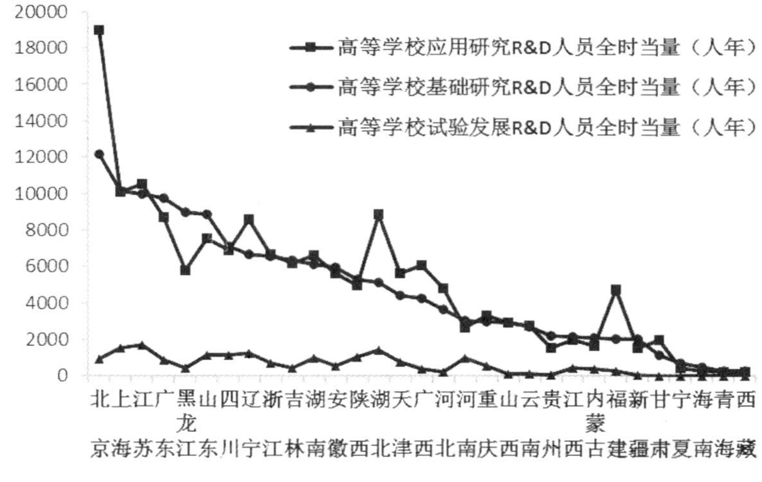

图 4.21　各地区高等学校的不同研究类型的研究与试验发展人员全时当量

从具体数据来看，各地区高等学校在基础研究方面投入的研究与试验发展人员全时当量中，排在前三位的地区分别是北京、上海和江苏，投入量分别为 12166 人年、10130 人年和 9956 人年，排在后三位的地区分别是海南、青海和西藏，投入量分别为 536 人年、296 人年和 271 人年。从在应用研究中投入的研究与试验发展人员全时当量来看，北京、江苏和上海位于前三位，投入量分别为 19008 人年、10507 人年和 10104 人年，后三位分别是海南、青海和西藏，投入量分别为 288 人年、241 人年和 236 人年。在试验发展中投入的研究与试验发展人员全时当量方面，位于前三位的地区分别为江苏、上海和湖北三个地区，投入量分别为 1726 人年、1565 人年和 1423 人年，位于后三位的地区依然是海南、青海和西藏，海南为 19.5 人年，青海为 16.9 人年，而西藏的高等学校在试验发展方面投入的研究与试验发展人员全时当量为零。

4.3 地区自主创新产出能力现状

从各地区的自主创新资金的投入和自主创新人员的投入现状来看，各地区存在着非常大的差异，自主创新资金和自主创新人员都集中在经济发达的地区，尤其是自主创新人员的投入。一方面是由于这些地区的经济发展水平较高，经济总量较多；另一方面是这些地区的创新环境相对较好，吸引了大量的创新资金和创新人员，但一个地区的自主创新能力除了创新资金和创新人员的投入以外，更重要的是看在这些创新资金和创新人员投入的基础上其创新产出的情况。本节从 2014 年《中国科技统计年鉴》上获取了能够表示自主创新产出的专利申请量、专利授权量、研究与试验发展项目数、技术合同成交量以及创新主体的发展情况等指标对于各地区自主创新产出能力进行比较分析。

4.3.1 专利成果的产出

专利申请量以及专利授权量是表示自主创新产出的重要指标。在对中国各个地区的自主创新产出的现状进行分析时，主要是利用国内专利申请量、国内专利授权量、每万人口中国内专利授权量来表示。通过国内专利申请量比较各个地区自主创新产出数量的差异性，而国内专利申请量和国内专利授权量的差距显示了各个地区自主创新产出质量的差异性。

图 4.22 显示了中国各地区的专利产出的情况。从图 4.22 中可以看出，各地区国内专利申请量、国内专利授权量、每万人国内专利授权量相差悬殊。从国内专利申请量来看，2013 年排在前三位的地区分别是江苏、浙江和广东，分别为 50.45 万件、29.4 万件和 26.4 万件，排在最后三位的地区分别是海南、青海和西藏，分别是 2359 件、1099 件和 203 件。从国内专利授权量来看，数量最多的三个地区分别是江苏、浙江和广东，分别为 24 万件、20 万件和 17 万件，数量最少的地区分别是宁夏、青海和西藏，分别为 1211 件、502 件和 121 件。从各地区每万人的国内专利授权量来看，排在前三位的地区分别是浙江、江苏和北京，数量为 36.8 件、30.2 件和 29.6 件，排在最后三位的地区分别是云南、青海和西藏，分别为 1.45 件、0.86 件和 0.38 件。

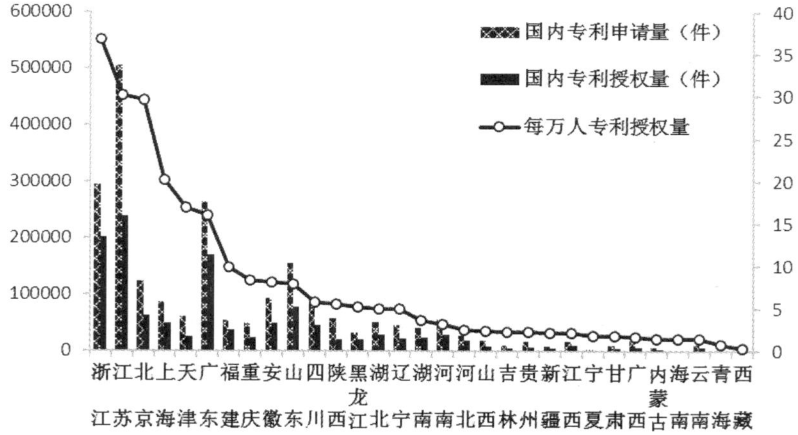

图 4.22　各地区国内专利情况

图 4.23 显示了各地区不同专利类型的授权量。从整体上看，在各

地区的专利授权量中实用新型授权量所占比重较大，然后是外观设计专利授权量，最后是发明专利授权量，而且发明专利授权量远远低于实用新型和外观设计专利授权量。但是有些地区比较特殊，比如江苏是外观设计专利授权量最多，其次是实用新型专利授权量，最后是发明专利授权量。而北京地区虽然实用新型专利授权量是最多的，但发明专利授权量明显高于外观设计专利授权量，而且外观设计专利授权量明显偏低。

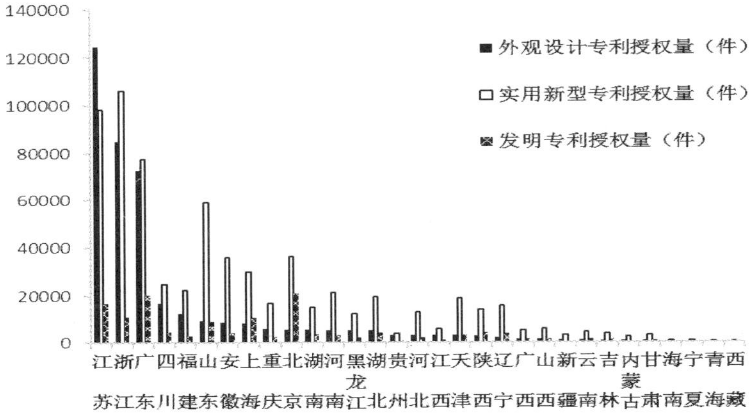

图 4.23　各地区不同类型的专利授权量情况

从具体数据来看，发明专利授权数量较多的地区分别是北京、广东和江苏，分别为 20695 件、20084 件和 16790 件，数量较少的地区分别是宁夏、青海和西藏，分别为 184 件、91 件和 44 件。实用新型专利授权方面，排在前三位的地区分别是浙江、江苏和广东，分别为 106238 件、98246 件和 77503 件，排在最后三位的地区分别是海南、青海和西藏，分别为 691 件、285 件和 47 件。从外观设计专利授权量情况看，排在前三位的地区分别是江苏、浙江和广东，分别为 124609 件、84973 件和 72843 件，排在最后三位的地区分别是宁夏、青海和西藏，分别是 128 件、126 件和 30 件。

从图 4.23 中可以看出，除了江苏、广东、浙江等地区自主创新的产出能力比较显著，和其他地区差距较大之外，其他各地区的自主创新产出能力差距不大，另外，北京、山东绝对量虽然不高，但相对量却相对其他地区比较突出，而江苏、浙江和广东在绝对量和相对量方面均有显著优势。从整体来看，自主创新产出集中到了少数地区，大多数地区自主创新的产出水平都较低且相差不多，但是自主创新产出较多的地区，国内专利申请量和国内专利授权量的差值也较大，说明各个地区在自主创新产出方面的质量还有待提高。

图 4.24 显示了各地区规模以上工业企业的专利申请的情况。由于企业的专利申请量绝大部分都集中在规模以上工业企业中，所以从图 4.24 中可以看出企业的专利申请量水平差距较大，部分地区相对落后，而且发明专利所占比重不高。从具体数据来看，各地区规模以上工业企业的专利申请量较高的地区分别是广东、江苏和浙江，专利申请数为 96646 件、93518 件和 77067 件，专利申请量较低的地区分别是海南、青海和西藏，分别为 748 件、334 件和 9 件。发明专利方面，广东、江苏和山东位列前三，分别为 47213 件、33090 件和 15254 件，而海南、青海和西藏地区发明专利申请数较少，分别是 389 件、132 件和 8 件。

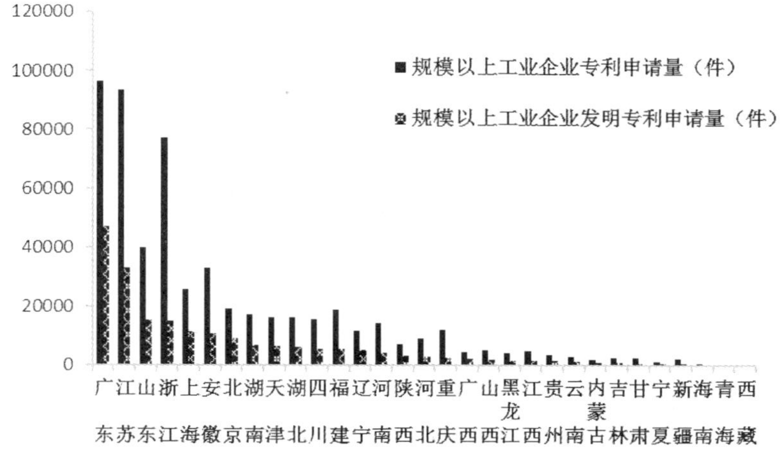

图 4.24　各地区规模以上工业企业专利申请和发明专利申请的情况

图 4.25 显示了各地区研究与开发机构的专利申请的情况。从图 4.25 中可以看出，对于各地区的研究与开发机构来说，各地区研究与开发机构的专利申请存在着一定的差距，但是差距不大，而且对于研究与开发机构来说，发明专利占了专利申请量的大部分。在所有的地区中，北京地区的研究与开发机构的专利申请量具有明显的优势。

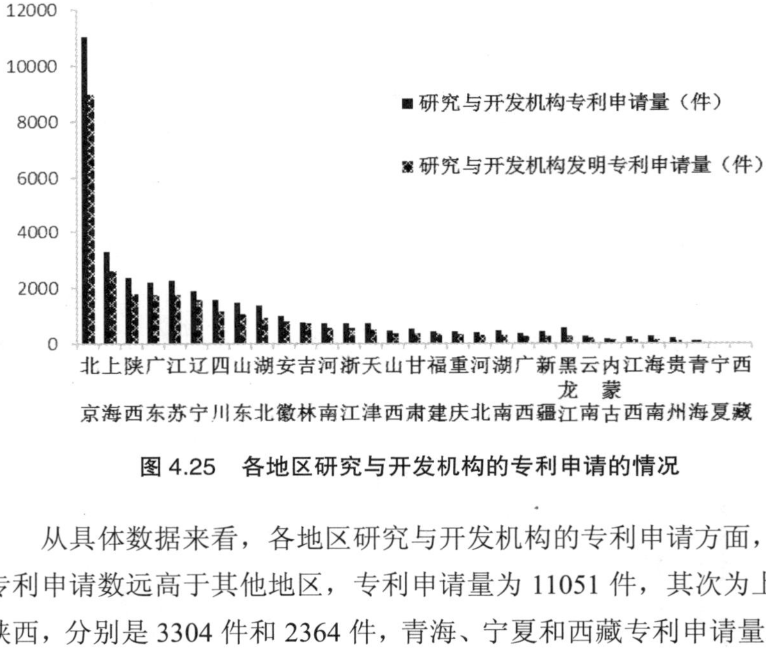

图 4.25　各地区研究与开发机构的专利申请的情况

从具体数据来看，各地区研究与开发机构的专利申请方面，北京专利申请数远高于其他地区，专利申请量为 11051 件，其次为上海和陕西，分别是 3304 件和 2364 件，青海、宁夏和西藏专利申请量最低，分别是 100 件、22 件和 7 件。从各地区研究与开发机构的发明专利申请来看，排在前三位的地区分别是北京、上海和陕西，专利申请量分别为 8991 件、2620 件和 1815 件，排在最后三位的是青海、宁夏和西藏，分别为 96 件、13 件和 7 件。

图 4.26 中显示了各地区高等学校的专利申请量的情况。从图 4.26 中可以看出，对于各地区的高等学校在专利申请量方面存在着较大的

差异，而且各地区高等学校的专利申请量中几乎全部是发明专利申请。

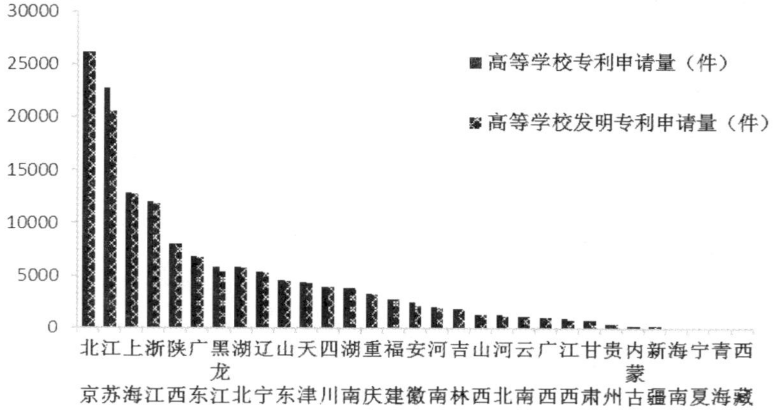

图 4.26　各地区高等学校的专利申请情况

从具体数据来看，各地区高等学校专利申请量中，排在前三位的地区分别是北京、江苏和上海，专利申请量分别为 26178 件、22721 件和 12900 件，排在最后三位的地区分别是宁夏、青海和西藏，专利申请量分别为 78 件、15 件和 2 件。在各地区高等学校的发明专利申请方面，数量最多的地区分别是北京、江苏和上海，专利申请量分别为 26158 件、20557 件和 12801 件，而海南、青海和西藏的高等学校的发明专利申请量最少，分别是 77 件、15 件和 2 件。

4.3.2　研究与试验发展项目

图 4.27 显示了各地区的研究与试验发展项目总数以及不同的创新主体从事的研究与试验发展项目数。从各地区的研究与试验发展项目总数来看，各地区差距明显，而且各地区从事的研究与试验发展项目大都是由高等学校这一创新主体完成，其次为规模以上工业企业的研究与试验发展项目数较多，相对来说，研究与开发机构的研究与试验项目数比较少。

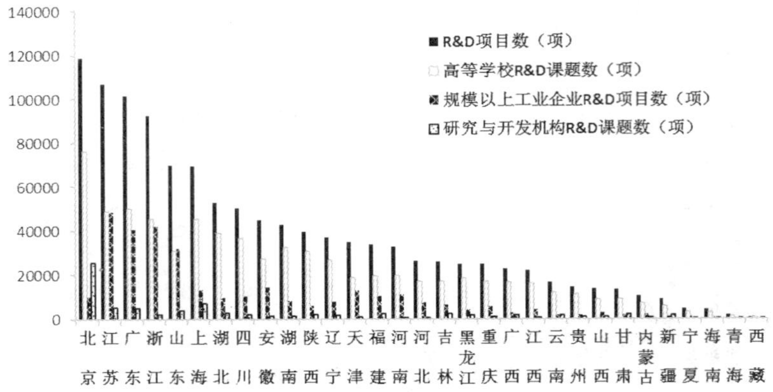

图 4.27　各地区按不同执行部门的研究与发展项目情况

从具体数据来看，各地区研究与试验发展项目总数，排在前三位的地区分别是北京、江苏和广东，分别为 11.8 万项、10.7 万项和 10.1 万项，排在最后三位的地区分别是海南、青海和西藏，分别为 4400 项、1658 项和 782 项。对于规模以上工业企业这一创新主体来说，研究与试验发展项目数较多的地区分别是江苏、浙江和广东，其研究与试验发展项目数分别是 48530 项、42158 项和 40759 项，较少的地区分别是海南、青海和西藏，分别为 769 项、145 项和 20 项。从研究与开发机构研究与试验发展课题数情况看，北京课题数为 25540 项，远高于排名第二的上海，上海为 7202 项，排在第三的江苏为 5430 项，排在最后三位的地区分别是青海、宁夏和西藏，分别为 346 项、307 项和 68 项，可知各地区在研究与开发机构研究与试验发展课题数方面差异明显。从高等学校这一创新主体来说，研究与试验发展课题数排在前三的地区分别是北京、广东和江苏，分别为 76331 项、50119 项和 48980 项，排在最后三位的地区分别是海南、青海和西藏，分别为 3025 项、990 项和 675 项。

图 4.28 显示了各地区规模以上工业企业的新产品开发项目和新产品销售收入的情况。从图 4.28 中可以看出，各地区规模以上工业企业的新产品开发项目数存在较大的差异，一般来说，新产品开发项目

数比较多的地区，其新产品销售收入也比较多。但是也有一些地区的新产品开发项目数比较多，但是新产品销售收入并不高，而一些地区的新产品开发项目数比较少，新产品销售收入却比较高。

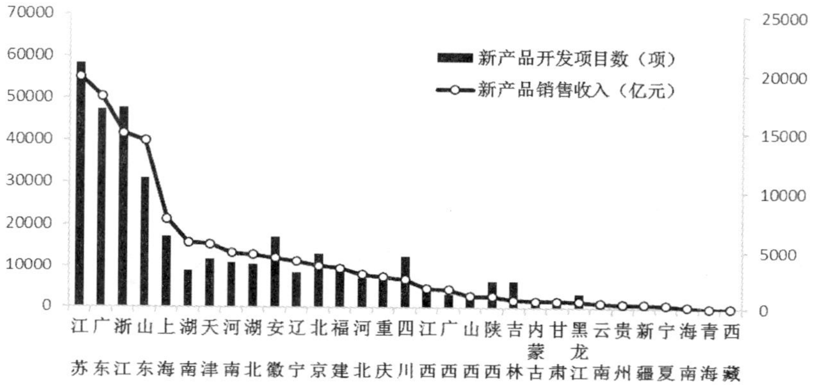

图 4.28　各地区规模以上工业企业新产品开发和销售收入的情况

从具体数据来看，各地区规模以上工业企业新产品开发项目多集中在经济发达地区，其中江苏、浙江和广东数量三个地区分列规模以上工业企业新产品开发项目数的前三位，新产品开发项目数分别为 58353 项、47778 项和 47387 项，而海南、青海和西藏数量较少，位于后三位，数量分别为 704 项、111 项和 8 项。在规模以上工业企业新产品销售收入方面，排在前三位的是江苏、广东和浙江，分别是 19714.2 亿元、18013.7 亿元和 14882.1 亿元，最后三位是海南、青海和西藏，分别是 160.12 亿元、12.54 亿元和 2.35 亿元。

4.3.3　技术市场成交合同

图 4.29 显示了各地区技术市场成交合同的情况。全国技术市场成交合同数和成交金额都集中在了少数几个地区，大部分地区的技术市场成交合同数和成交合同金额都较少。在所有的地区中，北京地区的技术市场成交合同数和成交合同金额都远远超过了其他地区。

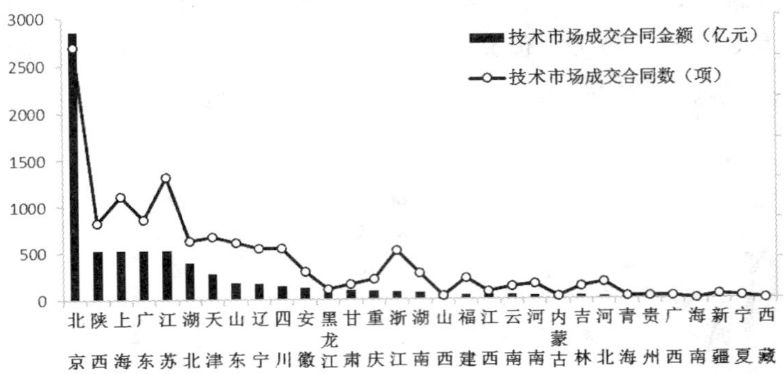

图 4.29　各地区技术市场成交合同情况

从具体数据来看，各地区技术市场成交合同数最多的地区分别为北京、江苏和上海，技术市场成交合同数为北京 62755 项、江苏 30724 项和上海 25952 项，数量最少的三个地区分别是贵州 593 项、海南 57 项和西藏 0 项。在技术市场成交合同金额方面，技术市场成交合同金额最多的地区分别是北京、陕西和上海，分别为 2851.7 亿元、533.3 亿元和 531.7 亿元，新疆和宁夏的技术市场成交合同金额较少，分别为 3.0 亿元和 1.43 亿元，而西藏地区的技术市场成交合同金额为 0。

图 4.30 显示了各地区的国外技术引进合同的情况。从图 4.30 中可以看出，各地区的国外技术引进合同金额和国外技术引进合同数差距明显，国外技术引进合同金额和国外技术引进合同数都集中到了少数地区，大部分地区的国外技术引进合同金额以及国外技术引进合同数都较少。

从具体数据来看，各地区的国外技术引进合同数中，排在前三位的地区分别是上海、江苏和北京，分别为 2897 项、1190 项和 1067 项，排在最后三位的地区分别是甘肃、青海和西藏，分别为 6 项、1 项和 0 项。在国外技术引进合同金额方面，广东地区的国外技术引进合同数虽然不是最高的，但国外技术引进合同金额却最高，金额为 71.5 亿美元，其次为上海和江苏，金额为 62.9 亿美元和 51.5 亿美元，排在最后三位的地区分别是贵州、青海和西藏，分别为 614.4 万美元、550 万美元和 0。

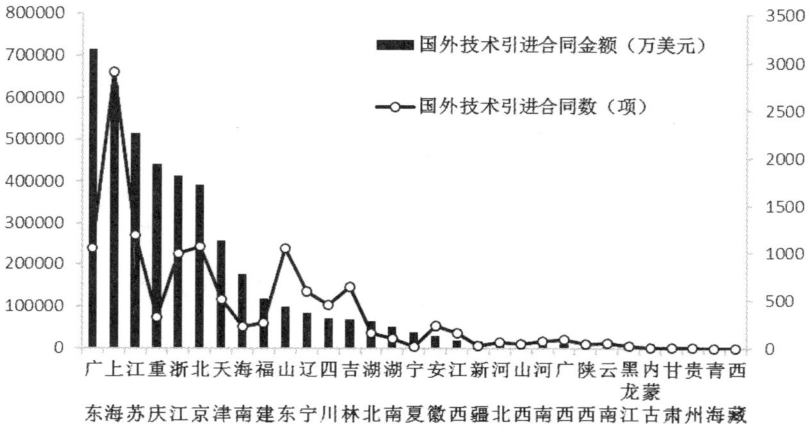

图 4.30　各地区国外技术引进合同情况

4.3.4　创新主体的建设

对于创新主体的发展来说，主要包括企业、研究与开发机构、高等学校及中介机构等，但由于受到统计数据的限制，只有规模以上工业企业中有研发机构和研发活动的企业数。所以本节只利用该数据说明各地区创新主体的发展情况。图 4.31 显示了规模以上工业企业中有研发机构和研发活动的企业数。从图 4.31 可以看出，各地区差距非常大，江苏、浙江远远超过其他地区。而且从图 4.31 中可以看出除江苏地区是规模以上工业企业有研发机构的企业数大于有 R&D 活动企业数以外，其他地区规模以上工业企业有 R&D 活动企业数均高于有研发机构的企业个数。

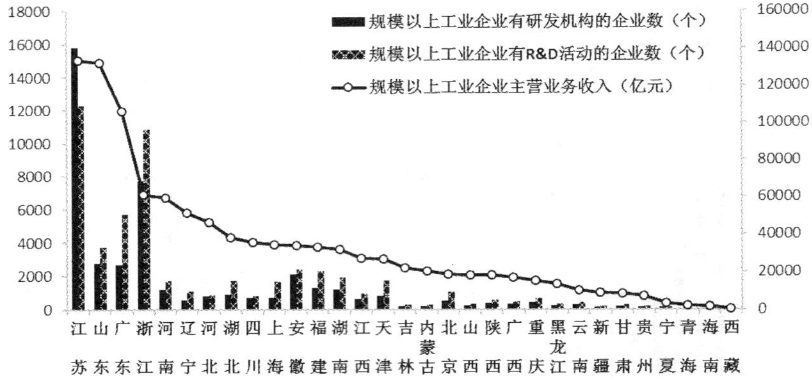

图 4.31　各地区规模以上工业企业基本情况

从具体数据来看，各地区规模以上工业企业中有研发机构的企业数量最多的地区是江苏，拥有研发机构的规模以上工业企业数为 15775 个，数量位列第二和第三的分别是浙江和山东，数量分别为 7737 个和 2757 个，排在最后三位的地区分别是海南、青海和西藏，拥有研究机构的规模以上工业企业数分别为 30 个、25 个和 6 个。规模以上工业企业有 R&D 活动的企业数方面，情况与有研发机构企业个数大体相同，排在前三位的地区分别是江苏、浙江和广东，分别为 12283 个、10824 个和 5691 个，最后三位地区依然是海南、青海和西藏，分别为 63 个、40 个和 9 个。但从规模以上工业企业的主营业务收入来看，其特点略有不同，排在前三位的地区分别是江苏、山东和广东，分别为 133471 亿元、132130 亿元和 106319 亿元，排在最后三位的地区分别是青海、海南和西藏，主营业务收入分别是 2089 亿元、1564 亿元和 98 亿元。

4.4　各地区自主创新能力的综合评价

如果一个地区的自主创新投入较多，但不一定能够带来较多的自主创新产出，说明该地区的自主创新效率较低。所以对于一个地区的自主创新能力进行考察时，不能只单独看其自主创新产出的绝对量，还需要看其自主创新效率。而自主创新效率就是自主创新产出与自主创新投入的比，通过自主创新效率可以反映各种自主创新投入是否获得了合理的或是较高水平的自主创新产出。在本节中首先利用专利申请量和专利授权量来表征自主创新产出，以及表示自主创新投入的研究与试验发展经费内部支出来对自主创新效率进行了初步的分析。但是由于自主创新产出除了有专利申请量和专利授权量来表示之外，还有新产品销售收入等其他方面，同样自主创新投入除了自主创新资金投入还有自主创新人员投入，所以对于各地区自主创新效率的分析是一个综合评价。本节在建立的评价指标体系基础上，利用数据包络分析对各地区的自主创新效率进行分析。

4.4.1　地区自主创新投入产出比分析

图 4.32 显示了利用亿元研究与试验发展经费内部支出对应的专利申请量和专利授权量来说明地区的自主创新投入产出比的情况。从图 4.32 中可以看出，各个地区亿元研究与试验发展经费内部支出的专利申请量相比亿元研究与试验发展经费内部支出的专利授权量来说，其在各地区的差距更明显。而且各地区表现出来的亿元研究与试验发展经费内部支出的专利申请量和专利授权量的关系也大不相同，有的地区亿元研究与试验发展经费内部支出的专利申请中被授权的比重较高，有的地区亿元研究与试验发展经费内部支出的专利申请中被授权的比重较低。

从具体数据来看，各个地区的亿元研究与试验发展经费内部支出对应的专利申请量排在前三位的地区分别是贵州、浙江和江苏，分别为 368.87 件、359.75 件和 339.7 件，排在后三位的地区分别是西藏、青海和内蒙古，分别为 88.13 件、79.90 件和 54.51 件。从亿元研究与试验发展经费内部支出的国内专利授权量来看，排在前三位的地区分别是浙江、贵州和江苏，分别为 247.59 件、167.74 件和 161.11 件，排在最后三位的地区分别是辽宁、青海和内蒙古，分别为 48.56 件、36.49 件和 32.73 件。

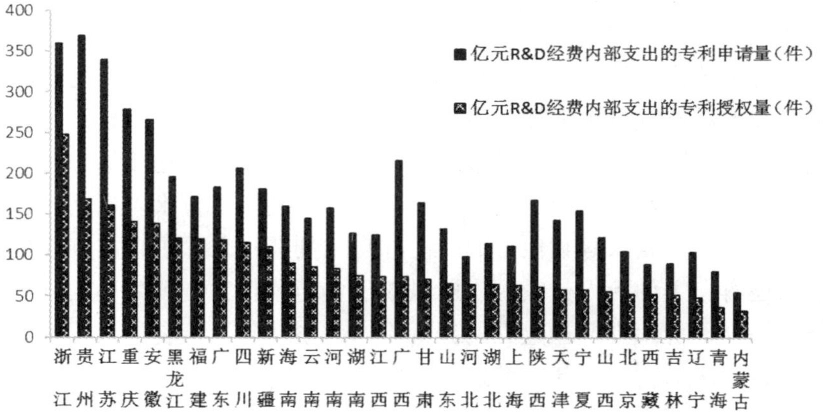

图 4.32　各地区亿元研究与试验发展经费内部支出的专利产出

4.4.2　地区自主创新能力评价的指标体系

在对地区的自主创新能力进行综合评价时，首先要建立评价指标体系。在所有体现自主创新投入和自主创新产出的指标中，基于数据在各种官方统计年鉴或是统计报告中的可获得性，选择了和地区经济发展的相关性比较强的一些指标，并结合已有研究成果，从自主创新人员投入能力、自主创新资金投入能力和自主创新产出能力三个方面建立了地区自主创新能力综合评价的各级指标。

关于自主创新投入能力的评价指标的选择，主要有 11 个变量，分别为研究与试验发展人员数（x1）、研究与试验人员全时当量（x2）、公有经济企事业单位专业技术人员（x3）、每万人口中研究与试验发展人员（x4）、研究与试验发展经费内部支出（x5）、规模以上工业企业研究与试验发展经费内部支出（x6）、研究与试验发展经费内部支出中企业资金来源数额（x7）、规模以上工业企业新产品开发经费支出（x8）、规模以上工业企业引进技术经费支出（x9）、规模以上工业企业研究与试验发展经费占主营业务收入比重（x10）、规模以上工业企业新产品开发经费占研究与试验发展经费比重（x11）。

关于自主创新产出能力的评价指标，国际上比较通用的代表自主创新产出的变量是专利成果的数量和发表论文的数量。但是在《中国工业统计年鉴》和《中国科技统计年鉴》中，还经常使用新产品开发和销售的相关情况来表示自主创新产出情况。因此，本节综合这两方面的情况，在自主创新产出能力的评价指标选择时包括论文产出、专利产出和新产品产出三个方面，选择的变量包括 11 个变量，分别为专利申请量（x1）、专利授权数（x2）、发明专利申请量（x3）、发明专利授权量（x4）、每万人的专利申请量（x5）、每万人的专利授权量（x6）、每万人的发明专利申请数（x7）、每万人的发明专利授权数（x8）、规模以上工业企业新产品销售收入（x9）、规模以上工业企业新产品销售收入占主营业务收入比重（x10）、被国外主要检索工具收录的论文总数（x11），以上需要说明的是在新产品方面的数据统计只有针对规模以上工业企业的统计，没有所有企业的统计，所以本节中选择的指标为各个地区规模以上工业企业的新产品开发经费和新产品销售收入。建立的指标体系见表 4.1。

表 4.1　自主创新能力评价指标体系

一级指标	二级指标	具体指标
自主创新投入	人员投入	研究与试验发展人员数（x1）
		研究与试验人员全时当量（x2）
		公有经济企事业单位专业技术人员（x3）
		每万人口中研究与试验发展人员（x4）
	资金投入	研究与试验发展经费内部支出（x5）
		规模以上工业企业研究与试验发展经费内部支出（x6）
		研究与试验发展经费内部支出中企业资金来源数额（x7）
		规模以上工业企业新产品开发经费支出（x8）
		规模以上工业企业引进技术经费支出（x9）
		规模以上工业企业研究与试验发展经费占主营业务收入比重（x10）
		规模以上工业企业新产品开发经费占研究与试验发展经费比重（x11）

续表

一级指标	二级指标	具体指标
自主创新产出	专利产出	专利申请量（x1）
		专利授权数（x2）
		发明专利申请量（x3）
		发明专利授权量（x4）
		每万人的专利申请量（x5）
		每万人的专利授权量（x6）
		每万人的发明专利申请数（x7）
		每万人的发明专利授权数（x8）
	新产品产出	规模以上工业企业新产品销售收入（x9）
		规模以上工业企业新产品销售收入占主营业务收入比重（x10）
	论文产出	被国外主要检索工具收录的论文总数（x11）

从前面三节的各地区自主创新资金投入、各地区自主创新人员投入和各地区自主创新产出能力的现状分析中，以及表 4.1 中的指标体系中可以看出，不管是自主创新资金投入能力、自主创新人员投入能力，还是自主创新产出能力都体现在很多方面，除了分析单独某个指标的能力以外，还需要对各地区的综合能力进行分析。本节在建立的如表 4.1 中所示的评价指标体系的基础上，分别对各地区的自主创新投入能力、自主创新产出能力、自主创新效率进行综合评价。在对自主创新投入能力和自主创新产出能力进行综合评价时主要采用因子分析和聚类分析两种方法，自主创新效率的综合评价采用数据包络分析。

4.4.3 各地区自主创新投入能力的综合评价

利用自主创新能力评价指标中自主创新资金和自主创新人员投入方面的研究与试验发展人员数、公有经济企事业单位专业技术人员等 11 个指标对各个地区的自主创新投入能力进行评价，具体的评价指标见表 4.1 中自主创新投入中 x1～x11 指标。关于自主创新投入的 11 个指标数据来自《中国统计年鉴》和《中国科技统计年鉴》中的 31 个省市 2013 年的数据。

1. 评价因子的选择

利用因子分析时首先对 11 个指标的信息进行汇总，采用了主成分因子分析法提取公因子，提取的先验公因子方差估计指定值为 1，所以 11 个变量组成的相关矩阵的特征值之和为 11，平均值为 1。Eigenvalue 是特征值，Proportion 为公因子方差在总方差中占的百分比，Cumulative 是公因子方差在总方差中占的累计百分比。由表 4.2 可知，前两个公因子的特征值均大于 1，根据公因子特征值大于 1 的选取原则，选取两个公因子，其累计贡献率达到 84.498%，说明两个公因子能基本概括和解释整个数据的信息。

表 4.2　特征值及贡献率

相关矩阵的特征值：总和=1　平均值=1			
	特征值	贡献率	累积贡献率（%）
1	7.907	71.885	71.885
2	1.387	12.613	84.498
3	0.826	7.509	92.007
4	0.338	3.075	95.082
5	0.274	2.493	97.575
6	0.191	1.732	99.307
7	0.049	0.447	99.754
8	0.019	0.170	99.925
9	0.007	0.063	99.987
10	0.001	0.010	99.997
11	0.000	0.003	100.000
按最小特征值准则保留两个因子			

2. 因子载荷矩阵

对研究与试验发展人员数、公有经济企事业单位专业技术人员等 11 个指标进行因子分析得到的因子载荷矩阵见表 4.3。从初始因子载荷矩阵中可以看出，对于两个因子信息区分不是很明确，第一个因子和大部分原始变量都相关，所以采用方差最大法进行因子旋转，旋转后的因子载荷在信息上区分得比较明确。

根据因子载荷矩阵中各因子和原始变量之间相关程度的大小定义每个因子。第一个因子和 x6、x7、x8 这三个变量的信息最相关，根据这三个变量的信息将第一个因子可以定义为企业研发经费投入因子，第二个因子主要和 x4、x10 密切相关，可以定义为创新投入强度因子。

表 4.3 因子载荷矩阵及旋转后因子载荷矩阵

因子载荷			旋转后因子载荷		
	因子 1	因子 2		因子 1	因子
x1	0.984	−0.101	x1	0.835	0.53
x2	0.965	−0.159	x2	0.856	0.473
x3	0.632	−0.605	x3	0.871	−0.084
x4	0.677	0.65	x4	0.129	0.93
x5	0.98	0.052	x5	0.737	0.648
x6	0.95	−0.259	x6	0.906	0.385
x7	0.974	−0.181	x7	0.876	0.461
x8	0.958	−0.198	x8	0.875	0.438
x9	0.804	0.326	x9	0.429	0.754
x10	0.769	0.476	x10	0.309	0.85
x11	0.429	0.297	x11	0.153	0.499

3. 评价结果

根据企业研发经费投入因子、创新投入强度因子对各个地区的自主创新投入能力进行评价，在企业研发经费投入因子上，排在前五位的是广东、山东、江苏、浙江和河南，在创新投入强度因子上，排在前五位的是北京、上海、天津、江苏和广东。综合两个因子排在前五位的是广东、江苏、山东、浙江、上海。评价结果如表 4.4 所示。

表 4.4　评价结果

地区	第一因子 F1 得分	第一因子 F1 排名	第二因子 F2 得分	第二因子 F2 排名	综合因子 F 得分	综合因子 F 排名
广　东	2.71434	1	0.98686	5	1.99	1
江　苏	2.4875	3	1.22863	4	1.96	2
山　东	2.54683	2	−0.55846	21	1.25	3
浙　江	0.92902	4	0.94512	6	0.94	4
上　海	−0.57434	23	2.47329	2	0.7	5
北　京	−1.09813	31	3.14977	1	0.68	6
湖　北	0.12469	10	0.13245	10	0.13	7
河　南	0.89357	5	−1.06383	31	0.07	8
天　津	−0.89657	27	1.38805	3	0.06	9
福　建	−0.21885	15	0.42131	8	0.05	10
安　徽	0.00142	11	0.11009	11	0.05	11
湖　南	0.19878	8	−0.25442	15	0.01	12
辽　宁	0.15813	9	−0.22914	13	0	13
四　川	0.32115	7	−0.62118	24	−0.07	14
陕　西	−0.33271	18	0.1784	9	−0.12	15
河　北	0.51001	6	−1.04064	30	−0.14	16
重　庆	−0.73232	26	0.53977	7	−0.2	17
山　西	−0.09658	12	−0.63782	25	−0.32	18
黑龙江	−0.27222	17	−0.46754	17	−0.35	19
广　西	−0.20078	14	−0.74268	26	−0.43	20
江　西	−0.13012	13	−0.86371	28	−0.44	21
内蒙古	−0.35512	19	−0.59029	23	−0.45	22
云　南	−0.27184	16	−0.75126	27	−0.47	23
吉　林	−0.40772	20	−0.58682	22	−0.48	24
贵　州	−0.50857	21	−0.52452	19	−0.52	25
甘　肃	−0.51726	22	−0.54519	20	−0.53	26
新　疆	−0.61739	24	−0.47873	18	−0.56	27
海　南	−1.06023	30	−0.01107	12	−0.62	28
宁　夏	−0.96475	29	−0.25294	14	−0.67	29
青　海	−0.91863	28	−0.38079	16	−0.69	30
西　藏	−0.71131	25	−0.95271	29	−0.81	31

从各个地区的自主创新投入能力的综合评价结果来看，各地区在自主创新投入方面有着较大的差异，有的在研究经费投入中比较侧重，有的是虽然总量和其他地区相比并不是很多，但相对值来说比较高，相对值比较高的地区说明这些地区在整个经济发展过程中对创新能力的重视程度或是地区的产业有关系，一般相对值比较高的地区都是高技术产业比较多或是比较重视创新对经济发展的作用的地区，这些地区主要是依靠科技产业推动地区的经济发展。

在自主创新投入能力的综合评价中，为了全面说明一个地区自主创新投入能力的变化，可以从横向上继续加以比较。本节主要通过聚类分析方法来比较 2009 年和 2013 年聚类分析结果来分析各地区自主创新投入能力的变化情况。聚类分析的基础为因子分析的结果，首先把 2009 年及 2013 年的研究与试验发展人员数、公有经济企事业单位专业技术人员等 11 个指标进行因子分析分别得到 2009 年和 2013 年的综合评价结果，通过计算的 2009 年及 2013 年各地区自主创新投入能力综合得分进行聚类分析。对各地区的聚类分析结果见表 4.5。

表 4.5　聚类分析结果

地区 \ 年份	2009 年	2013 年
第一类地区	北京、上海、浙江	北京
第二类地区	西藏、宁夏、海南、贵州、内蒙古、甘肃、青海、新疆	上海
第三类地区	安徽、四川、河南、湖南、天津、辽宁、福建、湖北	江苏、浙江、广东、天津
第四类地区	山东	宁夏、青海、吉林、甘肃、山东、云南、广西、黑龙江、山西、江西、内蒙古、河南、河北
第五类地区	江苏、广东	西藏
第六类地区	吉林、广西、云南、河北、山西、黑龙江、江西、重庆、陕西	重庆、陕西、安徽、福建、海南、湖北、湖南、新疆、辽宁、四川、贵州

从表 4.5 中可以看出，综合考虑企业、政府在自主创新资金投入和自主创新人员投入的总量和投入的强度的基础上，在 2009 年至 2013 年的五年时间中，各地区的自主创新投入能力发生了很大的变化。在 2009 年自主创新投入能力属于第一类地区为北京、上海和浙江，而到了 2013 年自主创新投入能力属于第一类的地区仅有北京。上海属于第二类地区，而浙江排在了第三类地区。而在 2013 年中自主创新投入能力综合评价结果中位于第三类的地区的江苏和广东，在 2009 年时属于第五类地区。说明在这些地区 2009—2013 年的五年时间的发展中，产业结构等方面发生了很大的变化。而安徽、四川、湖南、辽宁、福建和湖北地区在 2009 年的自主创新投入能力位于第三类地区，到了 2013 年则被划归为第六类地区，说明这些地区在 2009 年至 2013 年的五年的发展中，在自主创新资金投入和自主创新人员投入方面未得到足够的重视，这可能和这些地区的产业结构的发展有关系。

4.4.4　各地区自主创新产出能力的综合评价

根据 31 个省市 2013 年的数据对各个地区的自主创新产出能力进行综合评价时采用的评价指标为表 4.1 中自主创新产出方面的具体指标。从《中国统计年鉴》和《中国科技统计年鉴》中获得 31 个省市 2013 年专利申请量等 11 个指标的数据，并利用因子分析法进行自主创新产出能力的综合评价，由于自主创新的产出能力从某种程度上代表了自主创新水平，所以对自主创新产出能力的评价即是自主创新水平的评价。

1. 评价因子的选择

在进行各地区的自主创新产出能力的因子分析综合评价时首先对 11 个指标的信息进行汇总。根据特征值的分析结果显示自主创新产出能力的 11 个指标按照特征值大于 1 的准则可以用两个因子来表示。选取因子个数的特征值见表 4.6。通过表 4.6 可以看出两个因子的贡献率为 89.899%，说明两个因子能够解释原始变量的大部分信息。

表 4.6 特征值及贡献率

相关矩阵的特征值：总和=1 平均值=1			
	特征值	贡献率	累积贡献率（%）
1	8.248	74.979	74.979
2	1.641	14.92	89.899
3	0.567	5.151	95.051
4	0.267	2.425	97.476
5	0.153	1.394	98.87
6	0.074	0.671	99.541
7	0.036	0.329	99.87
8	0.01	0.087	99.957
9	0.003	0.031	99.987
10	0.001	0.011	99.998
11	0	0.002	100
按最小特征值准则保留两个因子			

2. 因子载荷矩阵

根据选择的两个公因子对原始变量的信息进行解释，公因子和原始变量之间的关系可以通过因子载荷矩阵看出，从因子载荷矩阵中表示的公因子和原始变量间的关系中可以看出，在初始因子载荷矩阵中两个公因子信息解释不明确，所以进一步采用方差最大法进行初始因子载荷矩阵的旋转，得到的因子载荷矩阵见表 4.7。

旋转后的因子载荷矩阵显示，第一个因子主要包含了 x1 和 x2 两个变量的信息，系数分别为 0.951 和 0.958。第二个因子主要包含了 x7 和 x8 的信息，系数分别为 0.932 和 0.981。可以对两个因子进行解释，第一个因子代表了专利产出绝对量因子，第二个因子代表了专利产出强度的因子。依据两个因子对各个地区的自主创新产出能力进行评价。

表 4.7　因子载荷矩阵及旋转后因子载荷矩阵

因子载荷			旋转后因子载荷		
	因子 1	因子 2		因子 1	因子 2
x1	0.867	−0.468	x1	0.951	0.258
x2	0.857	−0.488	x2	0.958	0.236
x3	0.902	−0.246	x3	0.823	0.443
x4	0.942	0.018	x4	0.671	0.661
x5	0.955	0.092	x5	0.629	0.724
x6	0.946	0.027	x6	0.667	0.671
x7	0.852	0.477	x7	0.29	0.932
x8	0.745	0.646	x8	0.095	0.981
x9	0.819	−0.514	x9	0.948	0.191
x10	0.772	0.101	x10	0.491	0.605
x11	0.84	0.442	x11	0.305	0.899

3. 评价结果

根据专利产出绝对量因子和专利产出强度因子对 31 个省市的自主创新产出能力进行综合评价，并根据各个公因子的贡献率得到综合因子。在根据各个公因子和综合因子对各个地区进行评价时，是利用计算各个地区在每个因子上的得分进行评价的，评价的结果有各地区的因子得分及其排名，综合评价的结果见表 4.8。

通过对各个地区的自主创新产出能力的综合评价，可以看出，从自主创新产出的绝对量即第一公因子来看，排在前五位的地区是江苏、广东、浙江、山东和安徽，从表示自主创新产出强度的第二个公因子来看，北京、上海、天津、江苏和陕西比较高，综合来看，江苏、北京、浙江、广东、上海比较高。所以从综合评价结果中可以看出，各地区在自主创新产出能力的强度指标因子和绝对指标因子上都存在着较大的差异，而且在强度指标上排名比较靠前的地区，在绝对指标上并不占优势。

表 4.8　评价结果

地区	第一因子 F1 得分	第一因子 F1 排名	第二因子 F2 得分	第二因子 F2 排名	综合因子 F 得分	综合因子 F 排名
江苏	3.5725	1	0.3441	4	2.01	1
北京	−0.89229	31	4.60664	1	1.76	2
浙江	2.29639	3	0.30121	6	1.33	3
广东	2.30905	2	−0.19232	13	1.1	4
上海	−0.08078	10	1.87609	2	0.86	5
山东	1.23053	4	−0.3289	17	0.48	6
天津	−0.14852	12	1.03058	3	0.42	7
安徽	0.25848	5	−0.10748	10	0.08	8
重庆	−0.17211	13	0.06892	7	−0.06	9
陕西	−0.40798	17	0.30186	5	−0.07	10
湖北	−0.10636	11	−0.02157	9	−0.07	11
辽宁	−0.20625	14	0.04373	8	−0.09	12
湖南	−0.05138	9	−0.13652	11	−0.09	13
四川	0.01439	6	−0.21014	15	−0.09	14
福建	−0.04196	8	−0.21008	14	−0.12	15
河南	0.00373	7	−0.48423	23	−0.23	16
黑龙江	−0.44918	19	−0.16526	12	−0.31	17
广西	−0.3656	16	−0.38605	20	−0.38	18
河北	−0.26992	15	−0.50349	25	−0.38	19
山西	−0.45376	20	−0.44186	22	−0.45	20
吉林	−0.60209	28	−0.28918	16	−0.45	21
江西	−0.41001	18	−0.51557	26	−0.46	22
甘肃	−0.53978	25	−0.38053	18	−0.46	23
宁夏	−0.58976	26	−0.38379	19	−0.49	24
贵州	−0.47319	21	−0.52558	27	−0.5	25
海南	−0.5977	27	−0.39299	21	−0.5	26
云南	−0.52017	22	−0.50082	24	−0.51	27
新疆	−0.53564	23	−0.53833	28	−0.54	28
内蒙古	−0.53835	24	−0.58021	29	−0.56	29
青海	−0.6199	30	−0.63369	30	−0.63	30
西藏	−0.61241	29	−0.64458	31	−0.63	31

在对各个地区的自主创新产出水平进行评价时，除了纵向和其他地区进行比较，还可以对各个地区在时间序列上的变化进行横向比较。在横向比较时，根据对 2009 年及 2013 年间每一年的自主创新产出能力指标进行因子分析，得到评价结果，计算 2009 年及 2013 年各地区自主创新产出能力的综合得分，再利用各地区每年自主创新产出能力的综合得分对各个地区进行聚类分析。在本节为了说明 2009 年至 2013 年五年的各地区自主创新产出能力的变化，只列出了 2009 年的聚类分析结果和 2013 年的聚类分析结果。聚类分析结果见表 4.9。

表 4.9　聚类分析结果

地区＼年份	2009 年	2013 年
第一类地区	北京	北京、江苏
第二类地区	天津、山东	上海、天津、山东
第三类地区	辽宁、吉林、黑龙江、安徽、福建、河南、湖北、湖南、重庆、四川、陕西	陕西、重庆、辽宁、湖北、安徽、湖南、福建、四川、河南
第四类地区	上海、江苏、浙江、广东	浙江、广东
第五类地区	河北、山西、内蒙古、江西、广西、海南、贵州、云南、西藏、甘肃、青海、宁夏、新疆	黑龙江、吉林、甘肃、宁夏、广西、海南、山西、云南、河北、江西、贵州、新疆、内蒙古、青海、西藏

从表 4.9 中可以看出关于各个地区自主创新产出能力的变化。在综合评价专利产出、新产品产出和被国外主要检索工具收录的论文产出的基础上，在 2009 年北京地区为自主创新产出能力最高的地区，但是从 2013 年的综合评价结果来看，除了北京地区以外，江苏也被排在了第一类地区，而在 2009 年位于第三类地区的吉林、黑龙江地区，在 2013 年其自主创新产出能力位于第五类地区。从这几个地区的变化中可以看出，地区的自主创新产出能力和政府对自主创新的重视程度、产业结构的变化以及企业的发展有很强的关系。

4.4.5 各地区自主创新效率的综合评价

利用面板数据的数据包络分析方法对表 4.1 中建立的指标体系，利用 2009—2013 年间的数据，对全国 31 个地区的自主创新要素配置效率进行分析。在面板数据的数据包络分析中，是通过曼奎斯特等各指数的前后两个时期的变动趋势来对自主创新要素的配置效率进行相对评价。得到的各指数包括全要素生产率指数、技术效率指数、技术进步指数、纯技术效率指数和规模效率指数。通过面板数据的数据包络分析得到的在 2009—2013 年间全国 31 个地区的全要素生产率、技术效率、技术进步、纯技术效率和规模效率值的变动情况见表 4.10。

表 4.10 全国各地区创新要素配置效率分析各指数的变化

地区＼指数	技术效率变化指数	技术进步变化指数	纯技术效率变化指数	规模效率变化指数	全要素生产率变化指数
陕西	1.126	1.15	1.103	1.02	1.295
河南	1.021	1.173	1.016	1.005	1.197
贵州	1.119	1.04	0.972	1.152	1.164
江西	1.114	1.027	1.101	1.011	1.144
黑龙江	1.086	1.048	1.069	1.016	1.139
广西	1.038	1.096	1.033	1.005	1.138
重庆	1	1.134	1	1	1.134
吉林	1.016	1.088	1.014	1.002	1.105
湖北	1.017	1.087	1.022	0.994	1.105
安徽	1.008	1.093	1	1.008	1.101
湖南	0.984	1.117	0.963	1.022	1.1
青海	1	1.094	1	1	1.094
甘肃	1	1.09	1	1	1.09
北京	1	1.088	1	1	1.088
浙江	1	1.086	1	1	1.086

续表

指数 地区	技术效率变化指数	技术进步变化指数	纯技术效率变化指数	规模效率变化指数	全要素生产率变化指数
四　川	1	1.077	1	1	1.077
新　疆	1	1.076	1	1	1.076
江　苏	1	1.066	1	1	1.066
辽　宁	0.933	1.136	0.921	1.013	1.06
广　东	1	1.051	1	1	1.051
河　北	0.926	1.109	0.944	0.981	1.027
山　东	0.946	1.082	0.945	1.001	1.024
天　津	0.979	1.039	0.979	1	1.017
山　西	0.974	1.04	0.977	0.997	1.013
上　海	0.977	0.997	0.978	0.999	0.974
海　南	0.963	0.999	0.986	0.977	0.962
内蒙古	1	0.96	1	1	0.96
云　南	0.925	1.037	1	0.925	0.959
福　建	1.006	0.952	1.017	0.989	0.957
宁　夏	0.815	1.063	0.815	1	0.866
西　藏	0.836	0.977	1	0.836	0.817

结合第二章中自主创新效率评价方法中关于数据包络分析方法介绍的内容，从表 4.10 中的数据分析结果来看，在 2009—2013 年间全国 31 个地区创新要素配置的效率方面存在着一定的差异，从全要素生产率来看，全要素生产率大于 1 的地区有北京、天津、河北等 24 个地区，说明这些地区的自主创新效率在这 5 年内得到了提高，而内蒙古、上海、福建等 7 个地区的全要素生产率都小于 1，说明这些地区的自主创新效率在这 5 年内不但没有得到提高，反而有些下降，尤其是西藏和宁夏两个地区的自主创新效率下降得比较多。通过分析各个地区全要素生产率提高和下降的原因，发现大部分地区全要素生产率的提高都是由于技术进步引起的，而全要素生产率下降的地区大部分都和技术退步有关。

对于全要素生产率提高的地区来说，吉林、黑龙江、江西、河南、广西、陕西地区的技术进步、纯技术效率和规模效率都得到了提高，北京地区的全要素生产率的提高是因为技术进步带来的，而其纯技术效率和规模效率都无变化，而天津的全要素生产率的提高也是因为技术进步带来的，但是纯技术效率却有一定程度下降，说明天津地区2013年的技术水平和管理水平相对于2009年来说未得到有效的配置。而对于河北地区来说，其全要素生产率的提高也是由于技术进步引起的，但其纯技术效率和规模效率都有所下降。其他地区均存在技术进步，而规模效率和纯技术效率有上升、下降和无变化多种情况。

对于全要素生产率下降的地区来说，除了云南以外，其他所有的地区的全要素生产率的下降都和技术退步有关，而云南全要素生产率的下降是由于规模效率的下降引起的。另外，除了内蒙古和宁夏的规模效率未变以外，其他地区的规模效率都有所下降。其中西藏和福建地区的全要素生产率的下降是由于技术退步和规模效率的下降，纯技术效率无变化。海南和上海是所有的效率都有所下降。这说明全要素生产效率的下降除了和技术退步有关以外，大多数都和规模效率下降有关。表4.10中的数据显示的是2009—2013年间31个地区的配置效率的整体变化，每一年创新要素配置效率的变化以北京、上海、天津、河北为例进行说明，见图4.33。

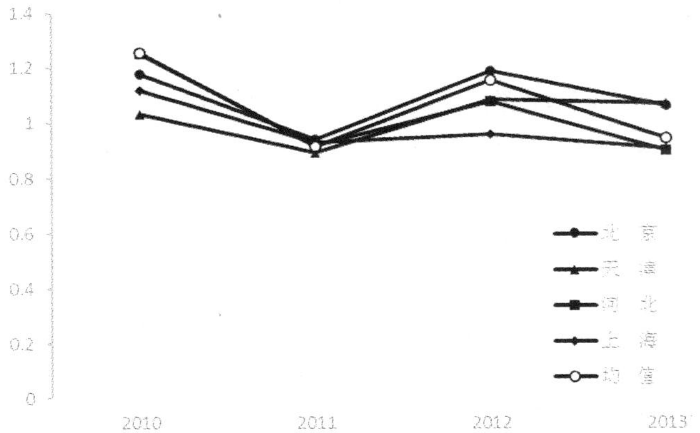

图4.33　各地区创新要素配置效率的演化规律

图 4.33 中显示了 2009 年至 2013 年间每年北京、天津、河北、上海 4 个地区的全要素生产率指数的变动趋势。从这 4 个地区的全要素生产率的变动来看，从 2009 年至 2013 年间全要素生产率每年都会有上升或下降的变化，所以可以看出各地区的全要素生产率变化并不稳定，而全要素生产率的变化又是由于技术进步、纯技术效率、或者是规模效率引起的，说明不管是从技术进步、纯技术效率、还是规模效率来看，各地区在各个自主创新要素的投入和自主创新产出中还需进一步提高其效率。

第 5 章

行业自主创新能力的现状

在分析行业的自主创新能力时，由于受到统计数据限制，不能利用整个行业的数据进行说明，而是利用规模以上工业企业或是大中型工业企业所涉及的行业数据进行说明。但分析的内容同样是从自主创新资金投入、自主创新人员投入和自主创新产出能力三个方面分别考察。为了说明利用规模以上工业企业的相关统计数据说明行业整体的自主创新能力具有的代表性，可以通过整理的《中国科技统计年鉴》中的数据进行解释，整理的数据见表 5.1。但由于《中国科技统计年鉴》在 2009 年、2010 年和 2011 年统计指标的变动较大，所以某些规模以上工业企业指标的数据在某些年份并未有对应的统计数据，遂以对应的大中型工业企业的相关数据替代。在表 5.1 中用斜体表示的数据为大中型工业企业的数据。

表 5.1　我国自主创新投入的分布情况

项目 \ 年份	2009 年	2010 年	2011 年	2012 年	2013 年
企业 R&D 经费内部支出（亿元）	4248.60	5185.47	6579.33	7842.24	9075.85
规模以上工业企业 R&D 经费内部支出（亿元）	*3775.70*	*4015.40*	5993.81	7200.65	8318.40
企业 R&D 全时人员当量（万人年）	164.75	187.39	216.93	248.64	274.06

续表

项目＼年份	2009 年	2010 年	2011 年	2012 年	2013 年
规模以上工业企业 R&D 全时人员当量（万人年）	*115.88*	*136.99*	193.91	224.62	249.40
企业研究与试验发展人员（人）	2185241	2432903	2845963	3366426	3712375
规模以上工业企业研究与发展人员（人）	*1518991*	*1758543*	2546782	3051455	3375912
企业 R&D 经费外部支出（亿元）	304.58	337.51	389.88	455.43	480.58
规模以上工业企业 R&D 经费外部支出（亿元）	*249.80*	*275.13*	355.73	417.88	423.16
企业研究与试验发展项目数（项）	—	—	256253	313651	346795
规模以上工业企业研究与试验发展项目数（项）	194400	—	232158	287524	322567

从表 5.1 中可以看出，从企业的研究与试验发展经费内部支出、研究与试验发展全时人员当量、研究与试验发展人员、研究与试验发展经费外部支出、研究与试验发展项目数等指标来看都显示出，规模以上工业企业的各种自主创新投入占所有企业各自主创新投入的比重都占了 90%左右，即对于企业中各项自主创新投入的绝大部分都集中在规模以上工业企业中，从而可以说明在描述行业的整体现状时，利用规模以上工业企业的数据具有很强的代表性。在本节中分析行业自主创新能力的现状时，主要从自主创新资金投入的现状、自主创新人员投入的现状、自主创新产出能力的现状、自主创新效率的综合评价四个方面进行分析。另外，在行业自主创新能力现状分析时，主要是对各个行业进行对比分析，比较各个行业的自主创新资金投入、自主创新人员投入以及自主创新产出的情况。

5.1 行业自主创新资金投入现状

行业的自主创新能力很大程度上取决于创新资金投入的水平，并且从一个行业创新资金的投入水平上也能看出某行业对自主创新能力的重视程度。本节以2013年规模以上工业企业中涉及的38个行业的统计数据为基础，对于行业的创新资金投入现状进行分析。

行业的自主创新资金投入，主要涉及研究与试验发展经费内部支出、研究与试验发展经费外部支出、新产品开发经费、技术获取与改造费用等指标。行业的研究与试验发展经费的内部支出又可以进一步分析其资金来源以及支出用途，不同的支出项目及支出用途以及不同的资金来源能够更深入地说明当前中国各行业自主创新资金投入的特点。

5.1.1 各行业自主创新资金投入总量及其强度分析

在各个行业的自主创新资金投入方面，分为研究与试验发展经费的内部支出、研究与试验发展经费的外部支出，又有新产品开发经费、技术获取与改造费用等指标。研究与试验发展经费的内部支出是本机构内部为研究与试验发展人员发放的劳务费等经常性支出以及购买仪器设备等的资产性支出，其体现了本机构对于研究与试验发展活动的重视程度以及衡量该机构进行研发活动的能力。研究与试验发展经费的外部支出是本机构委托外单位或是与外单位合作进行研究与试验发展活动而支付给外单位的经费，其体现了本机构和其他研发机构的合作能力。新产品开发费用是本机构在所有的研究与试验发展活动中专门用于开发新产品的费用，其体现了该机构对于新产品开发的重视程度。技术获取与改造费用主要是本机构为引进国外或购买国内技术以及对已有技术的改造或是消化吸收而支出的费用，其体现了该机构创新活动中的技术引进情况。

1. 研究与试验发展经费内部支出

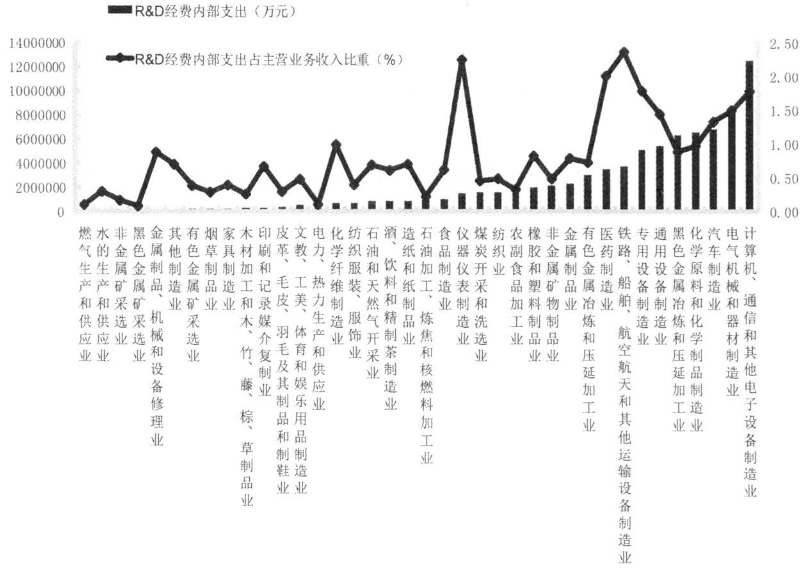

图 5.1　规模以上工业企业各行业的自主创新资金投入

图 5.1 显示了规模以上工业企业中的 38 个行业的研究与试验发展经费内部支出的情况。从研究与试验发展经费内部支出的绝对指标来看，各个行业之间存在着较大的差异，研究与试验发展经费内部支出投入位于前三位的行业分别为计算机、通信和其他电子设备制造业，电气机械和器材制造业，汽车制造业，其投入金额分别为 12525008 万元、8153895.2 万元、6802236.7 万元，研究与试验发展经费内部支出投入位于后三位的行业分别为非金属矿采选业、水的生产和供应业、燃气生产和供应业，其投入金额分别为 71519.7 万元、39293.1 万元、35789.1 万元。从数据对比上来看，各个行业的研究与试验发展经费内部支出和行业的性质有着很强的关系。在高新技术产业的各行业研究与试验发展经费的内部支出额都相对较高，而在资源型产业中由于对技术的要求相对较低，从而形成的研究与试验发展经费支出额也较低。

但是如果从研究与试验发展经费内部支出占主营业务收入的比重来看，位于前三位的行业分别为铁路、船舶、航空航天和其他运输设备制造业，仪器仪表制造业，医药制造业，所占比重分别为2.363%、2.243%和2.005%；位于后三位的行业分别为电力、热力生产和供应业，燃气生产和供应业，黑色金属矿采选业，所占比重分别为0.111%、0.106%和0.088%。从研究与试验发展经费内部支出占主营业务收入的比重来看，也体现出了和行业性质很强的相关性，在高新技术产业中支出比重较高，而资源型产业中的研究与试验发展经费的支出比重较低。

2. 研究与试验发展经费外部支出

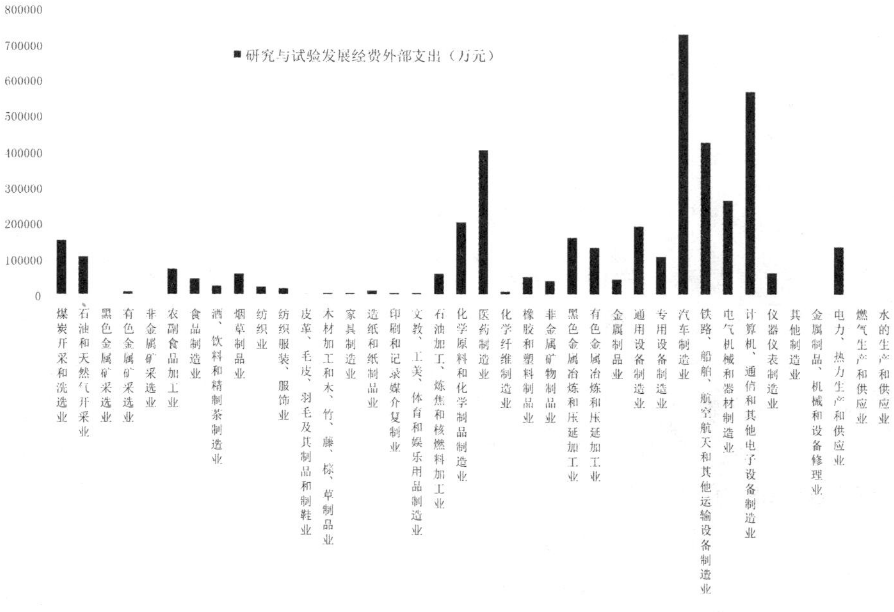

图 5.2　规模以上工业企业各行业研究与试验发展经费外部支出

图5.2显示了规模以上工业企业中的38个行业的研究与试验发展经费外部支出情况。从该指标的绝对值来看，各个行业之间存在着较大的差异。研究与试验发展经费外部支出投入位于前三位的行业分别

为汽车制造业，计算机、通信和其他电子设备制造业，铁路、船舶、航空航天和其他运输设备制造业，其支出额分别为 730990.9 万元、568346.2 万元、427142.2 万元。研究与试验发展经费外部支出投入位于后三位的行业分别为非金属矿采选业、水的生产和供应业、燃气生产和供应业，其支出额分别为 2046.3 万元、1384.9 万元、865.1 万元。研究与试验发展经费外部支出较多的行业也是研究与试验发展经费内部支出较多的行业，而研究与试验发展经费外部支出较少的行业也是研究与试验发展经费内部支出较少的行业。从而可以看出，在行业的发展过程中，除了注重本机构依靠自身的力量进行研究与试验发展活动外，还应注重依靠和外部机构的合作共同进行研究与试验发展活动。

3. 新产品开发经费

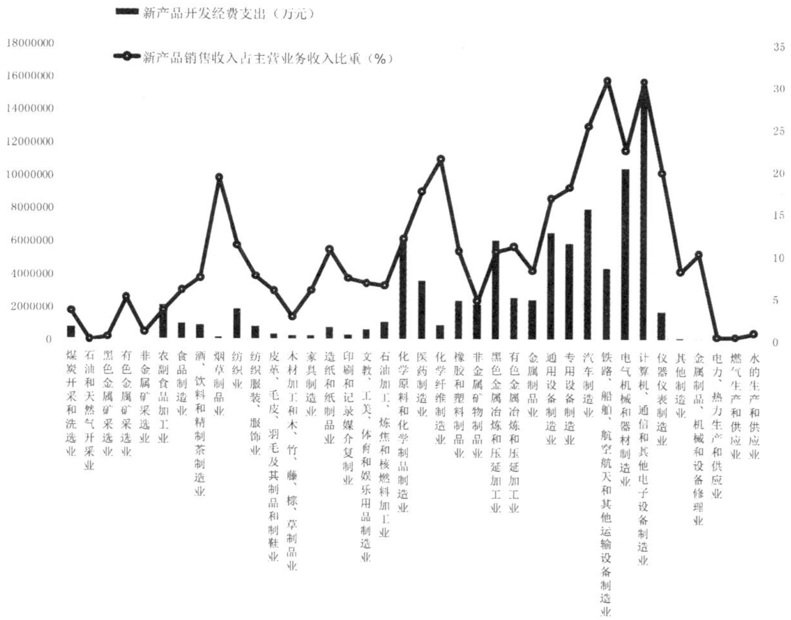

图 5.3　规模以上工业企业各行业新产品开发经费投入

图 5.3 显示了规模以上工业企业中的 38 个行业的新产品开发经费支出的情况。新产品开发经费的支出额反映了某行业对新产品开发的重视程度，因为新产品的开发需要技术或是制度等方面的创新的支撑，尤其是自主创新的能力在新产品的开发中更具有重要的地位和作用，所以该指标能很好地体现行业的自主创新能力。从各行业的新产品开发经费的绝对值来看，各个行业在新产品开发方面也存在着较大的差异，而且也可以看出各个行业的新产品开发经费的支出特征和各个行业的研究与试验发展经费的内部支出特征很相似。新产品开发经费支出投入位于前三位的行业分别为计算机、通信和其他电子设备制造业，电气机械和器材制造业，汽车制造业，其支出额分别为 15558038.6 万元、10453248.9 万元、7979138 万元，新产品开发经费支出投入位于后三位的行业分别为黑色金属矿采选业，水的生产和供应业，燃气生产和供应业，其支出额分别为 49431.6 万元、32114.6 万元、24203.5 万元。所有的项目都表现出了和行业性质的密切关系。

但是从新产品开发经费支出占主营业务收入比重来看，行业特征发生了明显的变化，新产品开发经费占主营业务收入比重位于前三位的行业分别为农副食品加工业，电气机械和器材制造业，计算机、通信和其他电子设备制造业，其所占比重分别为 10.32350394%、6.637664921%、5.4187694%，从中可以看出，农副食品加工业的新产品开发经费投入比重远远高于其他行业，说明其新产品开发的需求非常强。再从位于后三位的行业来看，分别是金属制品、机械和设备修理业，水的生产和供应业，燃气生产和供应业，其所占比重分别为 0.01596389%、0.004559786%、0.004439167%，从所占比重可以看出这三个行业中几乎不进行新产品的开发。

4. 技术获取或改造费用

图 5.4 显示了规模以上工业企业中的 38 个行业的技术获取和技术改造费用的支出情况，该费用的支出主要包括引进国外技术的经

费、购买国内技术的经费、技术消化吸收的经费和技术改造的经费。在行业的创新活动中，除了通过自主创新实现创新以外，还可以通过引进新的技术、对已有的技术进行改造来实现，其中研究与试验发展经费内部支出更多的体现是进行自主创新时进行的经费的投入，所以可以通过对比研究与试验发展经费内部支出、引进国外技术的经费和技术改造的经费来分析行业的自主创新能力。从各指标的绝对值来看，现阶段各个行业更多的经费支出在于研究与试验发展经费，其次为技术改造经费，相对来说引进国外技术的经费较少。从而可以看出现阶段各个行业还是主要以提高自主创新能力为主要目标。

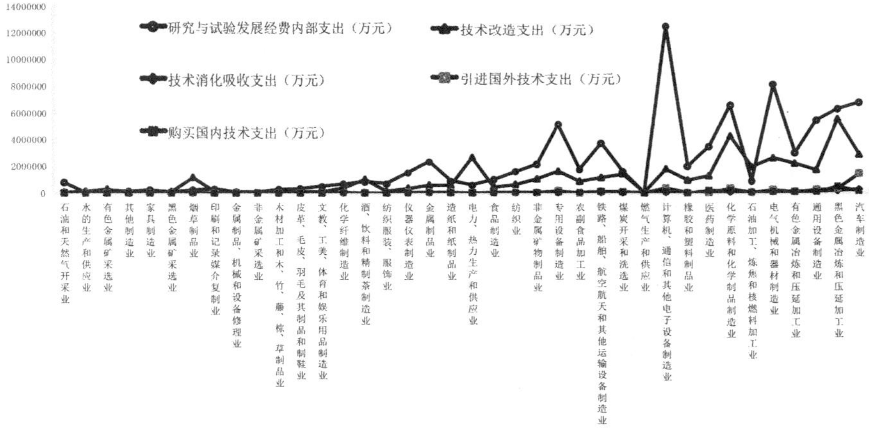

图 5.4　规模以上工业企业技术获取和技术改造费用

从各个指标的行业分布特征来看，技术改造经费支出位于前三位的行业分别为黑色金属冶炼和压延加工业，化学原料和化学制品制造业，汽车制造业，其支出额分别为 5566461.2 万元、4283921.5 万元、2857836.1 万元，技术改造经费支出位于后三位的行业分别为非金属矿采选业，家具制造业，金属制品、机械和设备修理业，分别为 46784.6 万元、29381.7 万元、15748.8 万元；技术消化吸收经费支出位于前三位的行业分别为汽车制造业，黑色金属冶炼和压延加工业，通用设备制造业，其支出额分别为 276121.7 万元、169462.1 万元、142839.1 万元，技术消化吸收经费支出位于后三位的行业分别为有色金属矿采选业，水的生产和供应业，石油和天然气开采业，其中有色金属矿采选业、水的生产和供应业的支出为 473.7 万元、69 万元，而石油和天然气开采业没有这方面的支出；引进国外技术经费支出位于前三位的行业分别为汽车制造业，计算机、通信和其他电子设备制造业，黑色金属冶炼和压延加工业，其支出额分别为 1445774.2 万元、372054.2 万元、347126 万元，而黑色金属矿采选业，有色金属矿采选业，石油和天然气开采业没有这方面的支出；购买国内技术经费支出位于前三位的行业分别为黑色金属冶炼和压延加工业，医药制造业，化学原料和化学制品制造业，其支出额分别为 499501.3 万元、210434.7 万元、209436.9 万元，购买国内技术经费支出位于后三位的行业分别为水的生产和供应业，黑色金属矿采选业，石油和天然气开采业，分别为 271 万元、267.2 万元、172.1 万元。从以上数据可以看出，各行业除了注重提高自主创新能力以外，在组织生产过程中，更多的是依靠技术改造进行创新活动。从行业分布来看，黑色金属冶炼和压延加工业及汽车制造业不管是自主创新的经费投入，还是技术改造经费、技术消化与吸收经费，引进国外技术的经费都位于前列，除此之外，黑色金属冶炼和压延加工业的国内技术经费的支出也位于前列。

5.1.2 各行业自主创新资金投入的资金来源分析

图 5.5 显示了规模以上工业企业中的 38 个行业中按资金来源分布的自主创新资金支出情况。从图 5.5 中明显看出规模以上工业企业的自主创新资金大部分都来自于企业资金，比重都在 90%以上，其余少

部分来自政府资金和国外资金。其中企业资金来源比重位于前三位的行业分别为黑色金属冶炼和压延加工业，造纸和纸制品业，有色金属冶炼和压延加工业，分别高达 99.06%、98.53%、97.87%，而企业资金来源比重位于后三位的行业分别为水的生产和供应业，其他制造业，铁路、船舶、航空航天和其他运输设备制造业，其中水的生产和供应业比重也是高达 90.66%，其他两个行业比重分别为 83.69%、75.25%，同样占据了很大的比重；从政府资金占研究与试验发展经费内部支出的比重来看，位于前三位的行业分别为铁路、船舶、航空航天和其他运输设备制造业，其他制造业，石油和天然气开采业，分别为 21.98%、10.84%、8.40%，位于后三位的行业分别为黑色金属冶炼和压延加工业，家具制造业，烟草制品业，仅为 0.68%、0.63%、0.20%；从国外资金占研究与试验发展内部支出的比重来看，位于前两位的行业分别为汽车制造业，仪器仪表制造业，比重也仅仅是 1.46%、1.16%，而其他制造业，水的生产和供应业，非金属矿采选业，有色金属矿采选业等行业无国外资金来源。从数据分析来看，企业的创新活动主要是依靠企业自身的力量，而政府只是对一些少数的国有垄断行业进行了相对较多的资金投入。

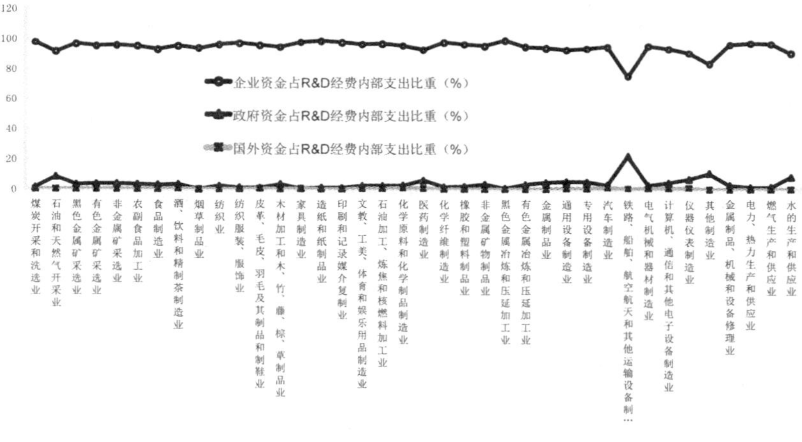

图 5.5　按行业划分的规模以上工业企业研究与试验发展经费内部支出

5.1.3 各行业自主创新资金投入的支出用途分析

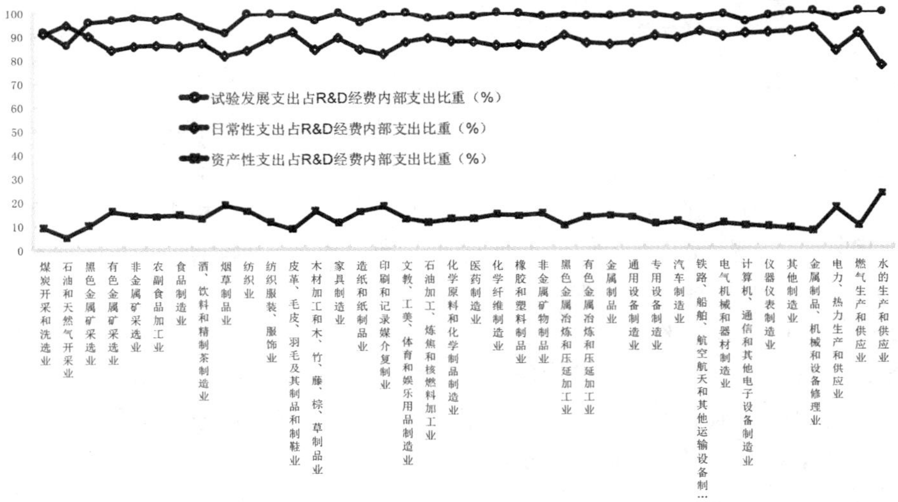

图 5.6 按支出用途划分的各规模以上工业企业研究与试验发展经费内部支出

图 5.6 显示了规模以上工业企业中的 38 个行业中按支出用途划分的研究与试验发展经费的支出情况。通过图 5.6 显示各行业的试验发展经费占总支出的比重都在 90%左右，说明各行业中用于基础研究和应用研究的经费较少，另外各行业中的研究与试验发展经费 80%左右都用于了劳务费等日常性支出，仪器设备等资产性支出占 20%左右。这说明企业的创新力量多集中于用于可以在短期内实现企业经济效益的创新活动中，从事基础研究和应用研究的创新力量较小。

从行业的分布特征来看，在研究与试验发展经费中试验发展经费支出所占比重位于前三位的行业分别为燃气生产和供应业，金属制品、机械和设备修理业，水的生产和供应业，其所占比重分别为 100%、99.92%、99.86%，试验发展经费所占比重位于后三位的行业分别为煤炭开采和洗选业，烟草制品业，石油和天然气开采业，比重也高达

91.93%、91.13%、86.24%；从日常性支出占研究与试验发展经费内部支出的比重来看，位于前三位的行业为石油和天然气开采业，金属制品、机械和设备修理业，皮革、毛皮、羽毛及其制品和制鞋业，分别为 94.74%、92.84%、91.56%，位于后三位的行业为印刷和记录媒介复制业，烟草制品业，水的生产和供应业，比重也达到 82.06%、81.43%、76.90%；而资产性支出占研究与试验发展经费内部支出的比重较少，位于前三位的行业分别为水的生产和供应业，烟草制品业，印刷和记录媒介复制业，资产性支出所占比重分别为 23.10%、18.57%、17.94%，资产性支出所占比重位于后三位的行业为皮革、毛皮、羽毛及其制品和制鞋业，金属制品、机械和设备修理业，石油和天然气开采业，所占比重仅为 8.44%、7.16%、5.26%。

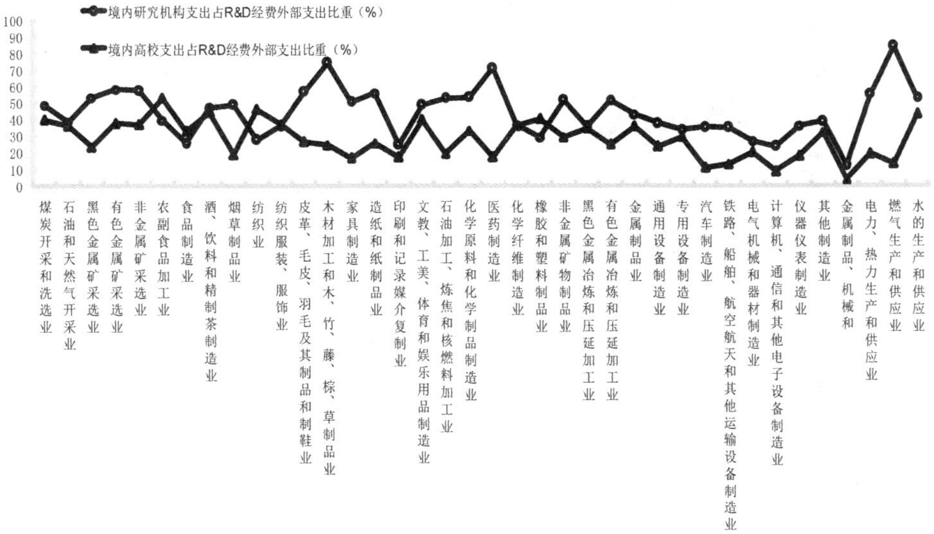

图 5.7　按行业划分的规模以上工业企业研究与试验发展经费外部支出

图 5.7 显示了规模以上工业企业中的 38 个行业中研究与试验发展经费外部支出的支出用途情况。从图 5.7 中可以看出，在企业和外部

机构从事合作创新研究活动时，和境内研究机构合作的经费支出比和境内高校合作的经费支出要多。

从行业的分布特征来看，各行业的研究与试验发展经费外部支出中境内研究机构支出所占比重来看，位于前三位的行业分别为燃气生产和供应业，木材加工和木、竹、藤、棕、草制品业，医药制造业，所占比重分别为84.36%、74.53%、71.34%，位于后三位的行业分别为印刷和记录媒介复制业，计算机、通信和其他电子设备制造业，金属制品、机械和设备修理业，所占比重分别为24.71%、23.49%、12.11%；而各行业的研究与试验发展经费外部支出中境内高校支出所占比重位于前三位的行业分别为农副食品加工业，纺织业，酒、饮料和精制茶制造业，所占比重分别为52.80%、45.86%、44.29%，位于后三位的行业分别为汽车制造业，计算机、通信和其他电子设备制造业，金属制品、机械和设备修理业，比重分别为10.92%、8.83%、3.87%。这些数据显示了在与企业合作的创新研究活动中境内研发机构和境内高校科研力量的分布特征。

5.2 行业自主创新人员投入现状

在企业的创新活动中，除了经费的投入之外，另外最重要的是自主创新人员的投入。从某种程度上自主创新人员的数量和质量决定了自主创新的根本能力，由于任何技术或制度等方面的创新最终都依靠创新人员来实现，如果创新研究人员的数量或是素质不足以支撑对创新活动的需求，则投入再多的经费也会使得创新活动很难持续较好的进行，大大降低创新效率。

对于自主创新人员的投入，通过表5.1中的数据已经显示在企业中投入的研究与试验发展人员90%都位于规模以上工业企业中，所以本节主要是利用2013年规模以上工业企业的38个行业投入的研究与试验发展人员及研究与试验发展人员全时当量来分析。研究与试验发展人员反映的是从事创新研究活动的人数，而研究与试验发展人员全时当量反映的是从事创新研究活动的工作量。图 5.8 显示了规模以上工业企业中各行业投入的研究与试验发展人员数以及研究与试验发展人员全时当量。

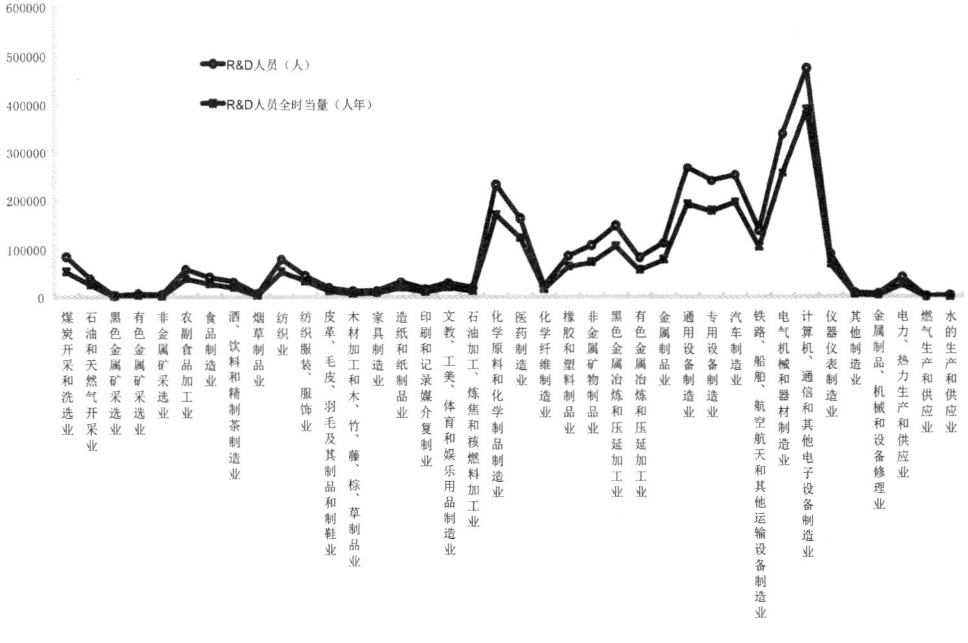

图 5.8 规模以上工业企业各行业的研究与试验发展人员投入

图 5.8 显示了规模以上工业企业的 38 个行业的研究与试验发展人员及其全时当量的两个指标的值。从图 5.8 中可以看出，在规模以上工业企业的 38 个行业中的研究与试验发展人员数存在着巨大的差异，排在前五位的行业分别是计算机、通信和其他电子设备制造业，电气机械和器材制造业，通用设备制造业，汽车制造业，专用设备制造业，研究与试验发展人员数分别为 476612 人、340031 人、267000 人、251289

人和 239842 人。排在后五位的行业分别是有色金属矿采选业，非金属矿采选业，黑色金属矿采选业，水的生产和供应业，燃气生产和供应业，人数分别为 6633 人、4687 人、3830 人、2707 人和 1117 人。从规模以上工业企业 38 个行业的研究与试验发展人员的全时当量来看，各行业同样也存在着较大的差异，排在前五位的行业分别是计算机、通信和其他电子设备制造业，电气机械和器材制造业，汽车制造业，通用设备制造业，专用设备制造业，分别为每年 390976.5 人、255835 人、195681.6 人、191916.3 人、178461.3 人，排在后五位的是黑色金属矿采选业，水的生产和供应业，燃气生产和供应业，分别为每年 2725.4 人、1652.6 人、811.3 人。

5.3 行业自主创新产出能力现状

在企业的创新活动中，通过创新活动的经费和人员投入会获得相应的创新产出，而自主创新产出能力主要通过专利申请量、专利授权量、新产品销售收入、技术市场成交合同数、研究与试验发展项目数等方面来体现。对于专利成果，尤其是发明专利成果能够反映行业的科技水平，而新产品销售收入和技术市场成交合同数在某种程度上反映了在行业的创新活动中成果转化为生产力的水平。研究与试验发展项目数反映了行业对创新成果的需求水平。另外，各行业中各创新主体的发展情况也能反映行业的自主创新产出能力。所以本节中主要是利用 2013 年规模以上工业企业中 38 个行业的专利申请量、发明专利申请量、新产品销售收入、技术市场成交合同数、研究与试验发展项目数以及创新主体的建设情况来分析各行业的自主创新产出能力现状。

5.3.1　专利成果的产出

图 5.9 显示了规模以上工业企业中 38 个行业的专利申请量以及发明专利申请量。从显示的数据来看，专利申请数量位于前三位的行业分别为计算机、通信和其他电子设备制造业，电气机械和器材制造业，专用设备制造业，数量分别为 88960 件、78154 件、53037 件，位于后三位的行业分别是水的生产和供应业、有色金属矿采选业、燃气生产和供应业，专利申请数量分别为 294 件、254 件、84 件。从专利申请的以上数据分析来看，各行业的自主创新产出能力相差悬殊，专利申请量集中到了少数几个行业中。从发明专利申请的数量来看，位于前三位的也是计算机、通信和其他电子设备制造业，电气机械和器材制造业，专用设备制造业，发明专利申请的数量分别为 50516 件、25283 件、17528 件，但是三个行业中发明专利申请量占专利申请量的比重出现了较大的差异，所占比重分别为 57%、32%和 33%。说明在三个行业中虽然专利的申请量以及发明专利的申请量都位于各行业的前列，但是大部分的专利产出还是在于实用新型和外观设计方面的专利申请，而发明专利的成果相对较少。

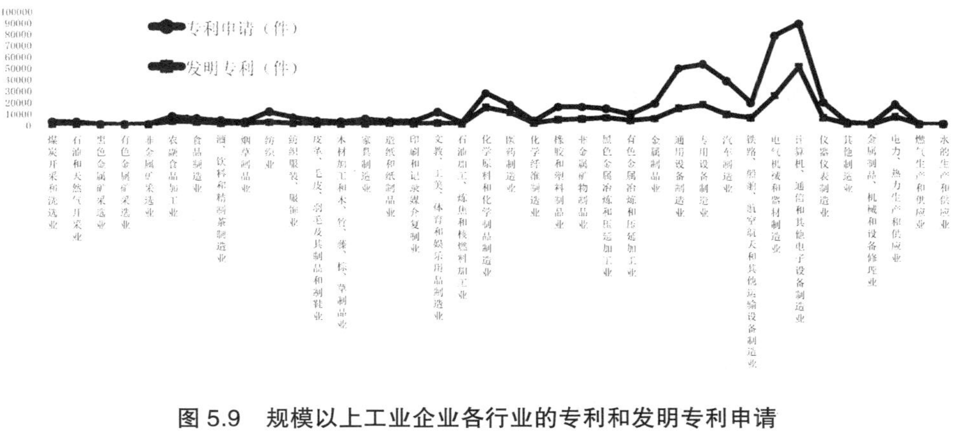

图 5.9　规模以上工业企业各行业的专利和发明专利申请

5.3.2 新产品销售收入

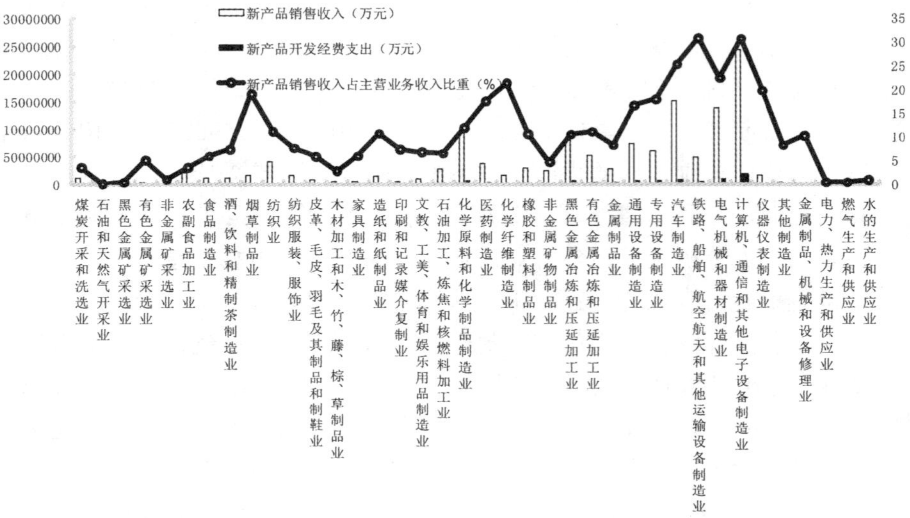

图 5.10 规模以上工业企业各行业新产品开发情况

图 5.10 显示了规模以上工业企业中的 38 个行业的新产品开发的情况。从数据显示来看，新产品销售收入最多的行业分别为计算机、通信和其他电子设备制造业，电气机械和器材制造业，汽车制造业，其收入额分别为 241635185.7 万元、138605057.7 万元、150840959.9 万元，新产品销售收入位于后三位的行业分别为黑色金属矿采选业，水的生产和供应业，燃气生产和供应业，其收入额分别为 385563.3 万元、132749 万元、158475 万元。通过和在新产品开发经费的行业对比上看，新产品开发经费越多的行业，其新产品销售收入也越多，同时新产品开发经费越少的行业其新产品销售收入也越小。

结合图 5.10 中显示的新产品开发经费以及新产品开发经费占主营业务收入的比重情况来看，在所有的行业中，农副食品加工业的新产品开发经费投入比重非常高，但是新产品销售收入却相对很少，而计算机、通信和其他电子设备制造业，汽车制造业从新产品开发经费占主营业务收入比重来看远远不如农副食品加工业新产品开发经费投入的比重，但其新产品销售收入水平却较高。

5.3.3　技术市场成交合同

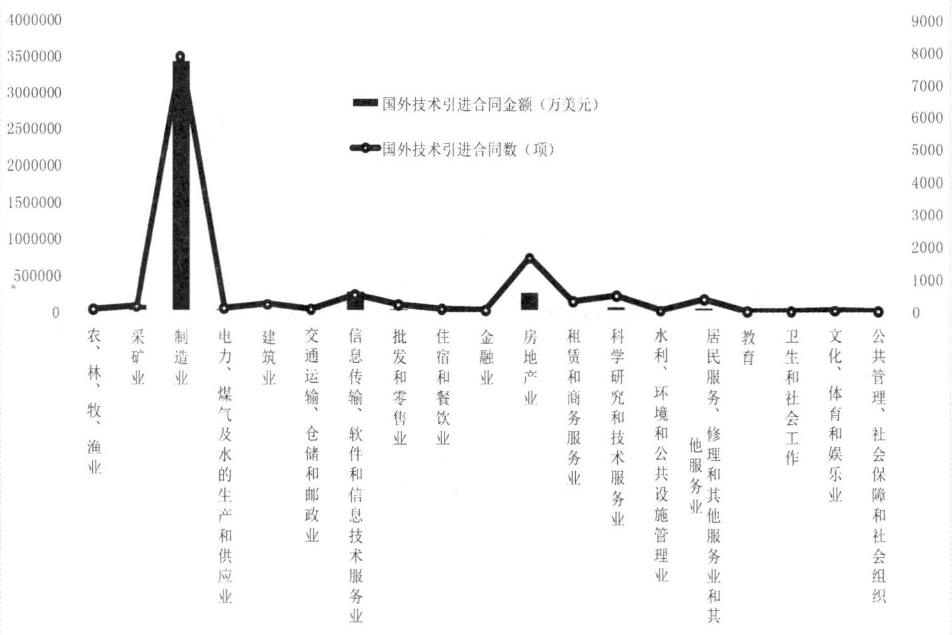

图 5.11　技术市场成交合同情况

图 5.11 显示了国外技术引进合同金额以及数量情况。从数据显示结果来看，不管是从引进金额还是引进数量中国的国外技术引进合同绝大部分发生在制造业。制造业国外技术引进金额占整个行业的 78.8%，其引进金额为 3418961.19 万美元，制造业的国外技术引进合同数占整个行业的 63.1%，其引进数量为 7856 项。除了制造业以外，

从引进金额来看其次分别为信息传输、软件和信息技术服务业，房地产业和采矿业，其引进金额分别为 271551.92 万美元、258346.19 万美元、92733.85 万美元。从引进数量来看，其次分别为房地产业，信息传输、软件和信息技术服务业，科学研究和技术服务业，其引进数量分别为 1634 项、529 项、497 项。

5.3.4 研究与试验发展项目

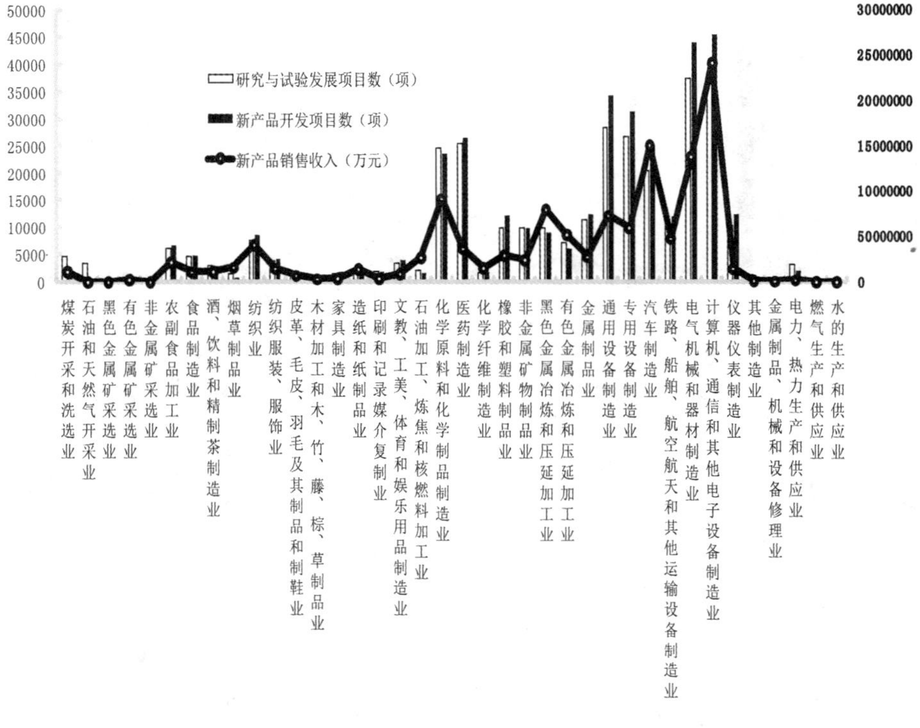

图 5.12 规模以上工业企业研究与试验发展项目情况

图 5.12 显示了规模以上工业企业的 38 个行业中的研究与试验发展项目的情况。从各行业的研究与试验发展项目数来看，各行业从事的创新研究活动存在着较大的差距。研究与试验发展项目和新产品开

发项目、新产品销售收入集中在少数几个行业中。从具体数据来看。研究与试验发展项目数量位于前三位的行业分别是电气机械和器材制造业，计算机、通信和其他电子设备制造业和通用设备制造业，这和在图 5.3 中新产品开发经费的投入情况和图 5.10 中新产品开发的情况特征一致。

5.3.5　创新主体的建设

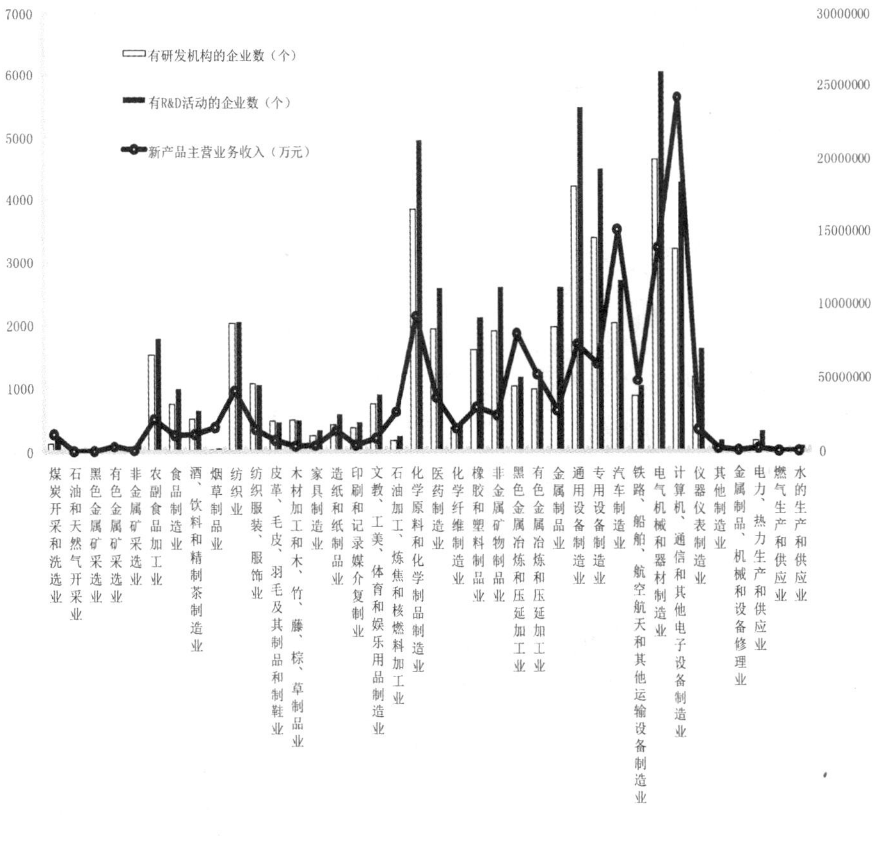

图 5.13　按行业划分的规模以上工业企业基本情况

图 5.13 显示了规模以上工业企业中的创新主体建设的情况。本节主要通过分析各行业中有研发机构的企业数和有研究与试验开发活动的企业数两个方面来考察。从有研发机构的企业数来看，位于前三位的行业分别是电气机械和器材制造业，通用设备制造业，化学原料和化学制品制造业。从有研发活动的企业数来看，位于前三位的行业同样分别为电气机械和器材制造业，通用设备制造业，化学原料和化学制品制造业。在此比较特殊的行业为化学原料和化学制品制造业，从拥有的研发机构和研发活动上来看，化学原料和化学制品制造业行业都位于前列，但是该行业不管是从研究经费的投入、研发人员的投入、新产品开发经费的投入等自主创新投入来看，还是从专利申请、新产品销售收入、研究与试验发展项目等自主创新产出来看，该行业都未位于前列。

5.4 各行业自主创新能力的综合评价

通过以上关于规模以上工业企业各行业的自主创新资金的投入能力、自主创新人员的投入能力以及自主创新产出能力的分析，描述了各个行业的自主创新能力特征，但是一个行业的自主创新能力并不能只体现在某个方面，而是取决于其各方面的综合情况，本节通过建立综合评价的指标体系，利用因子分析法和数据包络分析法对各行业的自主创新能力进行综合评价。

5.4.1 行业自主创新能力评价的指标体系

在进行行业自主创新能力综合评价指标选择时，主要是以和经济发展的相关性为原则，结合已有研究成果中对行业自主创新能力指标的选择构建行业自主创新能力评价指标体系。另外，在进行指标体系的构建时，一个非常重要的考虑因素是数据的可获得性，由于本节所采用的数据不是实际调查数据，而是各类官方统计年鉴中的数据，所以建立的指标体系中的指标都为各类官方统计年鉴中所能获得的统计数据。根据以上原则，在已有研究成果的基础上，本节从行业自主创新投入和行业自主创新产出两个方面进行指标的选择，在选择行业自主创新投入指标时主要包括研发资金投入和研发人员投入两个方面，在选择行业自主创新产出指标时主要包括各行业新产品产出和专利产出两个方面。

关于行业自主创新投入能力方面，主要包括自主创新资金投入和自主创新人员投入两个方面，共包含八个评价指标。自主创新资金投入方面的指标分别有规模以上工业企业研究与试验发展经费内部支出额（x1）、规模以上工业企业研究与试验发展项目经费支出（x2）、规模以上工业企业研究与试验发展经费支出占主营业务收入的比重（x3）、规模以上工业企业新产品开发经费（x4）。自主创新人员投入方面的指标分别是规模以上工业企业研究与试验发展人员数（x5）、规模以上工业企业研究与试验发展人员全时当量（x6）、规模以上工业企业研究与试验发展项目人员数（x7）、规模以上工业企业办研发机构人员数（中国科技统计年鉴上就是这么写的查了很多年都是这么写的）（x8）。

关于行业自主创新产出能力方面，评价的指标为四个。国际上比较通用的来代表创新产出的变量是专利数量的情况，在中国，随着知识产权保护制度的逐步完善，越来越多的研究者也开始使用这一变量。同时，在中国的工业和科技统计中，还经常使用新产品开发和销售的相关情况来表示创新产出能力。因此，本节综合这两方面的情况，在行业自主创新产出能力指标的选择时包括专利产出和新产品产出两个方面，选择的四个变量分别是规模以上工业企业新产品销售收入（x9）、规模以上工业企业新产品销售收入占主营业务收入的比重（x10）、规模以上工业企业专利申请数（x11）、规模以上工业企业发明专利申请数（x12）。

表 5.2 行业自主创新能力评价指标体系

<table>
<tr><th>一级指标</th><th>二级指标</th><th>三级指标</th></tr>
<tr><td rowspan="8">自主创新投入</td><td rowspan="4">资金投入</td><td>规模以上工业企业 R&D 经费内部支出额（万元）（x1）</td></tr>
<tr><td>规模以上工业企业 R&D 项目经费支出（x2）</td></tr>
<tr><td>规模以上工业企业 R&D 经费支出占主营业务收入的比重（x3）</td></tr>
<tr><td>规模以上工业企业新产品开发经费（万元）（x4）</td></tr>
<tr><td rowspan="4">人员投入</td><td>规模以上工业企业 R&D 人员数（人）（x5）</td></tr>
<tr><td>规模以上工业企业 R&D 人员全时当量（人年）（x6）</td></tr>
<tr><td>规模以上工业企业 R&D 项目人员数（人）（x7）</td></tr>
<tr><td>规模以上工业企业办研发机构人员数（人）（x8）</td></tr>
<tr><td rowspan="4">自主创新产出</td><td rowspan="2">新产品产出</td><td>规模以上工业企业新产品销售收入（万元）（x9）</td></tr>
<tr><td>规模以上工业企业新产品销售收入占主营业务收入的比重（x10）</td></tr>
<tr><td rowspan="2">专利产出</td><td>规模以上工业企业专利申请数（项）（x11）</td></tr>
<tr><td>规模以上工业企业发明专利申请数（项）（x12）</td></tr>
</table>

通过选取的 12 个指标可以看出，本节在对行业的自主创新能力进行综合评价时也是以规模以上工业企业的数据为依据，其中一方面是基于数据的可获得性，另一方面是基于规模以上工业企业的情况代表了行业中绝大部分的自主创新能力。对综合评价指标进行汇总，指标体系见表 5.2。

5.4.2 各行业自主创新投入能力的综合评价

根据规模以上工业企业的 38 个行业 2013 年的数据对各个行业的自主创新投入能力进行综合评价，分析时采用的评价指标为表 5.2 中行业自主创新投入中的 x1～x8 指标，分别是规模以上工业企业研究与试验发展经费内部支出额（万元）（x1）、规模以上工业企业研究与试验发展项目经费支出（万元）（x2）、规模以上工业企业研究与试验发展经费支出占主营业务收入的比重（x3）、规模以上工业企业新产品开发经费（万元）（x4）、规模以上工业企业研究与试验发展人员数（人）（x5）、规模以上工业企业研究与试验发展人员全时当量（人年）（x6）、规模以上工业企业研究与试验发展项目人员数（人）（x7）、规模以上工业企业办研发机构人员数（人）（x8）。其数据来源于 2014 年《中国统计年鉴》和 2014 年《中国科技统计年鉴》。对获取的数据采用因子分析方法进行行业自主创新投入能力的综合评价。

1. 评价因子的选择

在利用因子分析时首先对八个指标的信息进行汇总。根据特征值的分析结果显示自主创新的八个指标可以用一个因子来表示。选取因子个数的特征值见表 5.3。由结果可知，只有一个公因子的特征值大于 1，根据公因子特征值大于 1 的选取原则，选取一个公因子，其累计贡献率达到 91.822%，说明此公因子能很好地概括和解释整个数据的信息，几乎代表了所有的原始信息。

表 5.3　特征值及贡献率

相关矩阵的特征值：总和=1　平均值=1			
	特征值	贡献率	累积贡献率（%）
1	7.346	91.822	91.822
2	0.565	7.056	98.878
3	0.068	0.854	99.733
4	0.013	0.163	99.896
5	0.006	0.074	99.97
6	0.002	0.027	99.996
7	0	0.003	99.999
8	5.87E-05	0.001	100
按最小特征值准则保留一个因子			

2. 因子载荷矩阵

根据选择的公因子对原始变量的信息进行解释，公因子和原始变量之间的关系可以通过因子载荷矩阵看出，因子载荷矩阵见表 5.4。

表 5.4 因子载荷矩阵及旋转后因子载荷矩阵

因子载荷	
变量	因子 1
x1	0.690
x2	0.986
x3	0.985
x4	0.990
x5	0.995
x6	0.996
x7	0.995
x8	0.988

从表 5.4 中可以看出，提取的公因子和原始变量的关系中，除了和指标规模以上工业企业研究与试验发展经费内部支出额（x1）的关系为 0.69 外，其他的都在 0.99 左右，说明该公因子对 x2～x8 变量都具有很强的解释能力。其中和 x5、x6 的关系最强，其次为 x4 和 x8，说明该公因子和行业自主创新人员投入的关系最强，其次和行业的产业化自主创新投入的关系较强，而和行业的自主创新经费的投入的关系相对较弱。

3. 评价结果

根据得到的公因子对规模以上工业企业中的 38 个行业进行综合评价，得到各行业在该因子上的得分，并根据各行业的得分对各行业的自主创新投入能力进行综合评价，评价的结果见表 5.5。

表 5.5 评价结果

行业	因子得分	因子得分排名
计算机、通信和其他电子设备制造业	3.69844	1
电气机械和器材制造业	2.25098	2
汽车制造业	1.55972	3
通用设备制造业	1.41473	4
化学原料和化学制品制造业	1.29003	5
专用设备制造业	1.28357	6
黑色金属冶炼和压延加工业	0.77224	7

续表

行业	因子得分	因子得分排名
铁路、船舶、航空航天和其他运输设备制造业	0.72825	8
医药制造业	0.70315	9
仪器仪表制造业	0.14586	10
金属制品业	0.11148	11
有色金属冶炼和压延加工业	0.02858	12
非金属矿物制品业	−0.00125	13
橡胶和塑料制品业	−0.02158	14
纺织业	−0.1781	15
煤炭开采和洗选业	−0.27163	16
农副食品加工业	−0.27909	17
食品制造业	−0.43414	18
纺织服装、服饰业	−0.46183	19
石油和天然气开采业	−0.46381	20
化学纤维制造业	−0.46772	21
造纸和纸制品业	−0.47618	22
酒、饮料和精制茶制造业	−0.48196	23
文教、工美、体育和娱乐用品制造业	−0.56218	24
电力、热力生产和供应业	−0.59058	25
石油加工、炼焦和核燃料加工业	−0.59171	26
印刷和记录媒介复制业	−0.64016	27
皮革、毛皮、羽毛及其制品和制鞋业	−0.65481	28
金属制品、机械和设备修理业	−0.65939	29
其他制造业	−0.66748	30
家具制造业	−0.69203	31
木材加工和木、竹、藤、棕、草制品业	−0.71115	32
有色金属矿采选业	−0.73604	33
烟草制品业	−0.74735	34
水的生产和供应业	−0.78332	35
非金属矿采选业	−0.78958	36
黑色金属矿采选业	−0.8045	37
燃气生产和供应业	−0.81945	38

通过表 5.5 中关于规模以上工业企业中 38 个行业的自主创新投入能力的综合评价结果可以看出，自主创新投入能力位于前五位的行业分别为计算机、通信和其他电子设备制造业，电气机械和器材制造业，汽车制造业，通用设备制造业，化学原料和化学制品制造业，说明这五个行业的自主创新投入综合能力较强。从这五个行业中可以看出，在当前阶段自主创新投入能力较强的行业主要是高技术产业中的制造业。

5.4.3 各行业自主创新产出能力的综合评价

根据规模以上工业企业 38 个行业 2013 年的数据对各个行业的自主创新产出水平进行分析，分析时采用的评价指标为表 5.2 中行业自主创新产出的具体指标。从 2014 年《中国统计年鉴》和 2014 年《中国科技统计年鉴》中获得规模以上工业企业 38 个行业 2013 年专利申请、新产品产值等四个指标的数据采用因子分析方法对各行业自主创新产出能力进行评价，由于自主创新的产出从某种程度上代表了自主创新水平，所以对行业自主创新产出能力的评价即是行业自主创新水平的分析。

1. 评价因子的选择

在利用因子分析法对行业的自主创新产出能力进行综合评价时首先对四个指标的信息进行汇总。根据特征值的分析结果显示行业自主创新产出能力的四个指标可以用一个公因子来表示。选取因子个数的特征值见表 5.6。

表 5.6 特征值及贡献率

相关矩阵的特征值：总和=1 平均值=1			
	Eigenvalue	Proportion	Cumulative（%）
1	3.382	84.538	84.538
2	0.442	11.055	95.593
3	0.119	2.985	98.578
4	0.057	1.422	100
按最小特征准则保留一个因子			

由表 5.6 可知，只有第一个公因子的特征值大于 1，根据公因子特征值大于1的选取原则，选取第一个公因子，其贡献率达到84.538%，说明第一个公因子能基本概括和解释整个数据的信息。

2. 因子载荷矩阵

根据选择的第一个公因子对原始变量的信息进行解释，通过表 5.7 显示的公因子和原始变量之间的关系的因子载荷矩阵可以看出，第一个因子包含了四个变量的大部分信息，其中和 x9、x10、x11 三个变量的关系最为密切。x9、x10、x11 三个变量分别为规模以上工业企业新产品销售收入、规模以上工业企业专利申请数（x11）、规模以上工业企业发明专利申请数（x10）。所以对第一个公因子命名为科技产出因子。

表 5.7　因子载荷矩阵

因子载荷	
	因子 1
X9	0.954
X10	0.807
X11	0.957
X12	0.951

3. 评价结果

根据科技产出因子对规模以上工业企业 38 个行业的自主创新产出能力进行评价。在根据科技产出公因子对各个行业进行评价时，计算了各个行业在科技产出因子上的得分，并依据得分的高低对各个行业进行了排名，综合评价的结果见表 5.8。

表 5.8　评价结果

行业	第一因子得分	第一因子排名
计算机、通信和其他电子设备制造业	4.10668	1
电气机械和器材制造业	2.3940	2
汽车制造业	1.51738	3
专用设备制造业	1.24609	4
通用设备制造业	1.13824	5

续表

行业	第一因子得分	第一因子排名
化学原料和化学制品制造业	0.82360	6
铁路、船舶、航空航天和其他运输设备制造业	0.74134	7
医药制造业	0.40695	8
黑色金属冶炼和压延加工业	0.26354	9
仪器仪表制造业	0.25011	10
有色金属冶炼和压延加工业	−0.01049	11
橡胶和塑料制品业	−0.04439	12
金属制品业	−0.05407	13
化学纤维制造业	−0.07061	14
纺织业	−0.07431	15
烟草制品业	−0.14132	16
非金属矿物制品业	−0.22045	17
电力、热力生产和供应业	−0.38145	18
造纸和纸制品业	−0.38273	19
文教、工美、体育和娱乐用品制造业	−0.41458	20
纺织服装、服饰业	−0.42971	21
农副食品加工业	−0.43227	22
石油加工、炼焦和核燃料加工业	−0.4643	23
食品制造业	−0.47556	24
酒、饮料和精制茶制造业	−0.48861	25
金属制品、机械和设备修理业	−0.53038	26
印刷和记录媒介复制业	−0.54517	27
其他制造业	−0.55816	28
皮革、毛皮、羽毛及其制品和制鞋业	−0.56938	29
家具制造业	−0.57073	30
煤炭开采和洗选业	−0.62145	31
有色金属矿采选业	−0.67681	32
木材加工和木、竹、藤、棕、草制品业	−0.68966	33
石油和天然气开采业	−0.78045	34
非金属矿采选业	−0.80346	35
水的生产和供应业	−0.81136	36
黑色金属矿采选业	−0.81549	37
燃气生产和供应业	−0.83058	38

通过对各个行业的自主创新产出水平的评价结果可以看出，各个行业存在着较大的差异，其中计算机、通信和其他电子设备制造业，电气机械和器材制造业，汽车制造业，专用设备制造业，通用设备制造业的自主创新产出能力较高，排在前列，这和这些行业在行业发展中的需要有着直接的关系。

5.4.4　各行业自主创新效率的综合评价

行业的自主创新效率即为行业的自主创新投入和自主创新产出的比值情况。由于在行业的自主创新投入方面和自主创新产出方面都有若干个不同的指标来共同表示和反映其自主创新投入或是自主创新产出能力，所以为了综合评价各行业的投入产出比，本节利用数据包络分析对行业的自主创新效率进行综合评价。在用数据包络分析进行综合评价之前，分别以亿元研究与试验发展经费对应的专利申请量和某行业新产品销售收入与新产品开发经费的比值来说明企业的科技产出效率以及产业化产出效率。

1. 行业自主创新投入产出比现状

通过研究与试验发展经费内部支出的分析可以看出，研究与试验发展经费从事的创新活动分为基础研究、应用研究和试验发展，而企业的大部分研究与试验发展经费都集中在试验发展的研究中，而试验发展的成果和专利成果的产出有很大的关系。所以本节以亿元研究与试验发展经费内部支出对应的专利申请量来分析行业的科技产出效率，以新产品销售收入与新产品开发经费的比值来说明产业化产出效率。

从图 5.14 中的数据显示来看，各行业的自主创新投入产出比都很小。从某种程度上说明行业的自主创新效率较低。亿元研究与试验发展经费内部支出的专利申请量排在前三位的行业分别是电力、热力生产和供应业，家具制造业，文教、工美、体育和娱乐用品制造业，分别为 374.8227356 件、332.1774348 件、319.0023097 件，和自主创新投入能力较高的行业有着一定的区别。这有可能说明各行业的创新效率还比较低。从新产品销售收入与新产品开发费用的比值来看位于前三位的是烟草制品业，有色金属矿采选业，石油加工、炼焦和核燃料加工业，分别为 90.82065143 倍、46.40614373 倍、21.85135983 倍。位于后三位的行业分别有电力、热力生产和供应业，水的生产和供应业，石油和天然气开采业，分别为 7.11 倍、5.97 倍、0.61 倍。从中可以看出各行业的产业化产出效率的差距较大。在很多行业中新产品开发经费的投入未实现有效的新产品销售收入。

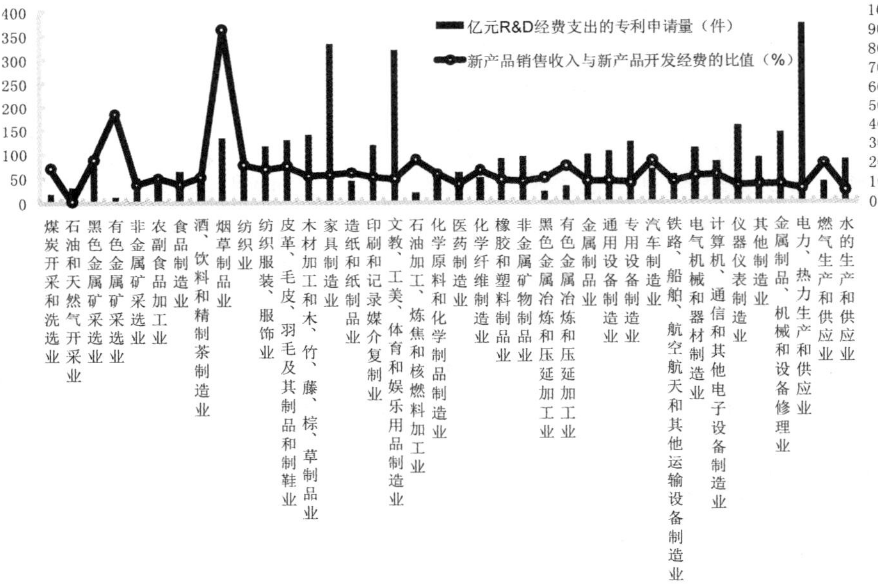

图 5.14　行业自主创新投入产出比

2. 各行业自主创新效率综合评价

利用面板数据的数据包络分析方法对表 5.2 中建立的指标体系利用 2009—2013 年间的数据对行业的自主创新效率进行综合评价。在获取数据时选择了统计口径一致的 34 个行业的有关数据。由于在《中国统计年鉴》和《中国科技统计年鉴》中橡胶和塑料制品业，汽车制造业，铁路、船舶、航空航天和其他运输设备制造业，金属制品、机械和设备修理业四个行业的数据从 2012 年开始替代橡胶制品业，塑料制品业，交通运输设备制造业，工艺品及其他制造业等行业，其统计的数据范围发生了变化。为了保证口径的一致性，故在综合评价时未考虑这四个行业数据。

在利用面板数据的数据包络分析对自主创新效率进行分析时，主要利用曼奎斯特等各指数的前后两个时期的变动趋势来对自主创新效率进行相对评价。得到的各指数包括全要素生产率指数、技术效率指数、技术进步指数、纯技术效率指数和规模效率指数。通过面板数据的数据包络分析得到的在 2009—2013 年间 34 个行业的全要素生产率、技术效率、技术进步、纯技术效率和规模效率值的变动情况见表 5.9。

表 5.9　各行业创新要素配置效率分析各指数的变化

各指数变化 行业	技术效率变化指数	技术进步变化指数	纯技术效率变化指数	规模效率变化指数	全要素生产率变化指数
黑色金属矿采选业	1.109	1.405	1.047	1.06	1.558
电力、热力生产和供应业	1	1.552	1	1	1.552
石油加工、炼焦和核燃料加工业	1.171	1.064	1.113	1.052	1.245
石油和天然气开采业	0.902	1.29	0.9	1.002	1.164
有色金属矿采选业	0.999	1.103	1.014	0.985	1.102
农副食品加工业	0.962	1.117	0.971	0.991	1.075
煤炭开采和洗选业	0.767	1.378	0.832	0.922	1.057
烟草制品业	1	1.046	1	1	1.046
水的生产和供应业	0.854	1.187	1	0.854	1.013
非金属矿物制品业	0.904	1.113	0.928	0.974	1.006
化学原料和化学制品制造业	0.991	0.986	1.009	0.982	0.977

续表

行业＼变化	技术效率变化指数	技术进步变化指数	纯技术效率变化指数	规模效率变化指数	全要素生产率变化指数
电气机械和器材制造业	1	0.971	1	1	0.971
有色金属冶炼和压延加工业	1.029	0.927	1.061	0.97	0.954
纺织业	0.989	0.961	0.999	0.989	0.95
通用设备制造业	0.999	0.914	1	0.999	0.914
计算机、通信和其他电子设备制造业	1	0.904	1	1	0.904
金属制品业	0.91	0.974	0.924	0.984	0.886
纺织服装、服饰业	0.906	0.968	0.922	0.983	0.877
均值	0.951	0.923	0.975	0.975	0.877
专用设备制造业	1.031	0.848	1.022	1.009	0.874
黑色金属冶炼和压延加工业	0.95	0.901	1	0.95	0.856
食品制造业	0.929	0.901	0.918	1.012	0.837
酒、饮料和精制茶制造业	0.974	0.838	0.987	0.987	0.817
皮革、毛皮、羽毛及其制品和制鞋业	0.879	0.921	0.883	0.996	0.81
非金属矿采选业	0.782	1.024	0.879	0.89	0.8
其他制造业	1.025	0.756	1.003	1.022	0.775
医药制造业	1.01	0.752	1.009	1.001	0.76
家具制造业	1	0.734	1	1	0.734
造纸和纸制品业	0.918	0.8	0.937	0.98	0.734
木材加工和木、竹、藤、棕、草制品业	0.858	0.805	0.866	0.991	0.691
仪器仪表制造业	1.021	0.648	1	1.021	0.661
燃气生产和供应业	0.658	0.953	1	0.658	0.628
文教、工美、体育和娱乐用品制造业	1	0.59	1	1	0.59
化学纤维制造业	1	0.503	1	1	0.503
印刷和记录媒介复制业	0.966	0.516	0.975	0.991	0.499

结合第 2 章中自主创新效率评价方法中关于数据包络分析方法介绍的内容，从表 5.9 中数据分析结果来看，在 2009—2013 年间 34 个行业自主创新的效率的差异显著。如黑色金属矿采选业，电力、热力生产和供应业全要素生产率变化指数分别达到 1.558、1.552，说明这些行业的自主创新要素配置的效率得到了较大程度的提升，即现有的投入能得到其有效的产出。但印刷和记录媒介复制业、化学纤维制造业的全要素生产率变化指数仅为 0.499 和 0.503，说明在 2009—2013 年这五年间这些行业的自主创新要素配置的效率有较大幅度的下降。

进一步分析全要素生产率的变化原因，发现 34 个行业中有 10 个行业的自主创新效率得到了提升，而其他 24 个行业的自主创新效率都有所下降。在自主创新效率提升的行业中都和行业的技术进步有关，虽然在有些行业中的规模效率和纯技术效率有所下降，但是由于技术进步的原因，使得行业整体的自主创新效率得到了提高。对于自主创新效率下降的行业中除非金属采矿业外，显示的技术进步值都小于 1，而且这些行业的技术进步值下降得比较多，如印刷和记录媒介复制业仅为 0.516。另外从整体来看，虽然 34 个行业的纯技术效率和规模效率都有变化，但是变化幅度很小，说明技术进步是影响行业自主创新效率的重要因素。

表 5.9 中的数据显示的是 2009—2013 年间 34 个行业的配置效率的整体变化，但是未能显示出每一年自主创新要素配置效率的变化。图 5.15 显示了部分行业的 2010—2013 年间每一年的自主创新要素配置效率的变化，由于行业较多，选取全要素生产率排名靠前的石油和天然气开采业，黑色金属矿采选业，石油加工、炼焦和核燃料加工业，电力、热力生产和供应业为例进行说明。

从图 5.15 中的 2010—2013 年间选取的黑色金属矿采选业等 4 个行业的每年全要素生产率指数的变动趋势可以看出。行业的全要素生产率在每年的变动趋势比较明显，都有上升的情况和下降的情况，但从图 5.15 中也可以看出黑色金属矿采选业的波动幅度非常大，说明在行业的发展中自主创新效率非常不稳定，不能保证自主创新投入能够得到有效的产出。这显示出行业的创新力量还比较薄弱，还需要进一步提高行业的自主创新的能力。

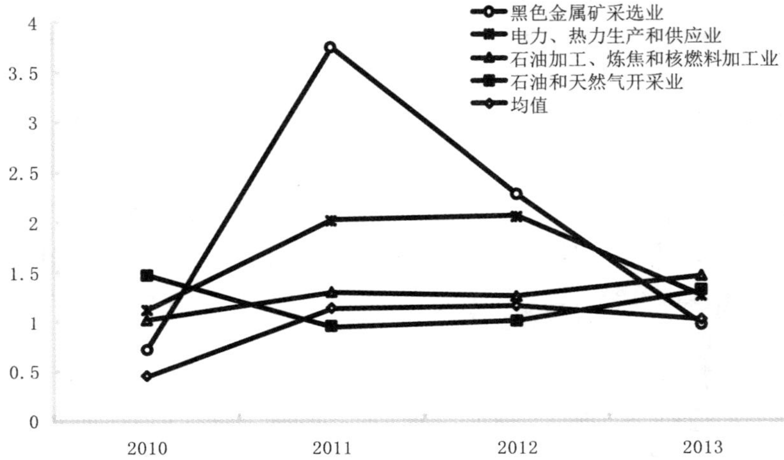

图 5.15 各行业创新要素配置效率的演化规律

第6章 中国自主创新对经济增长影响作用的实证分析

面对日新月异的科学技术变革和日益强化的资源环境约束、面对以创新和技术升级为主要特征的国际竞争，自主创新能力薄弱已经成为制约产业竞争力增强、产业结构优化的瓶颈[144]。在当前激烈的国际竞争环境下，从各国实践来说，不管是发达国家还是发展中国家都深刻认识到了创新及自主创新对经济增长的作用，都采取了积极主动的、各有侧重的、各具特色的创新措施，推出了许多重要的计划、措施和政策，并取得了实际效果。中国的自主创新战略正是在这样的背景下提出来的，但关于自主创新对中国现阶段经济增长的作用还存在着争议，因为遵循迈克尔波特的经济发展阶段理论，在当前阶段中国是否可以通过创新驱动实现经济可持续增长以及如何通过创新促进经济可持续增长还需要进一步的研究，特别是中国各地区的经济发展水平存在着较大的差异，具有不同发展条件的各地区如何通过创新实现经济可持续增长并不断增强自身的经济实力都需要在实践和学术研究中不断进行深入研究。本章主要是采用有关创新投入与产出数据以及经济增长数据，利用面板数据模型、分位数回归分析等分析方法来验证在中国的经济发展历程中，创新以及不同的创新模式在不同的经济发展阶段以及不同的地区、不同的行业对经济增长的影响作用。

6.1 比较优势与自主创新的比较分析

根据经济增长理论，一个国家参与国际竞争、促进本国经济增长的方式主要可以通过两种途径达到，一种途径是根据比较优势理论来组织生产和参与国际分工和贸易，另一种途径为通过创新来组织生产并提高在国际分工和贸易中的地位。在这两种途径中，所谓比较优势就是从一国现有的要素禀赋结构出发，利用本国各种影响经济增长的因素中具有丰富资源的要素进行生产，目的是通过丰富资源的低成本来提高竞争力，从而达到促进经济增长的目的。所谓创新就是通过技术创新或是制度创新等来获得产业的垄断或是打破已有产业垄断后的利益，从而提高竞争力水平和促进经济增长。

在利用自然资源优势组织生产过程中，由于自然资源优势大都存在于采掘业中，所以其所需要的劳动力都是体力劳动者，对于科技能力和人力资本的培育有限制作用，另外，采掘业由于大部分财富都集中在矿主手里，所以造成贫富差距加大。但是如果主要依靠企业进行自主创新组织生产和参与分工和贸易也存在着相应的风险，由于创新需要大量的前期投入，并有一定的风险，而且有很长的收益滞后期，为了既得利益，其创新的产品一般都是具有短期利益的，对于那些需要长期投资的、风险大的自主创新将很少。

围绕着比较优势和自主创新在推动经济增长或发展过程中的优势以及限制条件，在中国的经济学家之间，以及经济学家与自然科学家之间，乃至经济学家、自然科学家和政府决策者之间曾展开过相当激烈的争论，争论的核心问题是：在经济全球化以及竞争加剧的环境下，中国在现阶段究竟是主要依靠比较优势来推动经济增长，还是加大对创新能力培养的投入力度依靠自主创新来促进经济增长。但是由于无法对比较优势和自主创新进行直接的测量，也就很难对于二者对经济增长所起到的作用进行直接的比较，本节在已有研究成果的基础上，为了分析在中国经济发展的历程中比较优势和自主创新对经济增长的作用，把整个经济分成两个类别：一个是技术投入水平高的地区，一个是技术水平投入低的地区。此分类主要是考虑在技术投入水平低的地区，其经济增长的来源主要是依靠自然资源或是能源来推动经济增长，而技术投入水平高的地区在推动经济增长过程中创新所起到的作用要远远高于技术投入水平低的地区，因此在这两类地区，在经济发展过程中各种影响经济发展的因素所表现出来的对经济增长的影响程度就会存在着差异。从而可以通过比较两类地区在经济发展过程中各种影响因素对经济增长的影响程度来评价依靠比较优势或是自主创新来推动经济增长是否存在差异，如果存在差异，哪种能促使各因素对经济增长起到更大的推动作用。为了考察是否存在个体差异或是时间效应，采用面板数据对所建立的模型进行分析。

6.1.1　比较优势和自主创新的界定

1. 比较优势

比较优势可以说是经济学中组织生产的最早方式，是在国与国之间的贸易中提出来的。在亚当·斯密 1776 年出版的《国富论》中，这个概念已经在很多地方利用。但对之加以提炼并明确提出的则是李嘉图。李嘉图把比较优势理论化，他提出不同的国家之间只有通过利用比较优势组织生产，并发生贸易才可以使得经济获益，可以达到降低成本，而且通过不断积累的资本改变本国的优势，逐渐提高本国的竞争力。李嘉图的比较优势理论提出来后得到不断发展，曾经成为很多国家组织生产，发展经济的重要参考内容。按照比较优势组织生产，则要求从各个国家经济要素的比重结构来分析，主要是三个方面，一是资本丰裕度，二是劳动丰裕度，三是资源禀赋。如果劳动力相对丰富，资本相对稀缺，则应发展劳动力密集型的产业，生产劳动力相对密集的产品，用劳动力相对密集的技术。反过来，如果资本相对丰富，劳动力相对稀缺，就应该发展资本密集型产业，生产资本比较密集的产品，用资本比较密集的技术，到底应发展什么产业取决于各种要素的相对稀缺程度。经济学中，一国的要素禀赋结构指的是该国所拥有的自然资源、劳动力和资本的相对丰富程度。随着科技创新对经济增长的作用日益突出，一国拥有的科技资源或是人力资本也成为要素禀赋结构的重要内容。利用比较优势参与国际分工和贸易时，对本国的经济效应主要有两个方面：

第一，在参与国际竞争过程中，可以通过出口本国具有国际竞争力的商品、进口本国不具有国际竞争力的商品而获得比较利益。能够产生这种比较利益的原因主要是因为出口商品的生产成本低于其他国家，而进口商品的生产成本高于其他国家。当本国出口商品的生产成本低于其他国家生产的该产品时，就可以按照外国较高的价格在国际市场上出售，从而获得比较利益；当本国进口商品的国内市场成本要高于其他国家生产该产品时的生产成本时，就可以按照国际较低的价格购买，从而产生比较利益。由此而发生的产品的交换，实现了出口时贵卖，进口时贱买，也就是进出口商品相对价格的变动效应，从而使贸易条件得到改善，使得本国可以在不增加要素投入，也不改变本国要素禀赋结构，只需对进出口商品的生产结构加以调整的条件下即可实现收入的增加。

第二，在参与国际竞争时，比较优势竞争的原则是一国应当利用本国存量最为丰裕、生产成本最低的要素组织生产，即是利用最具国际竞争力的要素去生产该种要素密集的产品。按照比较优势参与竞争不仅可以在不增加投入的情况下增加本国的国民收入，获得比较利益，而且更为重要的是，它可以增加本国那种相对丰裕的生产要素的收入。增加的收入主要来源于该种要素价格的上升以及该种要素的充分利用，以劳动力来说，如果一个国家具有劳动比较优势，通过劳动密集型产品组织生产，参加国际分工时由于其除了满足国内的需要还要增加国外的需求，从而使得更多的劳动要素投入到产品的生产中，可以实现劳动的充分就业，在对劳动需求增多的情况下，使得劳动要素逐步成为相对稀缺的生产要素而导致其价格的上升，即工资水平的上涨，劳动者的收入就会增加。在劳动者收入增加的同时，拥有该要素的所有者的收入也会比没有参与国际分工和贸易的时候要高。

在比较优势理论基础之上，提出了比较优势发展战略。比较优势发展战略就是指要经济发展的每一个阶段上都选择符合自己要素禀赋结构的产业结构和生产技术。只有在经济发展的每一个阶段选择符合自己要素禀赋结构的产业结构和生产技术，经济中的多数企业才会具有自生能力，从而能够促进经济体的资本积累、要素禀赋结构的提升，实现经济的快速发展。

对于中国来说，比较优势主要是指资源和劳动的比较优势。按照比较优势理论，中国应主要依靠劳动密集型产业和资源密集型产业发展经济，但是在中国实际的经济发展中，如果只是依靠比较优势组织生产，是否能够促进经济的发展，并缩小和其他发达国家的差距，是一个值得讨论的问题。利用比较优势组织生产就是依靠科技进步，打破现有的产业结构，实现跨越式发展，才能实现经济的发展以及缩小和其他地区的差距。本节利用历史数据来说明在中国经济发展的现阶段是主要依靠比较优势还是依靠自主创新来促进经济增长，以及分析利用比较优势组织生产的地区和利用创新组织生产的地区之间存在着哪些经济增长的差异。

2. 比较优势的经济效应

关于比较优势对经济增长影响的原理可以通过两个拥有不同生产要素的国家生产情况来看，利用比较优势组织生产，即使其中的某个地区在所有要素上都处于劣势，只要选择其中劣势较小的产品进行组织生产也可以从贸易中获利，得到更多的经济效益。假设有Ⅰ和Ⅱ两个国家，生产 A 和 B 两种产品，令 a_1，a_2 分别为Ⅰ国和Ⅱ国生产 A 产品的单位生产成本（$a_1 > a_2$），b_1，b_2 分别为Ⅰ国和Ⅱ国生产 B 产品的单位生产成本（$b_1 > b_2$），因为两个国家要素禀赋不一样，两个国家在生产两种产品时生产成本也不一样，如果两国在这两种产品上的相对成本比率满足下列条件：

$$\frac{a_1}{a_2} > \frac{b_1}{b_2} \tag{6-1}$$

则说明Ⅰ国虽然在 A、B 两种产品的生产上都处于劣势，但是相对来说 A 产品的生产具有比较优势，Ⅱ国在 A、B 两种产品的生产上都有优势，但是在B产品上优势更大，即在B产品上具有比较优势。如果两国按比较优势进行专业化分工和贸易，即由Ⅰ国只生产A产品，Ⅱ国只生产B产品，然后通过贸易进行产品的交换，则两国都能获得比两个国家都生产A、B两种产品更多的利益。

通过比较优势原理可以看出，两个自给自足的生产者按比较优势进行分工，可以在不增加社会总投入的情况下，都获得更多的财富，但比较优势却没有解释双方谁能从中得到更多。

令Ⅰ国的A产品产量为X_1、B产品产量为Y_1，Ⅱ国的A产品产量为X_2、B产品产量为Y_2，Ⅰ国和Ⅱ国的总投入量分别为K_1、K_2，则双方的生产可能性边界分别为：

$$a_1X_1 + b_1Y_1 = K_1 \tag{6-2}$$

$$a_2X_2 + b_2Y_2 = K_2 \tag{6-3}$$

用两种物品的交换比率来表示价格。令A产品相对于B产品的价格为P_{ab}，即1单位A产品=P_{ab}单位B产品， B产品相对于A产品的价格为P_{ba}，则有$P_{ba}=1/P_{ab}$。

因Ⅰ国的比较优势产品为A产品，Ⅱ国的比较优势产品为B产品，故Ⅰ国用A产品去交换B产品更为合算，Ⅱ国只能用B产品去交换A产品更为合算。所以，两国的贸易分工收益分别为：

$$r_1 = (P_{ab} - (a_1/b_1))X_1 \tag{6-4}$$

$$r_2 = (1/P_{ab} - a_2b_2)Y_2 \tag{6-5}$$

如果假定市场是完全竞争的，双方的博弈能力对等双方的相对竞争力水平完全取决于双方的要素生产率水平，它恰好与己方在每一种产品上的单位生产成本的平方根成反比，而与对方在每一种产品上的单位生产成本的平方根成正比。

3. 自主创新的类型

通过创新活动来提高自己的要素生产率水平，是提升自身经济竞争力水平的唯一出路。从创新活动上来说，创新活动的种类有多种，一类是在原有比较优势的产品上进行创新，称之为顺势创新，一类是在原来不具有比较优势的产品上进行创新，称之为逆势创新，但逆势创新可以分为导致比较优势逆转的创新和不导致比较优势逆转的创新。再有一类是创造新产业的创新，称之为创造产业垄断的创新，还有一类是打破产业垄断的创新。

（1）顺势创新

顺势创新是在本国原来就具有优势的产品的基础上进行的创新，此时的创新对于本国竞争力的增加和国外相同产品竞争力的增加都有益处。假设Ⅰ国有 A 产品，其相对于 B 国生产该产品有比较优势，即生产成本比 B 国低，在这种情况下，Ⅰ国对 A 产品的生产技术进行了创新，使其成本降低为原来的 φ 倍，则Ⅰ国的绝对竞争力水平能提高到原来的 $1/\varphi$ 倍以上，同时Ⅱ国的绝对竞争力水平也会有一定的提高。

（2）逆势创新

逆势创新是在原来本国不具有比较优势的产品的基础上进行的创新，此时的创新对于本国竞争力和国外相同产品竞争力都有降低的影响。如Ⅰ国在 B 产品生产上不占有优势，生产成本比Ⅱ国高，为了能够逆转自己所处的境况，进行创新，使得 B 产品的生产成本降低，将其产品的生产成本降为原来的 φ 倍。一种情况是其他条件不变，比较优势也不发生逆转，此时两国的竞争力都将有不同程度的下降，但是Ⅰ国的相对竞争力会提高至原来的 $1/\varphi$ 倍。另外一种情况是Ⅰ国的创新取得了巨大的成功，使得Ⅰ国生产 B 产品的生产成本下降很多，B 产品成为比较优势产品，即Ⅰ国实现了比较优势的逆转，使得Ⅰ国和Ⅱ国的分工颠倒过来，即对于Ⅰ国来说，B 产品替代原来的 A 产品，成为比较优势产品，相应的，对于Ⅱ国来说，A 产品替代了 B 产品，成为了优势产品。对于竞争力的变化是两国的竞争力都有所提高。即在发生比较优势逆转的情况下，Ⅰ国相对于Ⅱ国的经济竞争力会提高至原来的 $1/\varphi$ 倍。但Ⅰ国的绝对经济竞争力水平将提高到原来的 $1/\varphi$

倍以上，Ⅱ国的绝对经济竞争力水平也有一定的提高。

（3）创造产业垄断的创新

对于创造产业垄断的创新来说，显而易见垄断方能够占据所有的比较利益，但是这和市场需求有关，即当创造的垄断被市场接受的条件下，其他竞争者又不能获取的情况下，作为垄断创新的一方，其绝对竞争力水平只与新产品的劳动生产率有关，而与其他任何因素无关；而不创新的一方，其绝对竞争力水平为 0；故垄断创新国较之于非创新国的相对竞争力为∞。

（4）打破产业垄断的创新

对于创造产业垄断的创新来说，这种垄断早晚有一天要被新的创新所替代，所以对应的有打破产业垄断的创新。此时由于产业不再是垄断产业，即产业的利润开始大家分享，所以原来具有产业垄断的国家绝对竞争力水平保持不变，打破垄断的国家的绝对竞争力水平不再为 0，但相对竞争力会发生变化，原来具有产业垄断的竞争者的相对竞争力水平会下降。所以打破产业垄断的创新对于整体经济的发展来说是有利的，能够缩小国家之间的差距，但是这种创新不能增加全社会的总财富量。

4. 自主创新的经济效应

与比较优势竞争一样，自主创新竞争也可以带来一个国家在开放经济条件下的收入增加和经济增长的效应。一个国家通过自主的技术创新，首先可以导致生产率的提高。在其他条件都保持不变的情况下，生产率的提高也就意味着成本的下降，而成本下降则会导致本国出口商品的国际竞争力的提高。在本国所面对的贸易条件不变时，出口成本的下降与国际竞争力的提高会导致本国贸易所得的增加。

自主创新竞争所导致的经济增长与比较优势竞争所导致的经济增长在机理上很不相同。除了人们可以用增加的收入进行资本积累来实现经济增长之外，考虑到自主创新竞争是一种迂回的生产过程，所以一国在选择自主创新模式时，必定会造就一个规模可观的、广义的“中间品部门”，这个规模可观的中间品部门可以包括教育、研发等狭义的中间品生产领域，这些部门与领域的诞生和发展就是人们通常所说的内生增长。

自主创新竞争与比较优势竞争的一个最大区别在于收入分配效应的差别。比较优势竞争是通过出口商品价格的提高（贵卖）来增加本国的收入的，而价格的提高是有利于本国生产出口商品时密集使用的生产要素的价格上涨的，其结果将是这种被密集使用的生产要素所有者的收入的增加。假如这种被密集使用的生产要素是劳动力，那么工资就将增长，除非存在失业或潜在的过剩劳动。但是，自主创新竞争是通过技术进步来提高生产效率的，随着新技术被导入生产过程，除非这种新技术是“中性”的，那么就一定会导致生产过程中劳动要素日益被知识要素或者资本要素所替代的现象。毫无疑问，伴随着这种现象而来的将是劳动要素的相对过剩和知识与资本要素的相对稀缺，于是，在经济增长、贸易所得增加的同时却有可能发生劳动者日益贫困的现象。事实上，这种现象不仅已经在技术进步很快的日本，甚至是美国也发生了，而且几乎已经成为一种全球现象，即在全球范围内都已经程度不同地发生了拥有人力资本的熟练劳动力和知识要素所有者的收入越来越高，而一般劳动者的收入则相对，乃至绝对下降的趋势。这样的趋势一旦发生，那么它在短期内会引发社会矛盾，而在长期内则有可能导致经济衰退，因为当数量最多的一般劳动者的收入出现下降之势时，经济增长最终就将因为消费不足而陷于停滞。

5. 比较优势和自主创新的比较

一个国家在按照比较优势和创新参与国际竞争时，比较优势理论被看作是从本国的要素禀赋结构出发，选择本国具有相对比较优势的产品参与国际竞争，此时产品或是本国的优势在于低成本优势，而越来越被各个国家所重视，被一致认为是经济实现持续增长、提高国际竞争力的有效路径的是自主创新方式，自主创新可以通过顺势创新、逆势创新、产业垄断的创新或是打破垄断的创新提高国际竞争力。在用这两种方式参与国际分工和贸易时，两者存在着区别，两者的区别主要在于生产方式、付出的成本和支撑条件三个方面。

（1）生产方式不同

按照比较优势参与国际竞争时属于直接生产方式，自主创新竞争则属于迂回生产的方式。比较优势竞争方式是根据本国的要素丰裕度，从要素禀赋结构出发进行国际分工和贸易，并不改变现有的要素禀赋结构，本国在组织生产时就是本国具有丰裕要素密集型的产业，发挥本国丰裕要素在成本上的优势，从而提高国际竞争力，简言之，就是一个国家有什么要素具有相对优势即国际竞争力，就生产什么。如一个国家劳动要素具有比较优势，即拥有成本低的优势，其在参与产业分工时就应参与国际劳动要素密集型产品的生产，从成本优势中获得比较利益，如果一个国家具有优势的要素不是劳动而是资本，则该国应选择资本密集型产业组织生产，如果一个国家拥有的丰裕要素是知识要素，则该国应选择技术密集型的产业组织生产。这样各个国家都能得到比较优势利益，对本国和其他贸易国家都是有利的。

自主创新竞争则属于迂回生产的方式，如果一个国家利用自主创新方式参与国际竞争，则不是利用本国丰裕的要素组织生产，是通过对技术先投资，通过技术创新的成功，获得产品生产的优势，其中包括成本优势或是产品垄断优势等，从而获得比较优势利益。所以自主创新方式不是通过直接的要素生产参与国际分工，而是先对技术投资，然后再通过产品获得利益，所以属于一种迂回的生产方式。但是在此需要注意的是，只有技术创新的成果才能获得产品生产的优势，才能使产品真正的参与到国际分工中，所以自主创新方式改变了本国要素禀赋结构。

从上述分析中可以看出，比较优势竞争是直接把具有国际竞争力的要素投入到生产过程中的直接生产方式，而自主创新竞争是先把资本投入到技术创新中，然后再把技术作为生产要素投入到生产过程当中的迂回生产方式。

（2）付出的成本不同

自主创新方式和比较优势方式显而易见在组织生产时其成本存在着明显的差异。对于比较优势竞争方式来说，由于是直接的要素投入，而且是相对丰裕的要素，所以其成本要低很多。而自主创新的竞争方式是通过先对技术投资，所以其需要投入更多的资金成本，除此之外，还需要投入更多的等待成本，因为一种技术应用到生产中，再到获得经济效益需要不断的完善才可以达到，一般很少初次就可以成功，在很多时候一种技术的创新可能是失败的，面临着很多的风险。但是如果一种技术的创新是成功的，则会给技术创新方带来巨额利润。

（3）支撑条件的不同

自主创新竞争方式由于需要更多的资金投入，而且需要技术从开始创新到获得经济效益的时间等待，以及其技术成功的不确定性，所以使得如果依靠自主创新获得巨额利润就需要有更完善的支撑体系予以支持，此处的支撑体系包括制度体系、管理体系、人力资本多种因素的组合，如果想要依靠自主创新方式组织生产获得竞争优势，只靠资金的投入不能保证技术的成功性和最终利益的获得。

在以上论述的基础上可以看出，就比较优势和自主创新的竞争方式来说，最终还是自主创新的竞争方式能够获利比较多，而且比较优势不能长久维持。随着比较优势要素的价格上升会有其他国家和地区的该要素的价格比本国或本地区的要素价格具有比较优势，所以比较优势和自主创新的竞争方式二者的联系就在于自主创新可以维持动态的比较优势，就是一种要素的比较优势消失后，可以通过自主创新获得另外的比较优势。

从经济发展的长期来看，因为比较优势一般都是自然资源的优势，所以其资源总有枯竭的一天，这意味着要素禀赋结构总会发生变化，而且外界的需求结构也会发生变化，所以所有的这一切都使得在经济发展中任何一种比较优势都不可能长久维持，总归有一天会发生变化。如果以一个最初是劳动要素为比较优势要素的国家参与国际竞争来举例，根据比较优势理论，最初该国的丰裕要素是劳动力资源，则该国参与国际竞争时应该选择劳动密集型产品参与国际分工和贸易，从而实现经济增长，但其拥有的劳动力资源的比较优势可以随着国际分工和贸易的加深发生变化，由于经济增长，需要的劳动力会增加，从而劳动力会越来越成为稀缺要素，导致劳动力的价格即工资会上升，同时由于在进行贸易的同时各个国家的经济都实现了增长，国民收入增加，这会导致世界上生活水平的改变，从而人民的需求结构发生变化，即会减少对现有商品的消费，而增加新型商品的需求，因此可以看出利用比较优势组织生产，参与国际分工和贸易的演变历程会使得本国的贸易条件逐步恶化，原来的生产成本增加，而原来具有比较优势的产品的交易价格会下降，是因为随着收入的增加，需求结构发生了变化，即对具有比较优势的产品的需求会降低，从而使贸易条件恶化，即原来生产的优势不再存在。

最终一个国家的比较优势消失时，为了继续维持竞争力和经济增长水平，需要创造新的比较优势，新的比较优势的获取途径中自主创新是有效的途径。利用自主创新过程创造新的比较优势时可以通过加大创新投入使得创新活动成为一种日常工作，能够使该国保持技术上的优势，即该国的比较优势转为技术优势，变成自主创新竞争。所以比较优势和自主创新的竞争是一种静态和动态的关系。从某种程度上来说，自主创新是比较优势的动态调整过程，从其他国家发展历程来看，自主创新的过程可以通过两种方式实现，一种是渐进式的，即干中学，干中学的成本比较低，但是花费的时间比较长，需要靠自己慢慢摸索，另外一种是毁灭性的创造，即通过投入人力、物力和财力的集中研究，获得别人没有的成果。此种创新方式成本高，而且有一定的不确定性，但是创新一旦成功，收益将会很可观，比任何一种方式获得的收益都高，正因为收益高，所以即使其调整的风险较高，也成为经济发展过程中有效的途径，是现在激烈竞争的国际环境下，各个国家都采取的竞争方式。

6.1.2 比较优势与自主创新对经济增长影响的实证分析

在已有研究成果中，华民（2007）通过引入收入分配的概念，利用福利分析确定中国究竟应当选择什么样的路径来发展经济、参与国际分工和贸易才是对于国家和人民都是有益的，研究认为研究与开发经费投入的增加并不一定构成社会发展与经济增长的保证。当一个国家缺乏具有技能的人力资源和完善的国家创新体系的时候，很可能会造成研究与开发经费的低效率使用。不仅如此，当一国的比较优势还足够大的时候就迫不及待地开展自主创新，反而有可能造成过度创新的消极后果，即有效的创新总会导致生产率的提高，伴随生产率提高而来的将是生产成本的降低和商品价格的下降，一旦出现这样的情况，那么随之而来的必定是要素价格，也就是要素收入的下降，特别是被创新所替代的劳动要素收入的下降，这时，即使不发生整个国民经济的贫困增长，至少也会发生劳动相对贫困的增长。而中国的事实是还存在着大量被闲置的过剩劳动、人力资本高度短缺、技术创新的效率很低和创新体系很不健全。所以中国首先应当继续坚持基于比较优势的国际分工和竞争策略，与此同时，通过改革和调整来创建一个能够在将来有效发挥作用的国家创新体系。

而另外一些学者研究的结果是如果经济增长过程中利用比较优势组织生产，有可能引起资源都向有优势的部门转移，而对中国来说有优势的部门都是初级产品生产部门，如果一个社会的资源都集中在生产率较低的部门，那么经济增长率必然会降低，而且会影响其他部门的发展。以自然资源的优势举例，在跨国截面数据的实证检验中，萨克斯（Sachs）和华纳（Warner）[145]以初级产品出口占国内生产总值的比重反映各国的资源禀赋，结果表明自然资源与经济增长存在显著的负相关联系。同时，作者还利用联立方程的结构模型研究了自然资源妨碍经济增长的作用路径，发现自然资源不仅对经济增长产生直接的负面影响，而且还通过荷兰病效应、滋生保护主义和官僚腐败的间接途径制约经济增长。此后，萨克斯和华纳（1997）[146]、杰法逊（Gylfason，1999）[147]、帕皮拉克斯和格拉夫（Papyrakis and Gerlagh，2004）[148]等的实证研究都支持了“资源的诅咒”这一假说，自然资源财富对经济增长更多地起着阻碍而不是促进的作用。

如果按照比较优势的理论，中国的经济发展主要应该是利用自然资源或是劳动优势组织生产。但是在自主创新和比较优势的讨论中又有很多实际的案例说明利用比较优势促进经济发展的模式在激烈竞争的环境下并不可行。不管从全球环境上还是中国各地区的发展情况上来看，一直利用比较优势组织生产，进行经济发展的国家和地区，其优势只能是存在于自然资源和劳动的优势等方面，不会产生技术方面的优势，而且主要利用自然资源进行经济发展，而不进行技术创新的国家和地区多是不能带来经济持续、快速发展的地区，更谈不上缩小和其他国家或是地区之间的差距。

从全球环境上来说，典型的例证是 20 世纪的资源丰富的非洲国家，在经济发展过程中逐渐落后，日益贫穷，而资源匮乏的日本和瑞士等国家却发展迅速，借由技术创新取得了巨大的经济发展，二者形成了鲜明的对比。同时还有盛产石油的委内瑞拉、印度尼西亚等国家与韩国、新加坡、中国香港和中国台湾等东亚国家及地区的发展之间的经济差距也说明了资源丰富的地区不一定有利于经济发展，在某种程度上还可能起到了制约的作用，导致出现了一种现象，资源匮乏的国家和地区为了摆脱资源的束缚而放弃传统的经济增长模式，依靠创新取得了经济的巨大进步，而资源丰裕的国家却陷入资源依赖型的增长陷阱，经济增长停滞不前和其他国家的差距越大，所有的这些说明在没有技术创新或是制度创新的条件下，自然资源的丰裕并不能起到良性的促进经济增长的作用，反而有可能成为经济发展的陷阱。从中国一些地区的发展上来看也可以说明这一点。中国各地区的经济发展水平也体现了明显的差异性特征，资源禀赋相对丰富的中西部地区相对发展缓慢，而资源匮乏的东部地区却发展迅速。在 20 世纪 80 年代后由于东部沿海地区资金投入的加大，同时注重技术和制度方面的创新使得经济取得了巨大的发展，但这些地区多是资源匮乏地区，而像山西、辽宁、黑龙江等地区由于并未进行大量的科技投入，虽然资源丰裕，但是从经济发展速度上却与东部沿海地区的发展存在着很大的差距。通过数据显示，东部沿海地区在经济发展取得巨大进步的同时，科技投入也是最大的，这说明经济发展水平和科技投入是相适应的。

以上的分析显示，发展迅速地区的经济增长很可能是由于科技投入的增加带来的，在科技投入的过程中，各个影响因素对经济增长的影响作用逐渐增强，从而带来较快的经济发展，而在科技投入较低的地区只是注重资源的利用，从而使得各影响因素的作用不能很好地发挥出来，未能带来经济的较快增长。本节为了从理论上分析利用比较优势组织生产和更多依靠自主创新组织生产的两种方式，对经济增长产生的影响，主要是通过比较在两种方式下各个生产要素所发挥的作用来实现，如果利用比较优势条件下组织生产和利用创新组织生产时各个生产要素所发挥的作用不存在明显的差异，则说明在现阶段中国经济发展过程中，通过增加研发投入，提高创新能力的方式来实现经济的持续增长还存在一定的困难，如果两种方式下各个生产要素所发挥的作用存在着明显的差异，并且自主创新投入水平较高的地区各个生产要素对于经济增长的影响作用明显增强，则说明在中国经济发展的现阶段可以通过提高自主创新能力实现经济的可持续发展。

1. 描述性分析

改革开放以来，中国能源工业快速增长，实现了煤炭、电力、石油天然气、可再生能源和新能源的全面发展，为保障国民经济长期平稳较快发展和人民生活水平持续提高做出了重要贡献。

（1）供应保障能力显著增强

2011 年，中国一次能源生产总量达到 31.8 亿吨标准煤，居世界第一。其中，原煤产量 35.2 亿吨，原油产量稳定在 2 亿吨，成品油产量 2.7 亿吨。天然气产量快速增长，达到 1031 亿立方米。电力装机容量 10.6 亿千瓦，年发电量 4.7 万亿千瓦时。能源综合运输体系发展较快。石油管线长度超过 7 万公里，天然气主干管线长度达到 4 万公里。电网基本实现全国互联，330 千伏及以上输电线路长度 17.9 万公里。国家石油储备一期项目建成，能源应急保障能力不断增强。

（2）能源节约效果明显

中国大力推进能源节约。1981—2011 年，中国能源消费以年均 5.82%的增长，支撑了国民经济年均 10%的增长。2006—2011 年，万元国内生产总值能耗累计下降 20.7%，实现节能 7.1 亿吨标准煤。实施锅炉改造、电机节能、建筑节能、绿色照明等一系列节能改造工程，主要高耗能产品的综合能耗与国际先进水平差距不断缩小，新建的有色、建材、石化等重化工业项目能源利用效率基本达到世界先进水平。淘汰落后小火电机组 8000 万千瓦，每年可由此节约原煤 6000 多万吨。2011 年，全国火电供电煤耗较 2006 年降低 37 克标准煤 / 千瓦时，降幅达 10%。

（3）非化石能源快速发展

中国积极发展新能源和可再生能源。2011 年，全国水电装机容量达到 2.3 亿千瓦，居世界第一。已投运核电机组 15 台、装机容量 1254 万千瓦，在建机组 26 台、装机容量 2924 万千瓦，在建规模居世界首位。风电并网装机容量达到 4700 万千瓦，居世界第一。光伏发电增长强劲，装机容量达到 300 万千瓦。太阳能热水器集热面积超过 2 亿平方米。积极开展沼气、地热能、潮汐能等其他可再生能源推广应用。非化石能源占一次能源消费的比重达到 8%，每年减排二氧化碳 6 亿吨以上。

（4）科技水平迅速提高

我国建成了比较完善的石油天然气勘探开发技术体系，复杂区块勘探开发、提高油气田采收率等技术在国际上处于领先地位。3000 米深水钻井平台建造成功。千万吨炼油和百万吨乙烯装置实现自主设计和制造。具有世界先进水平和自主知识产权的煤炭直接液化和煤制烯烃技术取得突破。全国采煤机械化程度达到 60%以上，井下 600 万吨综采成套装备全面推广。百万千瓦超超临界（正确说法）、大型空冷等大容量高参数机组得到广泛应用，70 万千瓦水轮机组设计制造技术达到世界先进水平。基本具备百万千瓦级压水堆核电站自主设计、建造和运营能力，高温气冷堆、快堆技术研发取得重大突破。3 兆瓦风电机组批量应用，6 兆瓦风电机组成功下线。形成了比较完备的太阳能光伏发电制造产业链，光伏电池年产量占全球产量的 40%以上。特高压交直流输电技术和装备制造水平处于世界领先地位。

（5）用能条件大为改善

积极推进民生能源工程建设，提高能源普遍服务水平。与 2006 年相比，2011 年中国人均一次能源消费量达到 2.6 吨标准煤，提高了 31%；人均天然气消费量 89.6 立方米，提高了 110%；人均用电量 3493 千瓦时，提高了 60%。建成西气东输一线、二线工程，全国使用天然气人口超过 1.8 亿。实施农村电网改造升级工程，累计投入 5500 多亿元人民币，使农村用电状况发生了根本性变化。青藏联网工程建设成功，结束了西藏电网孤网运行的历史。推进无电地区电力建设，解决了 3000 多万无电人口的用电问题。在北方高寒地区建设了 7000 万千瓦热电联产项目，解决了 4000 多万城市人口的供暖问题。

（6）环境保护成效突出

中国加快采煤沉陷区治理，建立并完善煤炭开发和生态环境恢复补偿机制。2011 年，原煤入选率达到 52%，土地复垦率达到 40%。加快建设燃煤电厂脱硫、脱硝设施，烟气脱硫机组占全国燃煤机组的比重达到 90%左右。燃煤机组除尘设施安装率和废水排放达标率达到 100%。加大煤层气（煤矿瓦斯）开发利用力度，抽采量达到 114 亿立方米，在全球率先实施了煤层气国家排放标准。2006—2011 年，单位国内生产总值能耗下降减排二氧化碳 14.6 亿吨。

（7）体制机制不断完善

市场机制在资源配置中发挥出越来越大的作用。能源领域投资主体实现多元化，民间投资不断发展壮大。煤炭生产和流通基本实现市场化。电力工业实现政企分开、厂网分离，监管体系初步建立。能源价格改革不断深化，价格形成机制逐步完善。开展了煤炭工业可持续发展政策措施试点。制定了风电与光伏发电标杆上网电价制度，建立了可再生能源发展基金等制度。加强能源法制建设，近年来新修订出台了《节约能源法》《可再生能源法》《循环经济促进法》《石油天然气管道保护法》以及《民用建筑节能条例》《公共机构节能条例》等法律法规。（中国的能源政策，2012）

根据以上描述的资源的特点，在各地区利用资源优势发展经济时，各种资源生产量和消费量的变化趋势和经济增长的变化趋势有着很强的同步性。即如果经济增长水平较高，则各种资源的消费量也会很高。图 6.1 显示了 1978—2013 年间各种资源的消费量、就业人数和经济增长的时间序列演变趋势。

图 6.1 给出了从 1978—2013 年间国内生产总值和各种能源与资源的产量以及就业人数的情况，可以看出国内生产总值的变化分为三个区间，分别为 1978—1993 年区间、1994—2003 年区间和 2004—2013 年区间，三个区间的经济增长特点很明显，各种资源和能源的产量的变化趋势和经济增长率的变化趋势都为逐渐上升的趋势，资源和能源产量和国内生产总值的相关性在各个区间内表现不一致。

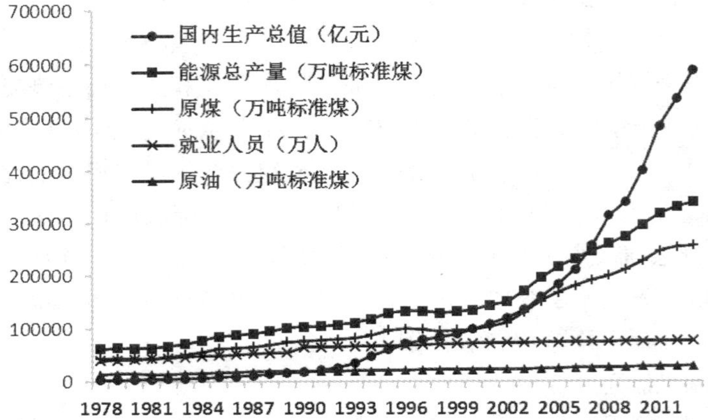

图 6.1　资源及劳动与经济发展的时间序列

在 1978—1993 年区间内，能源产量和国内生产总值的变化趋势非常一致，从某种程度上说，具有较高的相关性，均有较稳定的增长。但这一时期国内生产总值、能源生产量和能源消费量很少，而且每年波动幅度不大，几乎是维持在一个水平。1994—2003 年区间内，国内生产总值上升速度加快，但能源产量上升速度没有明显的增长变化，在有些年份内能源的产量出现了下降的趋势，所以可以说在这个区间内，经济增长和能源消耗的相关性不大。2004—2013 年区间内能源的生产量上升速度加快，原煤产量增长相对突出，同时经济增长的速度也表现出了加速的形势。从这个区间内又看出经济增长主要是通过资源的消耗来推动的，能源产量和经济增长有较强的相关性。

但和劳动力投入数量的关系来看，经济增长的变化趋势和劳动力数量的变化趋势没有太大的相关性，从劳动力数量的变化趋势来看，从 1978 年开始，劳动人员呈缓慢上升的趋势，但是经济增长却在 1990 年之后呈快速上升的阶段，说明增长的贡献并不是人员投入的增多，如果人员在经济增长中起到的作用，也是由于人员在素质、技能等方面的进步产生的，所以更多的人员的贡献还是来源于和技术的结合。1994—2003 年区间国内生产总值上升速度加快，这期间就业人数相对稳定，较上一阶段数量有所上升。

从全国的整体数据观察经济增长和资源及劳动的关系不能全面地说明资源和劳动对经济增长起到了何种作用。为了更加深入地说明经济增长和资源投入以及劳动投入之间的关系，再通过不同地区的资源及劳动条件以及其经济增长情况进行说明。表 6.1 中列出了陕西等 10 个地区的地区生产总值的年平均增长率、焦炭生产量、原油生产量、天然气和从业人员的数据，其中 10 个地区的地区生产总值年平均增长率为 1993—2013 年间每年增长率的平均值，焦炭、原油、天然气数值为 1995—2012 年各地区产量平均值，从业人员数为 1999—2012 年各地区单位从业人员数的平均值。所列 10 个地区分别为地区生产总值的年平均增长率比较高的 5 个地区和地区生产总值的年平均增长率比较低的 5 个地区。

表 6.1　各地区 GDP 增长率和各能源生产量

指标 地区	地区产生总值 平均增长率	焦炭生产量 （万吨）	原油生产量 （万吨）	天然气生产量 （亿立方米）	从业人员 （万人）
陕　西	0.18861733	835.5588889	1560.343889	91.61166667	356.2791357
内蒙古	0.178288986	1053.076111	55.835	7.468	253.6061786
四　川	0.172278304	800.0511111	17.93888889	141.0144444	556.6817643
云　南	0.169608286	887.8677778	3.17	0.283888889	290.1664357
河　南	0.166520973	1167.874444	533.02	14.54944444	755.0033643
辽　宁	0.146885808	1239.415556	1280.01	12.645	545.8855643
江　苏	0.144015717	723.9361111	162.59	0.392222222	744.89105
甘　肃	0.14335003	180.2455556	97.32	0.514444444	200.7241071
河　北	0.140163463	2598.130556	552.92	7.021666667	531.7471857
浙　江	0.13468438	111.2366667	0	0.096	625.8688357
全国平均	0.158016191	818.5762542	804.6868041	22.08124337	400.0818631

由表 6.1 中所列数据可以看出，地区生产总值年平均增长率较高的 5 个地区和地区生产总值年平均增长率较低的 5 个地区的各种能源拥有量和从业人员并没有明显的相关关系。在地区生产总值增长率较高的地区有能源生产量较多的地区，也有能源生产量较少的地区，同

样在地区生产总值增长率较低的地区有能源生产量较多的地区，也有能源生产量较少的地区。而且通过10个地区的各能源生产量和各能源生产量的全国平均水平相比来看，焦炭生产量和从业人员与全国平均水平相差不大，而原油生产量除陕西外都远远低于全国平均水平，除陕西和四川外的其他地区的天然气都远远低于全国平均水平。

从表6.1中各地区的具体情况来看，陕西地区1993—2013年间地区生产总值的年平均增长率最高达18.86%，而全国经济的年平均增长率为15.8%。陕西地区资源相对丰富，焦炭、原油、天然气产量相对较高，均高于全国水平。然而其他地区生产总值年平均增长率较高的地区中资源产量并不丰富，尤其在原油、天然气产量方面大多低于全国平均值，但是在考察期间内这些地区的经济增长率却相对较高，和全国的平均水平相比高出了0.8～3个百分点。地区生产总值的年平均增长率较低的地区中，地区生产总值的年平均增长率与全国平均水平相比低了1.2～2.4个百分点。从能源生产量来看，辽宁和河北在焦炭产量方面相对较高，其他方面资源产量水平较低，而其他地区的能源生产量均较低。

从地区生产总值的年平均增长率和地区拥有的能源来看，地区生产总值年平均增长率较高的地区并不都是各种能源优势所支撑的，而地区生产总值年平均增长率较低的地区也有具有各种能源优势的地区。从对全国整体数据以及地区生产总值年平均增长率较高的5个地区和地区生产总值年平均增长率较低的5个地区的分析来看，地区的资源或是能源优势有可能拉动该地区的经济增长，也有可能成为该地区经济增长的束缚，即拥有资源优势的地区其经济增长率并不一定高，资源匮乏的地区经济增长速度并不一定低。这在一定程度上初步显示了如果单单依靠比较优势组织生产并不能带来经济的较快发展，且在某种程度上自然资源禀赋可能对地区经济增长有负面影响。

基于以上分析，一个地区的经济增长除了可以依靠自然资源的优势以外，还可以通过技术创新等创新活动的驱动来实现。为了更进一步地分析利用自然资源带来的比较优势来组织生产和更多依靠创新活动组织生产的两种不同经济增长模式下各生产要素所发挥的作用，本节把中国 31 个省市按照各种自主创新投入水平分为两类（根据本书 4.4.3 中地区自主创新投入能力的综合评价结果整理得到），一类为自主创新投入水平较高的地区，一类为自主创新投入水平较低的地区。通过对两类地区各生产要素对经济增长的作用来分析不同经济增长模式的影响。

2. 实证分析模型

基于已有研究成果，各生产要素或影响因素对经济增长的影响分析大都基于柯布—道格拉斯生产函数等经济增长理论模型来考察，考察的因素主要包括资本和劳动力对经济增长的影响。由于本节主要是为了探讨比较优势和自主创新两种方式下各个生产要素所表现出来的在经济发展过程中不同的作用，所以建立的基本模型为：

$$y_{it} = C_i + \alpha LR_{it} + \beta HR_{it} + \theta X_{it} + u_i + \varepsilon_{it} \tag{6-6}$$

式（6-6）中下标 i 代表各个地区截面，t 代表年份，因变量 y 为经济增长率，C 为常数项，LR 为技术投入水平低的地区资本和劳动的投入，LR 前的系数由 α 表示，HR 为技术投入水平高的地区的资本和劳动的投入，HR 前的系数由 β 表示，X 为影响经济增长的其他解释变量，根据经济增长理论模型，在界定 X 向量中包括的解释变量时，主要考虑研究与开发经费的投入、教育经费的投入和研究人员的投入、教育人数的投入，X 前的系数由 θ 表示。为了考察个体差异和时间效应，模型采用的分析数据为面板数据，所以在误差项中包括两部分内容，分别为 u_i 和 ε_{it}，u_i 测度的是个体的随机误差项，ε_{it} 为时间的随机误差项，根据一般时间的特点，此处 ε_{it} 界定为满足一阶自回归条件。为了进一步考察比较优势和自主创新两种方式下各种要素对经济增长的不同作用，把基本模型分为两个方程式，在两个方程式中对资本和劳动等因素的影响分别予以估计。最终的回归模型为：

$$\begin{aligned} y_{it} = {} & C_i + \alpha LRK_{it} + \beta LRL_{it} + \theta_1 LRKRd_{it} + \theta_2 LRKEdu_{it} + \\ & \theta_3 LRLRd_{it} + \theta_4 LRLEdu_{it} + u_i + \varepsilon_{it} \end{aligned} \tag{6-7}$$

$$y_{it} = C_i + \alpha' HRK_{it} + \beta' HRL_{it} + \theta_1 HRKRd_{it} + \theta_2 HRKEdu_{it} + \theta_3 HRLRd_{it} + \theta_4 HRLEdu_{it} + u_i + \varepsilon_{it} \tag{6-8}$$

式(6-7)为测度比较优势方式下各个要素对经济增长的影响作用，其中 *LRK* 为自主创新投入水平较低地区的资本的投入，*LRL* 为自主创新投入水平较低地区的劳动力投入，*LRKRd* 为自主创新投入水平较低地区的科学研究经费投入，*LRKEdu* 为自主创新投入水平较低地区的教育经费投入，*LRLRd* 为自主创新投入水平较低地区的潜在创新人员投入，*LRLEdu* 为自主创新投入水平较低地区的创新人才投入；式（6-8）为测度自主创新方式下各个要素对经济增长的影响作用，其中 *HRK* 为自主创新投入水平较高地区的资本的投入，*HRL* 为自主创新投入水平较高地区的劳动力投入，*HRKRd* 为自主创新投入水平较高地区的科学研究经费投入，*HRKEdu* 为自主创新投入水平较高地区的教育经费投入，*HRLRd* 为自主创新投入水平较高地区的潜在创新人员投入，*HRLEdu* 为自主创新投入水平较高地区的创新人才投入；在区分两个方程式时，主要是采用的数据不同。在测度比较优势方式下各要素对经济增长作用时所采用的数据主要来源于那些自主创新投入水平低而又拥有丰裕资源的地区，在测度自主创新方式下各要素对经济增长作用时所采用的数据主要来源于那些自主创新投入水平高并且资源相对匮乏的地区。

3. 变量和数据说明

在本节，资本 *K* 用各地区固定资产投资增长率表示，劳动力 *L* 用各地区单位从业人员与总人口数的比重表示，科学研究经费投入 *KRd* 用各地区研究与试验发展经费内部支出额占地方一般预算支出比重表示，教育经费投入 *KEdu* 用各地区的教育经费占地方一般预算支出比重表示，创新人员投入 *LRd* 用各地区的研究与试验发展人员全时当量表示，潜在创新人才投入 *LEdu* 用中高等院校在校人数占总人口比重表示。

本节采集的面板数据集包含 31 个截面单位在 11 年内的时间序列资料，即数据检验样本为 2003—2013 年间 31 个省市的相关统计资料。

另外为了消除各变量单位不一致对模型的影响，在对原始数据引入模型时采用各变量原始数据的对数值进行分析，由此不仅可以消除在比较过程中可能会由于基数的不一致给结果带来较大的误差，还可以消除各变量绝对值由于受到各个地区人口规模以及经济增长总量等各方面所造成的影响，对于引入模型的各变量表示如下：

LRK=自主创新投入水平低的地区的固定资产投资；

LRL=自主创新投入水平低的地区的单位从业人员；

LRKRd=自主创新投入水平低的地区的研究与试验发展经费内部支出；

LRLRd=自主创新投入水平低的地区的研究与试验发展人员全时当量；

LRKEdu=自主创新投入水平低的地区的教育经费；

LRLEdu=自主创新投入水平低的地区的中高等院校在校学生数；

HRK=自主创新投入水平高的地区的固定资产投资；

HRL=自主创新投入水平高的地区的单位从业人员；

HRKRd=自主创新投入水平高的地区的研究与试验发展经费内部支出；

HRLRd=自主创新投入水平高的地区的研究与试验发展人员全时当量；

HRKEdu=自主创新投入水平高的地区的教育经费；

HRLEdu=自主创新投入水平高的地区的中高等院校在校学生数。

4. 计量结果

利用 2003—2013 年间 31 个省市的相关统计数据资料对式（6-7）和式（6-8）进行面板数据的回归分析。由于采用的是面板数据，所以首先在模型形式上要进行选择，针对面板数据一般来说有三种模型形式，分别为混合估计模型、固定效应模型和随机效应模型。首先利用 *LR* 检验法确定采用混合估计模型还是固定效应模型，根据模型分析结果显示本例中数据采用混合估计模型即可。采用混合估计模型得到的结果见表 6.2。

表 6.2　面板数据的回归结果

解释变量	自主创新投入水平高		解释变量	自主创新投入水平低	
	系数	sig		系数	sig
固定资产	0.254809	0.0006	固定资产	−0.003020	0.8499
从业人员	7.482779	0.0000	从业人员	5.360179	0.0000
研发经费	0.000630	0.0032	研发经费	0.007574	0.0000
教育经费	0.001695	0.0000	教育经费	0.000653	0.0000
研发人员	0.005871	0.3157	研发人员	−0.074827	0.0002
在校人数	0.000954	0.0383	在校人数	0.001826	0.0000
C	−3824.155	0.0000	C	−220.9236	0.1186

表6.2中的回归结果显示，自主创新投入水平较高的地区得到的考察各生产要素对经济增长的影响除了研发人员之外都在5%的显著性水平下通过了检验，即说明除研发人员外各生产要素对经济增长都有显著影响作用，而且各变量的系数值都为正值，说明各生产要素对经济增长都有促进作用。但是对于自主创新投入水平较低的地区得到的回归分析结果显示，各生产要素中虽然除固定资产外都在5%的显著性水平下通过了检验，但固定资产和研发人员对经济增长的影响为负值。这说明自主创新投入水平的高低在一定程度上会影响各生产要素在生产过程中所发挥的作用。

从表 6.2 中的固定资产投资回归系数值来看，在自主创新投入水平高的地区中固定资产投资前的系数为 0.254809，并通过了显著性检验，在自主创新投入水平低的地区的固定资产投资的系数为−0.003020，而且未通过检验，说明自主创新投入水平高的地区的固定资产投资规模对经济增长的影响是正向的，即显著地促进了经济的增长，而在自主创新投入水平低的地区固定资产投资对经济增长的影响是不显著的。这和中国在近几年的发展是相关的，虽然经济增长是靠固定资产的投资为主实现经济的增长，但在自主创新投入水平高的地区其发挥的作用更大。

从表 6.2 中的从业人员的回归系数值来看，在自主创新投入水平高的地区中从业人员的系数为 7.482779，并通过了显著性检验，在自主创新投入水平低的地区的从业人员的系数为 5.360179，也通过了显著性检验，说明在两种情况下从业人员对经济增长的影响都是显著的正向影响作用，但是在自主创新投入水平较高的地区中从业人员所发挥的作用要高于在自主创新投入水平较低的地区中从业人员所发挥的作用。

除固定资产投资以及从业人员的影响之外，其他都为有关创新活动的投入，其中研发经费以及研发人员为创新活动的直接投入，教育经费以及中高等院校在校人数为间接投入。从数据分析结果来看，自主创新投入水平较高的地区的研发经费以及研发人员两个变量前的系数都为正数，但是，研发人员的显著性概率值为 0.3157，即说明研发人员对地区生产总值无显著的影响。说明在自主创新投入水平较高的地区研发经费的投入有一定的作用，但是研发人员的投入可能由于投入人员相对较少或是投入的研究与试验发展人员的素质未能达到经济发展水平的要求，研发人员的作用未发挥出来，需要进一步的探究如何提高研发人员的作用。对于自主创新投入水平较低的地区来说，研发经费具有正向的显著性影响作用，而研发人员具有负向的显著性影响，说明在自主创新投入水平较低的地区更需要进一步提高研究人员的能力。但从数据分析结果来看，自主创新投入水平较低的地区的研发经费的作用比自主创新投入水平较高的地区的研发经费的作用还要高一些，对于两类地区进行了考察，一般自主创新投入水平较高的地区均为经济发展水平较高的地区，这从某种程度上说明研发经费的投入水平是和经济发展水平相适应的，当经济发展水平较低时对于研发经费要求相对也较低，而经济发展水平较高时对于研发经费投入的要求就会随之提高，所以对于经济发展水平较高的地区需要进一步加强研发经费的投入。

另外，从创新活动间接投入的教育经费和中高等院校在校人数来看，自主创新投入水平较高的地区和自主创新投入水平较低的地区的这两个变量前的系数都为正，并且都通过了显著性检验。但是在自主创新投入水平较高的地区教育经费所发挥的作用要比自主创新投入水平较低的地区教育经费所发挥的作用要高，而自主创新投入水平较低的地区的中高等院校在校人数所发挥的作用要比自主创新投入水平较高的地区的中高等在校人数所发挥的作用要高。这可能是由于在自主创新投入水平较高的地区教育经费的投入和其经济发展水平的适应度较高，而相对的中高等在校人数在自主创新投入水平较高的地区人数较多。

从以上数据分析结果来看，在自主创新投入水平高的地区中各生产要素在生产过程中所发挥的作用要大于自主创新投入水平较低的地区中各生产要素在生产过程中所发挥的作用。但是在 1998—2013 年期间中国各地区的基本生产要素以及创新投入的各要素所发挥的作用也各不相同。说明在经济发展过程中简单地利用资本投入优势、资源优势以及劳动优势，不能有效地实现对经济增长的促进作用，而且经济发展水平和自主创新投入要相适应，在经济发展过程中如果过分依赖简单的资源优势或是劳动优势，依靠资金大量投入进行经济发展，则在这些技术含量低的部分的投入规模会限制其他部门的投入水平，从而有可能使得更多的资本和劳动由技术含量高的地区或部门向技术含量低的地区或部门转移，转移过程中如果不能很好地利用人力资本或是自主创新投入，则有可能使经济增长水平的提高乏力，有可能会对经济增长形成致命的打击。从整体来看，现有的创新人员投入在人力资本水平上还存在着不足，没有真正发挥出其作用，所以在经济发展过程中应更注重人力资本的培养。

6.2 自主创新能力与经济增长关系的分析

关于创新对经济增长的作用，在很多经济增长理论模型中都有探讨。总结经济增长模型研究的发展历程可知，经济增长理论认为由创新产生的技术进步是实现经济可持续增长的主要因素。美国经济学家索洛（Robert Solow）首先在生产函数中引入了技术因素变量，但在模型中技术进步是作为外生因素引入经济系统的。阿罗（1962）将技术进步最早纳入经济增长模型内在因素进行分析，并将技术进步的一部分作用内生化，但模型还是未能说明经济持续增长的原因。20 世纪

80 年代中期以来，探讨经济持续增长是如何被经济系统内生决定的长期经济增长理论逐渐增多，长期经济增长理论的研究更多的是以人力资本、研发投入等来解释技术进步的内生，从而解释经济增长的可持续性。斯坦福大学的罗默（Romer）在 1986 年发表的《Increasing Returns and Long-Run Growth》一文中把知识作为一个变量直接引入模型，并且认为知识积累是促进现代经济增长最重要的因素。1990 年，罗默构建了第二个内生增长模型[149]。同第一个模型不同，他把经济增长来源在模型中予以明确化，指出知识是经济长期增长的驱动力。卢卡斯（Robert Lucas，1988）以 20 世纪 60 年代宇泽建立的模型为基础，建立了以人力资本为基础的内生增长模型，他把经济增长的源泉和动力归结为人力资本内生、积累与增长。格鲁斯曼和赫尔普曼（Grossman and Helpman，1991）建立了以技术进步而非人力资本积累为基础的内生增长模型。格鲁斯曼（Grossman，G.M.，1994）等建立了一个基于自主创新的长期经济增长模型。除了经济增长的理论模型对创新与经济增长的关系进行探讨之外，许多学者还对创新或技术进步与经济增长的关系进行了经验研究，相关经验研究主要是利用主要发达国家的经验数据对相关理论进行验证或是对创新和经济增长的关系进行说明。

在已有的研究中多是探讨各种研发投入对自主创新能力的影响，或是各种研发投入对经济增长的影响，或是自主创新能力对经济增长的影响。但是对于不同的经济发展水平对自主创新能力的要求并未探讨。但是按照创新理论和创新路径的实践经验，不同的经济发展水平下自主创新能力对于经济增长所起的作用存在着差异。基于此，本节主要是利用分位数回归的方法分析在不同的经济发展水平对自主创新能力的要求，以及不同的经济发展水平和自主创新能力的相关程度。

6.2.1　变量与数据

1. 经济增长

对于经济增长的涵义，不同时期不同经济学家的看法不尽相同。

萨缪尔森（Samuelson，1998）认为：经济增长代表的是一国潜在国民生产总值或国民产出的增加。库兹涅茨认为：一个国家的经济增长，可以定义为向它的人民提供品种日益增加的经济商品的能力长期上升，这个增长的上升是基于改进技术以及它要求的制度和意识形态的调整。刘易斯在其著作《经济增长理论》（1996）一书中提出："经济增长是人均产量的增长，是得到更多的物品与劳务的过程。"

在实际计量分析工作中，经济学家根据对经济增长涵义的理解采用过不同的统计数据来作为衡量经济增长的指标。丹尼森在其经济增长因素分析法中使用国民收入或平均就业者国民收入的增长来衡量经济增长的程度，而其他经济学家往往以国民生产总值的增加或人均国民生产总值的增加来衡量该国的经济增长状况，甚至简单地认为产量的增加就是经济增长。现在 GDP 已成为衡量经济发展水平和经济增长的一个比较公认的重要指标，它是衡量一个国家经济发展、综合国力和富强程度的重要标志。在研究成果中经济增长用地区生产总值来表示。

2. 自主创新

自主创新包括技术、产品、管理和制度等方面的创新，但通常所说的自主创新主要是技术创新，是指在经济活动中能产生经济效益的技术创新活动。自主创新水平可以通过一些具体指标来说明。研究与开发费用支出是自主创新的前提，为自主创新的顺利实现提供物的保障；研发科学家与工程师是政府在技术创新方面的人员投入，它通过普遍提升人力资本水平而间接促进自主创新的发展。研究与开发费用、研发科学家与工程师三个指标可看作是表征自主创新水平的"技术投入"，而反映自主创新水平的"技术产出"指标通常选择专利、科技论文、高科技产品或技术密集型产品等来表示，它可直接测度一国的自主创新水平。通过数据显示中国的专利申请量逐年增强。1998—2007年十年间中国专利申请量逐年上升，1998 年中国专利申请量为 87591件，2007 年为 586498 件，平均每年以 20%的速度增长，增长速度最快的是 2005 年，增长速度为 37%，增长速度较慢的为 2003 年，增长速度为 11%。因为通常意义上的自主创新是指能产生经济效益的技术创新活动，所以相对于投入指标来说由专利表示的产出指标更能体现一国的自主创新水平。本节以专利申请量来作为自主创新的度量指标。

3. 数据来源及其说明

在进行自主创新与经济增长的关系分析时，选取 1998—2013 年间国内 31 个省市的面板数据作为样本分析自主创新能力与经济增长的关系。数据来源于 1999 年至 2014 年间的各年《中国统计年鉴》。在对于样本的区间选择上，选择了从 1999 年开始的原因有两方面，一方面是由于改革开放后的 1978—1998 年的二十一年间中国经济正处在动态的变化过程中间，之后中国的经济则基本完成了一个阶段的变革，又因为相继提出西部大开发、振兴东北老工业基地、中部崛起等区域发展战略，使得国内经济发展速度加快并且经济环境处于一个相对稳定的阶段，这一时期的经济环境的稳定性可以帮助去除其他没有考虑的因素的影响，另一方面是中国在 1995 年开始逐步重视自主创新能力的提升，经过 5 年时间的发展，各地区围绕自主创新能力提升的发展战略逐步有了实施，从企业、政府、科研机构等主体来说自主创新活动逐渐增多。所以本节选择 1998—2013 年间的数据探讨不同的经济发展水平下自主创新能力对经济增长所起到的作用。此外为了减少由于自变量个数太少对分析结果的影响，采用了面板数据进行分析，因为截面数据和时间数据的结合信息能够显著地减少缺省变量所带来的问题。

6.2.2　自主创新能力与经济增长水平的关系分析

在利用 1998—2013 年间 31 个省市的面板数据对自主创新和经济增长的关系进行分析时，采用地区生产总值（亿元）为被解释变量，专利申请量（件）为解释变量，分析以专利申请量表示的自主创新能力与经济增长的关系。分析模型以线性模型和对数模型为基本形式，采用混合估计、固定效应、随机效应模型以及分位数回归的方法对模型进行构建。分位数回归相比普通最小二乘回归只能描述自变量对于因变量局部变化的影响而言，更能精确地描述自变量对于因变量的变化范围以及条件分布形状的影响，即采用分位数回归可以区分在具有不同的经济发展水平时，自主创新能力对经济增长的不同影响作用。并且分位数回归可以弥补普通最小二乘法在回归分析中的缺陷，对变量数据分布无严格的限制，它是依据因变量的条件分位数对自变量进行的回归。

以地区生产总值为被解释变量，专利申请受理量（INV）为解释变量建立经济增长与自主创新能力的线性模型和对数模型，运用EViews 9 软件对数据进行处理。利用最小二乘法对两个变量之间的线性模型进行分析。在利用最小二乘法对两个变量的线性面板数据模型进行分析时，由于面板数据同时具有截面和时间特性，必须对模型的设定形式进行检验才能得到有效的参数估计，面板数据模型主要有混合估计模型、固定效应模型和随机效应模型三种模型形式。首先建立两个变量的固定效应模型，利用 LR 检验法在混合模型和固定效应模型中进行选择，由于检验对应的概率 P 值为 0.0000，即选择固定效应模型。然后利用 Hausman 检验法在固定效应模型和随机效应模型中进行选择，由于检验对应的概率 P 值为 0.024，所以选择个体固定效应模型。同理对两个变量的对数模型进行了分析，分析结果显示，线性模型变量间关系更为显著。两个变量的线性模型的固定效应模型分析结果见表 6.3。

在两变量线性模型的面板数据最小二乘回归分析的基础上，采用分位数回归进行进一步的分析。由于个体固定效应模型的最小二乘回归模型为：

$$y_{it} = \beta x_{it}^{'} + \gamma_1 W_1 + \cdots + \gamma_N W_N + \varepsilon_{it} \qquad (6\text{-}9)$$

式（6-9）中当数据属于第 i（$i=1,2,\cdots$，N，N为截面的总个数）个个体时，$W_i=1$，否则 $W_i=0$。

在对面板数据模型采用分位数回归方法进行参数估计时，在式（6-9）的基础上建立面板数据固定效应模型的分位数回归模型。由于分位数回归在建立模型时模型右端不再是关于解释变量的被解释变量的数学期望值，而是变成了关于解释变量的被解释变量的条件分位数。所以个体固定效应模型的 τ 分位数模型为：

$$Q_{y_{it}}(\tau_j \mid x_{it}, \alpha_i) = \beta(\tau_j)x_{it}^{'} + \gamma_1 W_1 + \cdots + \gamma_N W_N + \alpha_i \quad (6\text{-}10)$$

根据式（6-10）利用 EViews 9 对 1998—2013 年间的 31 个省市的地区生产总值和专利申请量数据进行分位数回归分析，分位数回归结果见表 6.3。

表 6.3　自主创新与经济增长总量回归分析结果

	FELS	分位数	0.1	0.2	0.3	0.4	0.5	0.6	0.7	0.8	0.9
	0.1504	估计系数	0.113	0.122	0.176	0.201	0.22	0.24	0.259	0.275	0.276
固定效应模型	0.005	标准误差	0.022	0.008	0.046	0.015	0.016	0.023	0.035	0.027	0.029
	30.117	T 统计量	5.017	15.754	3.819	13.42	13.29	10.45	7.44	10.25	9.672
	0.00	概率值	0.00	0.00	0.0002	0.00	0.00	0.00	0.00	0.00	0.00
	0.82	判定系数	0.497	0.497	0.52	0.55	0.59	0.63	0.68	0.73	0.81

根据表 6.3 中最小二乘回归的固定效应模型的分析结果显示，以专利申请受理量（INV）表示的自主创新能力以非常显著的概率通过了统计检验，表明自主创新能力对地区生产总值有着显著的影响作用，模型的判定系数为 0.82，说明模型的解释能力较强，得到的回归方程为：

$$GDP = 5602 + 0.1504 \times INV \quad (6\text{-}11)$$

式（6-11）表示的回归方程显示，以专利申请量表示的自主创新能力增加一单位，地区生产总值增加 0.1504 单位。

根据表 6.3 中固定效应的分位数回归结果中可以看出，系数符号和最小二乘法下的固定效应模型分析一致，但是随着地区生产总值在条件分布的不同位置而发生变动，表现出较强特征的变化规律。从结果看，专利申请量的系数在所考察分位点的值随着条件分布由低端向高端变动，其系数值逐渐增大。在地区生产总值的 0.1 低分位点值二者的回归系数为 0.113，在 0.5 分位点处为 0.22，而在 0.9 分位点处为 0.276。这表明，当地区生产总值的条件分布位于不同的分位点时，自主创新能力对地区生产总值所起到的作用不同，地区生产总值水平越高，自主创新能力对经济增长的促进作用越大。同时说明随着经济发展水平的提高，要求自主创新能力也越来越高。

6.2.3 自主创新能力与经济增长关系的区域差异分析

在自主创新能力与经济增长水平的关系分析中，通过混合模型、固定效应模型和随机效应模型的比较发现，二者之间的关系较适合采用固定效应模型，这说明二者之间的关系存在个体差异。为了更进一步地分析个体之间的差异，本节把 31 个省市按东部、中部和西部分为三类地区，比较在三类不同的地区间自主创新能力与经济增长的关系是否存在差异。

在分析时分别对三个地区进行最小二乘回归分析和分位数回归分析。在最小二乘回归分析中的模型选择时，分别利用 LR 检验和 Hausman 检验法进行混合模型、固定效应模型和随机效应模型的选择，通过各检验结果显示，三类地区的模型比较适合采用随机效应模型，这说明在三类地区内部个体差异较小。从某种程度上说明三类地区内部每个地区之间所表现的自主创新能力和经济增长之间的关系差异不大。所以在进行二者关系的分位数回归时采用混合效应模型的形式。

在对东部、中部和西部三类地区进行随机效应模型的最小二乘回归分析和各分位数回归时，回归结果中的 t 统计量检验结果均显示回归系数具有显著性。由于主要是为了分析在不同的三类地区之间自主创新能力和经济增长水平的关系是否存在差异，所以本节中只列出了各回归分析结果中的回归系数的变化情况，以便分析三类地区之间二者关系的差异。各回归系数见表 6.4。

表 6.4　自主创新与经济增长区域差异回归分析结果

地区	随机效应模型	混合效应模型的分位数回归								
		0.1	0.2	0.3	0.4	0.5	0.6	0.7	0.8	0.9
东部	0.140788	0.11	0.13	0.16	0.18	0.19	0.20	0.22	0.25	0.29
中部	0.341447	0.21	0.27	0.40	0.42	0.45	0.53	0.55	0.60	0.73
西部	0.318308	0.29	0.31	0.31	0.356	0.388	0.389	0.412	0.409	0.425

从随机效应模型的一般回归结果来看，东部地区以专利申请量表示的自主创新能力与经济增长之间关系分析的回归系数为 0.140788，中部地区以专利申请量表示的自主创新能力与经济增长之间关系分析的回归系数为 0.341447，西部地区以专利申请量表示的自主创新能力与经济增长之间关系分析的回归系数为 0.318308，说明各区域的自主创新能力对经济增长都有促进作用，但所显示的影响作用具有较大的差异，中部地区的自主创新产出能力对经济增长的作用最强，其次为西部地区，再次为东部地区。

从混合效应模型的分位数回归结果看，对于东部地区专利申请量在条件分布由低端到高端位置变动时呈现递增的特征，但增加幅度较小；对于中部地区专利申请量在条件分布由低端到高端位置变动时呈现递增的特征，且增加幅度较大；对于西部地区专利申请量在条件分布由低端到高端位置基本也呈现递增的特征。从总体上来说，各个区域表现出的特征和不按地区分类显示的二者关系分析的结论是相似的，即经济增长水平越高，要求自主创新的产出能力也越高。

但是在东部、中部和西部三类地区所显示的自主创新能力对经济增长的促进作用的显著差异说明，随着经济发展水平的提高对于自主创新能力的要求也越来越高，而在东部地区相对其他地区来说，经济发展水平较高，需要更高的自主创新能力来支撑，而从分析结果可以得出结论，在东部地区现有的经济发展水平下，其自主创新能力的作用还远远未发挥出来，即东部地区的自主创新能力不能适应经济发展水平的需要，需要进一步通过资金投入、人员投入等可以促进提升自主创新能力等方面的措施进一步提高东部地区的自主创新能力。对于中部地区来说自主创新能力对经济增长的促进作用最大，说明在现阶段，中部地区的经济增长水平和自主创新能力的适应度相对较好，随着中部地区经济增长水平的逐渐提高，其自主创新能力起到的作用也越来越大。对于西部地区来说，自主创新能力对于经济增长的促进作用虽然比东部地区相对较好，但是和中部地区相比，其自主创新能力对于经济增长的促进作用还有一定的差距，但是由于西部地区受到经济发展水平较低的限制，在自主创新投入方面较低，所以使得自主创新能力对经济增长的促进作用受到了一定的影响。

通过以上分析显示，经济增长水平越高，对于自主创新能力的要求也越高，即对于当前阶段的各个地区来说，其经济增长都需要自主创新的支撑。但是在现实的各地区的经济发展过程中，东部地区的经济发展水平较高，但是其自主创新能力还远未达到其经济发展水平的需要，需要进一步提高东部地区的自主创新能力。而中部地区是自主创新能力和经济发展水平适应性最好的地区，而西部地区的自主创新能力对于经济增长水平的促进虽然相对较好，但是由于受到经济发展水平较低的限制，还需要在着重提高经济发展水平的同时逐渐加强自主创新能力的提高。

6.3 不同创新模式对经济增长影响的分析

一个地区的自主创新能力和经济发展水平有着密切的关系，但是按照创新活动的发展阶段理论，一般遵循着技术引进、技术改造和技术创新的发展路径（陈劲，1994）[150]。而且对于一些企业的自主创新能力的积累过程实践的考察也显示企业的自主创新能力演化创新路径大都是遵循技术引进、联合研发/制造和自主研发（许庆瑞，2013）的路径。按照自主创新能力的演化路径，通过增加各种创新投入的方式是否能够带来创新能力的提高，进而是否能够实现对经济增长的更多贡献，是创新研究的重要方面，也是需要解决的问题。

为了分析不同的创新模式对于经济增长的影响作用，本节把创新投入主要分为创新资金投入和创新人员投入两类，在创新资金投入中按创新活动的特点分为研究与试验发展经费内部支出、技术改造经费、消化吸收经费、技术引进经费四个方面来分别体现自主研发、技术改造、消化吸收、技术引进等不同的技术创新模式。另外由于这些指标的统计都是针对规模以上工业企业的创新活动的统计，所以本节在分析不同的技术创新模式对经济增长的影响时主要分析四种创新资金的投入对企业的主营业务收入的影响。而由于创新资金的投入要和创新人员的投入结合起来考虑，所以分析模型中加入了研究与试验发展人员全时当量的变量，由此可以判断在现有创新资金投入和创新人员投入的情况下，不同的技术创新模式对于经济增长的影响。

6.3.1　模型的构建

在进行实证分析时首先需要确定分析变量之间的关系式，即模型的构建。一般在经济增长研究中，所建立模型都基于柯布—道格拉斯生产函数，通过建立的生产函数测度各要素对于经济增长的影响。本节分析时建立的基础模型为：

$$Y_t = A_t K_t^{\alpha} L_t^{\beta} = A_0 e^{\lambda t} K_t^{\alpha} L_t^{\beta} \tag{6-12}$$

式（6-12）中各变量Y_t、K_t、L_t分别表示生产函数中总产出和资本投入、劳动投入，依照柯布—道格拉斯生产函数模型中总产出和资本、劳动之间的关系，α、β分别对应为资本和劳动的产出弹性，二者满足$\alpha+\beta=1$。除了基本的变量Y_t、K_t、L_t和参数α、β之外，A表示技术进步的测度，在实际的度量过程中把A表示成$A_0 e^{\lambda t}$，A_0为基期的技术水平，λ为技术进步率。对建立的非线性模型进行线性化，线性化的过程为对等式两边取对数，线性模型的表示形式为：

$$\ln Y_t = \ln A_0 + \lambda t + \alpha \ln K_t + \beta \ln L_t \tag{6-13}$$

对式（6-13）中资本变量继续展开。由于在对不同技术创新模式对经济增长的影响分析时，所选择的各个变量为生产函数中资本投入和劳动投入的分解，把资本投入分为研究与试验发展经费内部支出投入、技术改造经费投入、消化吸收经费投入、技术引进经费投入，劳动投入利用研究与试验发展人员全时当量表示。在选择的这些变量的基础上，展开后的模型为：

$$\begin{aligned}\ln Y_t &= \ln A_0 + \lambda t + \alpha_1 \ln X_{1t} + \alpha_{2t} \ln X_{2t} \\ &+\alpha_3 \ln X_{3t} + \alpha_4 \ln X_{4t} + \beta \ln L_t\end{aligned} \tag{6-14}$$

式（6-14）中变量 Y 为规模以上工业企业的主营业务收入，变量 X_1、X_2、X_3、X_4 分别为规模以上工业企业的研究与试验发展经费内部支出、技术改造经费、消化吸收经费、技术引进经费，L 为研究与试验发展人员全时当量，每个变量前的系数分别对应各变量的产出弹性。通过柯布—道格拉斯模型的变换得到的式（6-14）为不同技术创新模式对经济增长影响分析的实证模型，用式（6-14）中各变量前的系数度量各变量对经济增长的贡献。

由于对不同的技术创新模式对经济增长的影响分析就是对自主研发、技术改造、技术引进等不同的创新模式比较，从而分析结果可以说明哪种投入更能实现经济的增长，而且由于对此模型还进行分位数回归，所以还能够说明不同的经济发展水平下哪种投入，即哪种创新模式更能影响经济的增长。一般来说，变量前的系数值大于零时，说明其对经济增长有促进作用，如果变量前的系数小于零，说明其对经济增长是抑制作用，但各变量是否对经济增长有作用，取决于各变量前的系数值在模型中是否有显著性。

6.3.2 变量和数据

考虑到数据的可获得性和分析的实际性，以及基于中国创新活动的实践（根据《中国科技统计年鉴》中的统计数据显示，80%左右的创新活动集中在企业中，而企业创新活动的 90%左右又集中在规模以上工业企业中），本节以 2009 年至 2013 年《中国科技统计年鉴》中按行业分的规模以上工业企业的相关数据为基础进行数据的分析，但由于在这 5 年间对于行业的统计口径发生了变化，为了保持数据的连续性，本节从 2009 年至 2013 年《中国科技统计年鉴》中选择了其中的 34 个行业的数据进行分析。

为了从多个角度分析各种技术创新模式对于经济增长的影响，以及在不同的经济发展水平下，各种技术创新模式对于经济增长影响作用的差异，本节的分析分为了三种情况，一种是34个行业的整体分析；一种是按照研究与试验发展经费内部支出的高低把34个行业分成了两类，对两类进行比较分析；一种是按照研究与试验发展人员全时当量的多少把34个行业分成了两类，对两类进行比较分析。

对于选取的变量需要特别说明的是，在创新活动的发展过程中，创新经费的投入数量和创新人员的投入数量和素质是密切相关的，如果只是注重创新经费的投入，而没有相应水平的创新人员的支撑，创新经费的作用就很难发挥出来。同样，只是注重创新人员的数量和素质投入，没有适合的创新经费支出，创新人员的作用也很难发挥出来。但是由于创新活动是与创新经费和创新人员的投入相关，所以本节中在模型中选择的资本和劳动变量都和创新活动相关，资本方面主要有 4 个变量：研究与试验发展经费内部支出，代表自主研发式的创新活动；技术改造经费，代表和技术改造能力相关的创新活动；消化与吸收经费，代表对他人的技术消化和吸收能力相关的创新活动；技术引进经费，代表依靠他人的技术所进行的创新活动，而在劳动方面主要考虑的是研究与试验发展人员全时当量。在选定的这些解释变量的基础上，分析对以规模以上工业企业各行业主营业务收入为因变量的影响。

6.3.3　各行业的整体分析

为了考察各种技术创新模式对经济增长的影响，首先把 34 个行业看作一个整体，对于规模以上工业企业的 34 个行业中从 2009 年至 2013 年间的面板数据采用分位数回归的方法进行分析，来比较不同的主营业务水平下，各种创新活动的影响特征。由于本书中所采用的数据为面板数据，所以需要在混合效应模型、固定效应模型和随机效应模型中进行选择，通过 LR 检验法，最终确定选择使用混合效应模型估计。在分位数回归中把主营业务水平分成了 9 个分位点，不同的分位点对应不同的主营业务水平，较低的分位点表示主营业务收入较高，较高的分位点表示主营业务收入相对较少。对于各行业整体数据分析的分位数回归结果见表 6.5。

表 6.5　各行业整体数据分析的分位数回归结果

	分位数	0.1	0.2	0.3	0.4	0.5	0.6	0.7	0.8	0.9
X1	估计系数	106.1	152.3	183.7	187.9	141.8	125.6	67.35	59.58	49.17
	标准误差	45.65	56.62	32.66	30.77	38.10	37.95	64.34	38.60	56.10
	T 统计量	2.324	2.690	5.624	6.105	3.722	3.310	1.047	1.544	0.877
	概率值	0.021	0.008	0.000	0.000	0.000	0.001	0.297	0.125	0.382
	判定系数	0.141	0.213	0.272	0.325	0.381	0.416	0.457	0.481	0.471
X2	估计系数	−18.17	−21.15	−4.953	−16.67	13.38	22.68	83.96	113.3	157.7
	标准误差	19.74	12.31	56.13	19.03	22.06	22.36	58.93	31.77	37.30
	T 统计量	−0.921	−1.718	−0.088	−0.876	0.606	2.082	1.425	3.566	4.227
	概率值	0.359	0.088	0.930	0.382	0.545	0.312	0.156	0.001	0.000
	判定系数	0.141	0.213	0.272	0.325	0.381	0.416	0.457	0.481	0.471
X3	估计系数	674.0	470.6	410.9	682.3	627.1	525.5	83.30	−128.1	−441.4
	标准误差	746.3	624.4	1218	336.7	246.9	252.3	342.8	261.2	303.1
	T 统计量	0.903	0.754	0.337	2.026	2.540	2.082	0.243	−0.491	−1.456
	概率值	0.368	0.452	0.736	0.044	0.012	0.039	0.808	0.624	0.147
	判定系数	0.141	0.213	0.272	0.325	0.381	0.416	0.457	0.481	0.471

续表

	分位数	0.1	0.2	0.3	0.4	0.5	0.6	0.7	0.8	0.9
X4	估计系数	−395.5	-420.8	-314.3	-296.3	-303.1	-311.8	-352.1	-394.6	-481.8
	标准误差	356.5	263.5	380.7	153.7	131.3	115.5	104.0	89.77	101.3
	T 统计量	-1.109	-1.597	-0.825	-1.928	-2.308	-2.700	-3.385	-4.396	-4.757
	概率值	0.269	0.112	0.410	0.056	0.022	0.007	0.001	0.000	0.000
	判定系数	0.141	0.213	0.272	0.325	0.381	0.416	0.457	0.481	0.471
X5	估计系数	−2063	−2744	−3653	−3560	−2302	−1742	30.15	156.7	487.9
	标准误差	941.6	1580	1112	837.2	932.8	954.1	1571	1148	1738
	T 统计量	−2.192	−1.737	−3.285	−4.253	−2.469	−1.827	0.019	0.136	0.281
	概率值	0.030	0.084	0.001	0.000	0.015	0.070	0.985	0.892	0.780
	判定系数	0.141	0.213	0.272	0.325	0.381	0.416	0.457	0.481	0.471

从表 6.5 中显示的各行业整体数据的分位数回归结果中可以看出，以各种创新经费投入表示的各种创新模式在对企业的主营业务收入影响中表现出了不同的特征。从各行业发展的整体来看，代表自主研发创新活动的研究与试验发展经费内部支出对于企业的主营业务收入是正向的影响作用，而且判断各系数显著性的概率 P 值除了在 0.7 分位点较大之外，其他各分位点的值都较小，说明研究与试验发展经费内部支出和主营业务收入之间的关系具有显著性。但是从各分位点的变化趋势来看，研究与试验发展经费内部支出对于主营业务收入的影响是先增长，后又变小的特征。由此说明，随着主营业务收入的增长，需要更多的研发经费的投入，但是在企业的发展现状中，随着主营业务收入的增长，研发经费的投入虽然一直在增长，但是相对于主营业务收入的水平来说，研发经费的投入还相对较少，需要进一步提高研发经费的投入。

从技术改造经费来说，在主营业务收入的 0.1 至 0.4 的低分位点，技术改造经费的作用为负值，而随着主营业务收入的增长，技术改造经费的作用为正值，但从判断系数显著性的概率 P 值来看，除了在 0.8 和 0.9 两个高分位点概率值较小，通过了显著性检验之外，在其他的分位点都未通过显著性检验，说明技术改造经费在主营业务收入的低分位点处对企业的经济增长未起到促进作用。而且从 2009 年至 2013 年间技术改造经费投入的变化特征来看，在 2010 年之前规模以上工业企业中创新经费的投入都是技术改造经费的投入最高，而且是远远高于其他经费的投入，但从 2011 年开始研究与试验发展经费内部支出额最高，技术改造经费支出额其次，但其支出额也是逐渐增长的趋势，所以得到结论，和技术改造相关的创新活动在现阶段对于企业的经济增长起到一定的促进作用，但是由于技术改造经费的支出在主营业务收入的低分位点处未满足主营业务收入的需要，所以其作用未完全发挥，但在主营业务收入的高分位点，技术改造经费的支出对于企业的经济增长起到了显著的促进作用。

从技术消化吸收经费来看，在主营业务收入的低分位点，技术消化吸收经费起到的作用更大，但是随着主营业务收入的增长，技术消化吸收经费的投入对企业的经济增长的作用越来越小，甚至起到负作用。而且从判断系数显著性的概率值来看，技术消化吸收经费和主营业务收入的关系不显著。从技术引进经费来看，随着主营业务收入从低分位点向高分位点变化，技术引进经费的投入对于企业的主营业务的收入增长起到了负的作用，说明企业的经济增长过程中技术引进活动不再能够带来更多的创新产出。从研究与试验发展人员全时当量来看，在主营业务收入的低分位点，自主创新人员对于企业的经济增长起到了副作用，而随着主营业务收入的逐渐增长，自主创新人员的作用逐渐增大。

从研究与试验发展人员的全时当量的影响来看，在 0.1 至 0.6 分位点系数都为负值，0.7 至 0.9 分位点系数都为正值，但是判断系数显著性的概率 P 值都较大，说明自主创新人员的作用并未发挥，但是随着主营业务收入的增长，自主创新人员的作用逐渐发挥，但是在规模以上工业企业中自主创新人员的投入还未满足企业经济增长的需要。

结合以上分析可以看出，在规模以上工业企业中现阶段起主要作用的还是创新经费的投入，而自主创新人员的作用还未很好地发挥出来。对于各种创新活动来说，当前阶段需要在和技术改造相关的创新活动的基础上，增加自主研发的活动的各种投入，促进其产出，并实现对企业经济增长的带动作用，而且要特别注意自主创新人员的投入。

6.3.4　按自主创新经费投入水平分类的分析

从规模以上工业企业中行业发展的整体来说，企业的经济增长中自主研发的活动已经占据了最重要的位置，但是研发经费和研发人员的投入还需进一步加强，但由于规模以上工业企业的 35 个行业中，每个行业的发展特征存在着较大的差异，从而在各种创新投入方面，以及对于创新投入的需求方面存在着较大的差异。所以为了更精确地分析各种创新活动对企业经济增长的影响，首先按自主创新经费的投入水平把 35 个行业分为两类，一类为自主创新经费投入水平较高的行业，一类为自主创新经费投入水平较低的行业，每类各包含 17 个行业。分别对两类行业的数据进行分位数回归，回归结果分别见表 6.6 和表 6.7。

表 6.6　研究与试验发展经费投入水平较高的行业的分位数回归结果

	分位数	0.1	0.2	0.3	0.4	0.5	0.6	0.7	0.8	0.9
X1	估计系数	134.6	157.2	216.6	210.2	190.6	166.0	165.2	166.2	193.8
	标准误差	33.53	51.81	30.21	32.91	40.56	44.98	51.25	75.93	88.81
	T 统计量	4.016	3.034	7.171	6.387	4.699	3.691	3.223	2.188	2.182
	概率值	0.000	0.003	0.000	0.000	0.000	0.000	0.002	0.032	0.032
	判定系数	0.209	0.282	0.340	0.384	0.420	0.444	0.445	0.441	0.456
X2	估计系数	−36.05	−28.88	−41.56	−35.13	−29.07	−10.59	−2.251	−9.070	−32.83
	标准误差	18.53	20.26	22.44	26.76	26.94	27.65	32.55	43.09	35.36
	T 统计量	−1.946	−1.425	−1.852	−1.313	−1.079	−0.383	−0.069	−0.210	−0.928
	概率值	0.055	0.158	0.068	0.193	0.284	0.703	0.945	0.834	0.356
	判定系数	0.209	0.282	0.340	0.384	0.420	0.444	0.445	0.441	0.456

续表

	分位数	0.1	0.2	0.3	0.4	0.5	0.6	0.7	0.8	0.9
	估计系数	1250	937.8	782.8	809.5	754.7	568.3	502.6	288.2	−119.2
	标准误差	299.6	379.6	441.0	443.2	456.4	402.8	384.7	386.6	389.0
X3	T 统计量	4.173	2.471	1.775	1.827	1.654	1.411	1.306	0.745	−0.307
	概率值	0.000	0.016	0.080	0.072	0.102	0.162	0.195	0.458	0.760
	判定系数	0.209	0.282	0.340	0.384	0.420	0.444	0.445	0.441	0.456
	估计系数	−629.1	−576.2	−220.5	−235.3	−239.9	−184.0	−262.6	−247.1	−136.8
	标准误差	304.8	334.9	181.8	160.2	147.2	129.5	139.9	157.7	181.6
X4	T 统计量	−2.064	−1.721	−1.213	−1.469	−1.630	−1.420	−1.877	1.568	−0.753
	概率值	0.042	0.089	0.229	0.146	0.107	0.159	0.064	0.121	0.454
	判定系数	0.209	0.282	0.340	0.384	0.420	0.444	0.445	0.441	0.456
	估计系数	−2677	−3238	−4785	−4618	−3763	−3229	−2869	−2585	−3921
	标准误差	1125	1667	949.4	1000	1180	1306	1345	1719	2095
X5	T 统计量	−2.380	−1.942	−5.040	−4.617	−3.189	−2.472	−2.133	−1.504	−1.872
	概率值	0.020	0.056	0.000	0.000	0.002	0.016	0.036	0.137	0.065
	判定系数	0.209	0.282	0.340	0.384	0.420	0.444	0.445	0.441	0.456

从表 6.6 的分位数回归结果中可以看出，研究与试验发展经费内部支出在自主创新经费投入水平较高的行业对于企业的经济增长具有显著的促进作用，而且总体来看随着主营业务收入从低分位点向高分位点发展，研究与试验发展经费的作用越来越大。这说明在自主创新经费投入水平较高的规模以上工业企业中其自主研发能力较好，可以支撑企业的经济增长。

从技术改造费用来看，在自主创新经费投入水平较高的规模以上工业企业中，和技术改造相关的创新活动对于企业的经济增长为负值，且作用越来越不显著。从技术消化吸收费用来看，在自主创新经费投入水平较高的规模以上工业企业中，和技术消化吸收改造相关的创新活动对于企业的经济增长有显著的促进作用，但是随着主营业务收入的增长，这种促进作用越来越小，而且越来越不显著。从技术引进经费来看，和技术引进相关的创新活动对于企业的经济增长是负作用，而且对于企业经济增长的作用越来越不显著。从研究与试验发展人员全时当量来看，在自主创新经费投入水平较高的行业中，现有的研究与试验发展人员的投入对企业的经济增长的影响为负值，并且影响作用越来越不显著。

表 6.7　研究与试验发展经费投入水平较低的行业的分位数回归结果

	分位数	0.1	0.2	0.3	0.4	0.5	0.6	0.7	0.8	0.9
X1	估计系数	124.8	−117	−159	−178	−214	−197	−156	21.08	230.9
	标准误差	275.1	137.2	148.5	109.2	85.73	86.19	109.2	140.1	300.1
	T 统计量	0.454	−0.85	−1.07	−1.63	−2.49	−2.28	−1.42	0.150	0.769
	概率值	0.651	0.396	0.287	0.106	0.015	0.025	0.158	0.881	0.444
	判定系数	0.086	0.200	0.308	0.378	0.436	0.488	0.525	0.570	0.614
X2	估计系数	17.59	131.3	126.1	138.4	148.8	149.2	161.5	153.2	184.6
	标准误差	91.13	24.64	21.73	25.46	15.87	15.29	29.76	35.86	32.28
	T 统计量	0.193	5.328	5.806	5.435	9.376	9.760	5.426	4.273	5.719
	概率值	0.848	0.000	0.000	0.000	0.000	0.000	0.000	0.000	0.000
	判定系数	0.086	0.200	0.308	0.378	0.436	0.488	0.525	0.570	0.614
X3	估计系数	709.6	900.9	895.4	921.2	543.0	423.9	478.1	326.1	1053
	标准误差	740.8	607.2	580.6	590.3	573.2	555.4	697.6	596.1	2293
	T 统计量	0.958	1.484	1.542	1.561	0.947	0.763	0.685	0.547	0.459
	概率值	0.341	0.142	0.127	0.123	0.346	0.448	0.495	0.586	0.647
	判定系数	0.086	0.200	0.308	0.378	0.436	0.488	0.525	0.570	0.614
X4	估计系数	−1034	−1683	−654	−722	−627	−648	−738	−881	−1226
	标准误差	2173	1936	247.1	243.0	161.6	158.5	202.7	160.8	186.1
	T 统计量	−0.48	−0.87	−2.65	−2.97	−3.88	−4.09	−3.64	−5.48	−6.59
	概率值	0.636	0.388	0.010	0.004	0.000	0.000	0.001	0.000	0.000
	判定系数	0.086	0.200	0.308	0.378	0.436	0.488	0.525	0.570	0.614
X5	估计系数	−1682	6416	7809	9337	10367	10117	9287	6919	508.8
	标准误差	10936	3339	5425	2911	2324	2334	3235	3341	5935
	T 统计量	−0.15	1.921	1.440	3.207	4.460	4.335	2.871	2.071	0.086
	概率值	0.878	0.058	0.154	0.002	0.000	0.000	0.005	0.042	0.932
	判定系数	0.086	0.200	0.308	0.378	0.436	0.488	0.525	0.570	0.614

从表 6.7 中可以看出，在自主创新经费投入水平较低的行业中，研究与试验发展经费内部支出对企业经济增长的作用不显著，而且回

归系数大多为负数，只有在企业的主营业务收入的高分位点处，研究与试验发展经费内部支出对企业经济增长作用表现为正值，但从判断回归系数显著性的概率 P 值来看，这种作用不显著。

从技术改造费用来看，在自主创新经费投入水平较低的行业中，和技术改造相关的创新活动对企业的经济增长起到了显著的促进作用，而且随着主营业务收入从低分位点向高分位点发展，技术改造费用对于企业经济增长的促进作用越大。

从技术消化吸收费用来看，在自主创新经费投入水平较低的行业中，和技术消化吸收相关的创新活动对于企业的经济增长有一定的促进作用，但是都不显著。从技术引进经费来看，技术引进经费对于企业的经济增长有显著的负作用，而且随着主营业务收入的增加，技术引进经费的负作用越来越大，并且具有很强的显著性。从研究与试验发展人员全时当量来看，在自主创新经费投入水平较低的行业中，研究与试验发展人员全时当量的投入对于企业的经济增长有一定的促进作用，但是促进作用不显著。

6.3.5　按自主创新人员投入水平分类的分析

自主创新人员投入的水平对于创新能力的提高是一个基础的决定因素，没有一定数量高素质的创新人员，再多的研发经费的投入都不会带来创新能力的提高，也就很难对企业的经济增长起到带动作用。按照 34 个行业研究与试验发展人员全时当量把所有行业分成两类，分析不同的自主创新人员投入水平下各种创新活动对企业经济增长影响的差异。分析时同样采用面板数据的分位数回归方法，回归结果分别见表 6.8 和表 6.9。

从表 6.8 中可以看出，研究与试验发展经费内部支出在各分位点对应的回归系数都大于 0，并且判断回归系数显著性的概率 P 值都很小，说明在当前阶段的高自主创新人员投入的行业中研究与试验发展经费内部支出的投入对企业的经济增长起到了更明显的促进作用，但是其研究与试验发展经费的投入水平发展还是不能满足企业主营业务收入增长的需要，在主营业务收入的高分位点处，研究与试验发展经费投入需要进一步加强。

表 6.8　研究与试验发展人员投入水平较高的行业的分位数回归结果

	分位数	0.1	0.2	0.3	0.4	0.5	0.6	0.7	0.8	0.9
X1	估计系数	120.3	164.5	208.4	197.0	154.8	139.0	124.5	100.7	123.6
	标准误差	37.30	76.27	39.86	42.81	48.67	51.25	49.65	59.64	57.28
	T 统计量	3.225	2.157	5.227	4.602	3.181	2.712	2.507	1.688	2.157
	概率值	0.002	0.034	0.000	0.000	0.002	0.008	0.014	0.095	0.034
	判定系数	0.173	0.240	0.282	0.315	0.340	0.329	0.335	0.361	0.378
X2	估计系数	−25.80	−28.26	−25.08	−24.16	3.544	7.428	7.310	42.32	52.10
	标准误差	20.21	22.91	27.17	28.13	29.62	33.42	30.68	70.39	74.62
	T 统计量	−1.277	−1.233	−0.923	−0.859	0.120	0.222	0.238	0.601	0.698
	概率值	0.206	0.221	0.359	0.393	0.905	0.825	0.812	0.549	0.487
	判定系数	0.173	0.240	0.282	0.315	0.340	0.329	0.335	0.361	0.378
X3	估计系数	1222	719.8	594.9	541.9	238.4	338.1	−350.0	−428.6	−561.9
	标准误差	314.7	537.7	471.6	521.9	501.6	478.4	439.5	370.6	331.4
	T 统计量	3.883	1.339	1.262	1.038	0.475	0.707	−0.796	−1.156	−1.696
	概率值	0.000	0.185	0.211	0.302	0.636	0.482	0.428	0.251	0.094
	判定系数	0.173	0.240	0.282	0.315	0.340	0.329	0.335	0.361	0.378
X4	估计系数	−646.3	−496.6	−222.6	−163.1	−111.7	−161.7	8.150	−106.8	−164.2
	标准误差	315.4	371.5	213.0	165.0	165.3	159.3	157.7	211.6	221.1
	T 统计量	−2.049	−1.337	−1.045	−0.989	−0.676	−1.015	0.052	−0.505	−0.743
	概率值	0.044	0.185	0.299	0.326	0.501	0.313	0.959	0.615	0.469
	判定系数	0.173	0.240	0.282	0.315	0.340	0.329	0.335	0.361	0.378
X5	估计系数	−2254	−3409	−4783	−4297	−3145	−2396	−2462	−1652	−2502
	标准误差	1269	2424	1279	1325	1546	1528	1596	1900	1786
	T 统计量	−1.777	−1.407	−3.738	−3.244	−2.035	−1.568	−1.542	−0.869	−1.401
	概率值	0.080	0.163	0.000	0.002	0.045	0.121	0.127	0.387	0.165
	判定系数	0.173	0.240	0.282	0.315	0.340	0.329	0.335	0.361	0.378

从技术改造费用的投入来看，在自主创新人员投入水平较高的行业中，和技术改造相关的创新活动对于企业的经济增长影响作用不显

著，因为判断回归系数显著性的概率 P 值都较大。但是从回归系数的变化趋势来看，和技术改造相关的创新活动对于企业经济增长的贡献越来越大。

从技术消化吸收经费来看，在企业的主营业务收入在低分位点处，和技术消化吸收相关的创新活动对企业的经济增长是正向的促进作用，但是在高位点处是负值，且越来越大，结合各行业技术消化吸收经费投入的变化特点，近几年企业的技术消化吸收经费投入出现下降的趋势，这有可能是导致和技术消化吸收相关的创新活动表现出的负向作用有关。

表 6.9 研究与试验发展人员投入水平较低的行业的分位数回归结果

	分位数	0.1	0.2	0.3	0.4	0.5	0.6	0.7	0.8	0.9
X1	估计系数	202.8	214.9	77.92	51.66	−57.6	−60.5	−84.1	−64.9	−55.9
	标准误差	170.6	203.0	209.1	124.8	100.0	80.05	84.37	124.3	349.7
	T 统计量	1.188	1.059	0.373	0.414	−0.58	−0.76	−1.00	−0.52	−0.16
	概率值	0.238	0.293	0.710	0.680	0.566	0.452	0.322	0.603	0.873
	判定系数	0.101	0.161	0.222	0.265	0.297	0.350	0.383	0.395	0.487
X2	估计系数	−8.88	−10.9	31.31	62.64	100.6	115.9	98.02	76.57	316.1
	标准误差	50.65	35.89	162.5	81.49	62.05	20.49	62.18	30.92	172.5
	T 统计量	−0.18	−0.30	0.193	0.769	1.622	5.657	1.576	2.476	1.832
	概率值	0.861	0.761	0.848	0.444	0.109	0.000	0.119	0.015	0.071
	判定系数	0.101	0.161	0.222	0.265	0.297	0.350	0.383	0.395	0.487
X3	估计系数	636.7	517.9	680.8	641.5	687.1	977.6	2010	2951	−631
	标准误差	614.9	696.9	776.5	940.3	774.6	621.5	3379	1460	878.2
	T 统计量	1.036	0.743	0.877	0.682	0.887	1.573	0.595	2.021	−0.72
	概率值	0.304	0.460	0.383	0.497	0.378	0.120	0.554	0.047	0.475
	判定系数	0.101	0.161	0.222	0.265	0.297	0.350	0.383	0.395	0.487
X4	估计系数	−758	−378	−849	−438	−569	−654	−719	−794	−925
	标准误差	1432	388.9	1327	268.2	246.1	132.4	160.6	127.9	9849
	T 统计量	−0.53	−0.97	−0.64	−1.63	−2.31	−4.94	−4.48	−6.21	−0.09
	概率值	0.598	0.334	0.524	0.106	0.023	0.000	0.000	0.000	0.925
	判定系数	0.101	0.161	0.222	0.265	0.297	0.350	0.383	0.395	0.487
X5	估计系数	−3775	−4258	2364	2440	6655	6461	6688	6299	4801
	标准误差	7151	8401	3915	3410	2838	2307	2427	2617	6512
	T 统计量	−0.53	−0.51	0.604	0.715	2.345	2.801	2.755	2.407	0.737
	概率值	0.599	0.614	0.548	0.477	0.022	0.006	0.007	0.018	0.463
	判定系数	0.101	0.161	0.222	0.265	0.297	0.350	0.383	0.395	0.487

从技术引进经费的投入来看，在自主创新人员投入水平较高的行业里技术引进对企业经济增长所起到的作用几乎都为负值，说明现阶段对于依靠技术引进的创新活动很难实现促进企业经济增长的需要。从创新人员投入的本身来说，在现有的企业发展情况下，创新人员的投入还远远未达到需求水平，还需进一步加强创新人员的投入。

从表 6.9 的分析结果可以看出，对于研究与试验发展经费内部支出来说，在自主创新人员投入水平相对较低的行业中，研究与试验发展经费内部支出的作用较小，而且当主营业务收入位于高位点时，研究与试验发展经费的内部支出为副作用，而且从判断回归系数显著性的概率 P 值来看，其值也都较大，说明在自主创新人员投入水平较低的行业，研究与试验发展经费的作用不显著，这进一步说明，随着主营业务收入的增长，需要更多的研究与试验发展经费和研究与试验发展人员的投入。

从技术改造费用来看，在自主创新人员投入水平较低的行业和技术改造相关的创新活动对于企业的经济增长随着主营业务收入的增长起到了越来越重要的作用，而且都具有显著的作用。

从技术消化吸收经费来看，在自主创新人员投入水平较低的行业中和技术消化吸收相关的创新活动对于企业的经济增长的作用为正，但是在分析的主营业务收入的高分位点处其值变为负值，而且从判断回归系数的概率 P 值都较大，说明和技术消化吸收相关的创新活动对于自主创新人员投入水平较低的行业起到了促进的作用，但是作用不是很显著，而且随着主营业务收入的增长，技术消化吸收经费的作用变小。

从技术引进经费来看，在自主创新人员投入水平较低的行业和技术引进相关的创新活动对企业经济增长的影响为负值，而且作用也不显著。从研究与试验发展人员全时当量的影响来看，在自主创新人员投入水平较低的行业其自主创新人员的作用在主营业务收入的高位点逐渐发挥出来，但是作用不显著。

6.3.6 结论

通过对规模以上工业企业中 34 个行业的研究与试验发展经费内部支出、技术改造经费、技术消化吸收经费、技术引进经费和研究与试验发展人员全时当量对企业主营业务收入的影响分析，得到以下结论：

（1）从行业发展的整体来说，研究与试验发展经费内部支出对于主营业务收入的影响具有显著的促进作用，但是在现阶段企业的发展中，相对于主营业务收入的水平来说，研发经费的投入还相对较少，需要进一步提高研发经费的投入。而随着主营业务收入的增长，技术改造费用的作用越来越显著，但是技术消化吸收、技术引进的作用越来越趋向于显著的负作用。而研究与试验发展人员全时当量的作用由显著的负作用向不显著的正向作用变化。

（2）从按自主创新经费投入水平分类的分析结果来看，自主创新经费投入的水平对各因素与企业主营业务收入的关系有着显著的影响。自主创新经费投入水平不同的条件下，各创新投入对企业主营业务收入的影响作用存在着较大的差异。在自主创新经费投入水平较高的行业，对企业的经济增长起主要作用的是自主研发能力，而在自主创新经费投入水平较低的行业，对企业的经济增长起主要作用的是和技术改造相关的创新活动。但是在自主创新经费投入水平较高的行业，其研究与试验发展人员全时当量的投入不能满足其企业主营业务收入增长的需要，而在自主创新经费投入水平较低的行业，其研究与试验发展人员全时当量对企业主营业务收入的促进作用比较显著。

（3）从按创新人员投入水平分类的分析结果来看，创新人员投入的水平对各因素与企业主营业务收入的关系有着显著的影响。创新人员投入水平不同的条件下，各创新投入对企业主营业务收入的影响作用有着较大的差异。在创新人员投入水平较高的行业，对企业的经济增长起主要作用的是自主研发能力，而在创新人员投入水平较低的行业，企业自主研发能力的作用非常不显著，甚至是负作用，而技术改造经费、技术消化吸收经费和技术引进经费对企业主营业务收入都无显著的影响，说明在无创新人员的支持下，各种创新活动都无法发挥其作用。

（4）各个行业在发展过程中，可以根据各自具备的条件以及所处的发展阶段来确定自主创新人员和自主创新经费的投入，再适时调整技术创新的方式。根据分析，可以看出，随着行业的发展，企业资金积累越来越多时，相应的创新活动人员和创新活动经费的投入也越来越多时，技术创新的形式可以由技术引进向技术消化吸收再创新、自主创新转换。因为随着发展水平的提高，要求企业的自主创新的能力越来越高，此时各种创新投入可以带来更多的产出，更有利于行业的发展。但在行业的资金积累不足时，没有较强的实力进行大量的创新活动人员的引进和创新活动经费的支出，此时可以选择技术消化吸收再创新或是技术改造的形式进行技术的积累。

第7章

结论与研究展望

新常态是中国的经济增长面临的新的发展时期，即由原来的高速增长转为中高速增长，而与此同时中国的经济又面临着“中等收入陷阱”的威胁，即在一个经济体达到中等收入水平后，在经济高速发展时期积累的体制、增长机制和发展模式方面的矛盾进入新的临界状态，而且在原来经济高速发展时期具有的劳动力成本优势、资源优势等逐渐消失，但又无法在高科技领域参与竞争，同时又面临着由于依靠低端制造业带来的经济高速发展过程中产生的环境污染等问题，而所有这些问题的解决，需要对低端制造业进行升级改造，即需要创新力量的支撑。除此之外，经济的发展在于诸多要素的投入，比如资本、劳动力、技术等要素的投入，但各种生产要素又存在要素报酬递减的问题和稀缺资源的瓶颈问题，而这些问题的解决也需要创新力量的支撑来提高生产率。而创新力量很大一部分来源于自主创新能力的提高。在此背景下，中国的自主创新现状如何，现阶段中国的自主创新与经济增长的关系如何，在未来的一段时间内中国如何提高自主创新能力，进而实现经济的可持续增长是亟待解决的问题。

7.1　主要研究结论

本书研究成果的核心内容为自主创新与经济增长的关系以及自主创新对经济增长的作用。本书围绕核心内容在国家整体自主创新能力分析、各地区自主创新能力分析以及各行业自主创新能力分析的基础上，对现阶段中国经济增长与自主创新的关系以及自主创新对经济增长的作用进行探讨。在对现阶段中国自主创新与经济增长的关系以及自主创新对经济增长的作用进行探讨时，主要从比较优势和自主创新与经济增长的关系、自主创新产出与经济增长的关系、不同创新模式对经济增长的影响三个方面进行分析。

7.1.1　中国自主创新能力的现状

1. 中国自主创新投入总量及其强度的特点

根据统计数据显示，研究与试验发展经费内部支出在 1995—2013 年逐年以较快的速度增加，研究与试验发展经费内部支出投入的强度也突破 2%，这表明我国科技发展潜力和实力不断增强。但是从国家财政科技支出来看，虽然其绝对值逐年增长，但是国家财政科技支出占公共支出的比重并未有太大的变化，一直维持在 3.6%左右。另外和国际上其他国家比较来看，2012 年，中国研究与试验发展经费投入为 10298.4 亿元，按照汇率计算，约合 1662.16 亿美元。中国研究与试验发展经费投入总量目前位居世界第三，其中最高的为美国，其研究与试验发展经费为 4532 亿美元，研究与试验发展经费排名为第二的是日本，数值为 1996.96 亿美元，从中可以看出各国研究与试验发展经费投入的绝对量差距较大。如果从研究与试验发展经费投入强度来看，日本、德国和美国研究与试验发展经费投入强度较高，2012 年这些国家的研究与试验发展经费投入强度分别为 3.35%、2.98%和 2.79%，而中国在 2012 年研究与试验发展经费投入强度为 1.98%，投入强度相对较低，与发达国家仍有差距，说明与发达国家相比我国对研究与试验发展经费的投入水平还有很大提升空间，但是中国在新兴发展国家中居领先地位，与发达国家的差距也正在逐步缩小。另外，虽然中国研究与试验发展人员的投入总量很大，但是如果按每万人口中从事研究与试验发展人员的指标来看，在每万人就业人员中从事研究与试验发展人员的数量又远远落后于其他国家。

2. 中国自主创新投入的资金来源特点

中国研究与试验发展经费主要来源于企业资金，且企业资金比重仍在逐年增加，2013 年企业资金所占比重为 74.6%。政府资金在研究与试验发展经费中也占较大部分，但政府资金所占比重正逐年下降。从具体数据来看，2003 年政府资金在研究与试验发展经费中的比重为 29.9%，2013 年为 21.1%。从企业资金在研究与试验发展经费中所占比重变化的特点来看，在 1999 年之前为研究与开发机构的经费支出比较多，但从 1999 年之后企业的研究与试验发展经费内部支出迅速增长，企业的研究与试验发展经费已经远远超过了研究与开发机构和高等学校的研究与试验发展经费。从具体数据来看，2013 年企业的研究与试验发展经费内部支出为 9075.8 亿元，研究与开发机构的研究与试验发展经费内部支出为 1781.4 亿元，高等学校的研究与试验发展经费内部支出为 856.7 亿元。另外，企业的研究与试验发展经费外部支出也明显高于研究与开发机构和高等学校在研究与试验发展经费外部支出，2013 年企业的研究与试验发展经费外部支出为 480.6 亿元，研究与开发机构研究与试验发展经费外部支出为 53.9 亿元，高等学校研究与试验发展经费外部支出为 66.8 亿元。从研究与试验发展人员来看，企业的研究与试验发展人员也远远超过了研究与开发机构和高等学校中的研究与试验发展人员数，2009 年以来，企业的研究与试验发展人员数逐年增加，而研究与开发机构和高等学校的研究与试验发展人员增加不明显。

对于企业创新主体来说，其主要研究与试验发展经费内部支出的来源为企业资金，政府资金只是占很小的比重，而且企业资金在企业的研究与试验发展经费内部支出中所占比重逐渐升高。对于研究与开发机构这一创新主体来说，其研究与试验发展经费内部支出主要来源于政府，而企业资金所占比重不足 4%。对于高等学校这一创新主体来说，其研究与试验发展经费也是主要来源于政府资金，政府资金比重在 60%左右，而其企业资金所占比重为 40%左右。除了企业，研究与开发机构和高等学校这三个创新主体之外，有其他执行部门支出的研究与试验发展经费内部支出中还是以政府资金为主。

和国际上其他国家进行对比分析研究与试验发展经费的资金来源，2012 年中国研究与试验发展经费主要来源于企业资金，比重达 74%，日本研究与试验发展经费中主要来源于企业资金，比重为 76%，俄罗斯研究与试验发展经费中政府资金比重为 68%。

3. 中国自主创新投入的支出用途特点

自主创新投入的支出用途主要是按不同的研究类型分为基础研究、应用研究、试验发展三个方面。从统计数据显示结果来看，中国试验发展的经费支出远远超过了基础研究和应用研究的经费支出，但是应用研究的经费支出稍高于基础研究经费的支出。从具体数据来看，2009 年至 2013 年间研究与试验发展内部支出在基础研究、应用研究和试验发展研究都占比稳定，其中基础研究基本稳定在 5%，应用研究稳定在 11%左右，试验发展研究占比较大，基本稳定在 84%左右。而且从自主创新人员的投入来看，在 2004 年之后试验发展中投入的研究与试验发展人员的全时当量迅速增长，远远超过了从事基础研究和应用研究的研究与试验发展人员的全时当量。

从国际比较上来看，和 2012 年美国、日本和俄罗斯国家研究与试验发展经费研究领域比较，可以看出各个国家的支出用途结构类似，都是试验发展所占比重比较高，其次为应用研究，基础研究所占比重最少。但是美国、日本和俄罗斯的试验发展集中均在 65%左右，中国在试验发展中投入的研究与试验发展经费相对较高，而在基础研究和应用研究方面中国投入的经费比重相对较低。

4. 中国自主创新效率的特点

自主创新效率的分析结果显示中国区域创新效率总体水平不高，同时各地区之间存在着明显的差异性，差距较大。从整体上来说，东部地区的自主创新效率较高，而西部地区的自主创新效率都较低，中部地区处在中间位置，而在每个区域的内部也存在着显著的差异性。在时间趋势上，以专利申请量为产出指标的自主创新效率变化不明显，但以新产品销售收入为产出指标的自主创新效率变化较大。这说明中国在加快科技产业活动的同时，应完善知识产权的保护制度，促进创新竞争，提高自主创新的效率。从自主创新资金投入和自主创新人员投入对比来说，资本投入的推动作用要远远大于人员投入的推动作用，这说明中国应在加大自主创新经费投入的同时更应加大人力资本的作用，提高其素质，使其适应科技和经济发展的需要。

从地区和行业的自主创新效率分析中发现，利用全要素生产率表示的各地区和各行业的自主创新效率并不稳定，而且技术进步是影响全要素生产率上升和下降的最主要因素，这说明中国的自主创新能力还比较低，在核心技术的掌握上还未形成自己的优势，还需要继续进一步提高自主创新能力。另外，从各地区和各行业的纯技术效率和规模效率的变化来看，在 2009 年至 2013 年间并未有明显的变化。

7.1.2 自主创新对经济增长的作用

通过比较优势和自主创新的比较分析发现，在中国的经济发展过程中，由于对资源的依赖和自然资源的相对丰富，再加上自主创新的投入成本巨大，造成利用自主创新实现经济增长过程中的种种困难。本书通过实证分析探讨了利用比较优势组织生产和通过提高自主创新能力组织生产过程中的各生产要素对经济增长促进作用的差异性，从而说明在中国经济增长过程中自主创新对经济增长的作用。通过分析得到以下结论：

自主创新投入水平高的地区和自主创新投入水平低的地区的固定资产投资规模对经济增长的影响都是正向的，即促进了经济的增长。但从两个值的比较来看，自主创新投入水平高的地区的系数值更大，说明其起到的作用更大，这和中国在近几年的发展是相关的，虽然经济增长是靠固定资产的投资为主实现经济的增长，但在自主创新投入水平高的地区其发挥的作用更大。对于从业人员来说，同样显示在自主创新投入水平较高的地区中从业人员所发挥的作用要高于在自主创新投入水平较低的地区中从业人员所发挥的作用。另外还发现，研发经费的投入水平和研发人员的投入水平是和经济发展水平相适应的，当经济发展水平较低时对于研发经费和研发人员要求相对也较低，而经济发展水平较高时对于研发经费投入和研发人员投入的要求就会随之提高，所以对于经济发展水平较高的地区需要进一步加强研发经费和研发人员的投入。

7.1.3　不同创新模式对经济增长的影响

为了分析不同的创新模式对于经济增长的影响作用，研究成果把创新投入主要分为创新资金投入和创新人员投入两类，而在创新资金投入中按创新活动的特点分为研究与试验发展经费内部支出、技术改造经费、消化吸收经费、技术引进经费四个方面来分别体现自主研发、技术改造、消化吸收、技术引进等不同的技术创新模式。通过建立规模以上工业企业的主营业务收入和规模以上工业企业的研究与试验发展经费内部支出、技术改造经费、消化吸收经费、技术引进经费以及研究与试验发展人员全时当量的分位数回归模型考察不同创新模式对经济增长的影响作用。通过分析结果发现：

在现阶段企业的发展中，相对于主营业务收入的水平来说，研发经费的投入还相对较少，需要进一步提高研发经费的投入。而随着主营业务收入的增长，技术改造费用的作用越来越显著，但是技术消化吸收、技术引进的作用越来越趋向于显著的负作用。而研究与试验发展人员全时当量的作用由显著的负作用向不显著的正向作用变化。

创新经费投入的水平对各因素与企业主营业务收入的关系有着显著的影响。创新经费投入水平不同的条件下，各创新投入对企业主营业务收入的影响作用存在着较大的差异。在自主创新经费投入水平较高的行业，对企业的经济增长起主要作用的是自主研发能力，而在自主创新经费投入水平较低的行业，对企业的经济增长起主要作用的是和技术改造相关的创新活动。但是在自主创新经费投入水平较高的行业，其研究与试验发展人员全时当量的投入不能满足其企业主营业务收入增长的需要，而在自主创新经费投入水平较低的行业，其研究与试验发展人员全时当量对企业主营业务收入的促进作用比较显著。

创新人员投入的水平对各因素与企业主营业务收入的关系有着显著的影响。创新人员投入水平不同的条件下，各创新投入对企业主营业务收入的影响作用有着较大的差异。在自主创新人员投入水平较高的行业，对企业的经济增长起主要作用的是自主研发能力，而在自主创新人员投入水平较低的行业,企业自主研发能力的作用非常不显著，甚至是负作用，而技术改造经费、技术消化吸收经费和技术引进经费对企业主营业务收入都无显著的影响，说明在无创新人员的支持下，各种创新活动都无法发挥其作用。

分析结果显示，不管经济发展达到任何水平的地区都是经济发展水平越高，自主创新的能力也要越高，但自主创新对经济发达地区、中等发达地区和不发达地区的作用特征为对经济中等发达地区的作用最明显。

7.2 研究展望

本书中内容主要从国家自主创新现状、地区自主创新现状和行业自主创新现状，以及比较优势和自主创新与经济增长的关系、自主创新产出与经济增长的关系、不同创新模式对经济增长的影响等方面进行了分析。对于国家整体、各地区和各行业的创新要素配置的现状和特点进行了深入和详细的分析，得到了关于各种创新投入、创新产出和创新效率的不同特点，但是书中内容对于产生不同特点的原因未进行深入分析，有待进一步研究。

在比较优势和自主创新与经济增长的关系、自主创新与经济增长关系、不同创新模式对经济增长的影响分析中发现研发经费和研发人员在不同的自主创新投入水平下、不同的地区、不同的行业、不同的经济发展水平下所发挥的作用有着很大的差异，而且发现在目前阶段中国研发人员的作用还远远未发挥其作用，对于产生这些特点的原因，并且如何提高研发经费和研发人员的作用还需进一步进行理论探讨。

另外，对于区域创新体系内各个创新主体之间如何实现创新要素的优化配置以及区域创新体系的运行机制应如何建立、各创新主体之间的创新联系如何测度、创新要素的需求如何测度等都有待进一步研究。

参考文献

[1] 彭亮. 自主创新与中国经济增长[D]. 华中科技大学，2008.

[2] 陈至立. 加强自主创新促进可持续发展[J]. 中国软科学，2005（09）：4-5.

[3] 舒文，禾青. 在构建节约型社会中的贡献力量[N]. 经济参考报，2005-11-11.

[4] [美]迈克尔·波特. 国家竞争优势[M]. 李明轩，邱如美，译. 北京：华夏出版社，2002.

[5] 保罗 A. 萨缪尔森，威廉 D. 诺德豪斯. 经济学（英文版第16版）[M]. 北京：机械工业出版社，1998.

[6] 阿瑟·刘易斯. 经济增长理论[M]. 周师铭，沈丙杰，沈伯根等，译. 北京：商务印书馆，1996.

[7] 樊瑛. 经济增长中系统演化的复杂性研究[D]. 北京：北京师范大学，1999：22.

[8] 约瑟夫·熊彼特.经济发展理论[M]. 北京：商务印书馆，1990：12.

[9] 龚宏斌，罗青军. 市场导向基础的企业产品创新研究[J]. 软科学，2003（03）：84-87.

[10] J.L.Enos. Invention and Innovation in the Petroleum Refining Industry: The Rate and Direction of Inventive Activity: Economic and Social Factors [A]. National Bureau of Economic Research, 1962: 299-322.

[11] 刘婧姝，刘凤朝. 产业技术创新能力评价指标体系构建研究

[J]. 科技和产业，2007（11）：8-12.

[12] 傅家骥. 技术创新[M]. 北京：清华大学出版社，1998.

[13]约瑟夫·熊彼特.经济发展理论[M]. 北京：商务印书馆，1990：16.

[14] 陈至立. 加强自主创新促进可持续发展[J]. 中国软科学，2005（09）：1-2.

[15] Marco Iansiti, J West. Technology Integration: turning great research into great products [J]. Harvard Business Review, 1997, 75(3): 69-79.

[16] Marco Iansiti. Technology integration: making critical choices in a dynamic world[M]. Boston: Harvard Business School Press, 1998.

[17] 陈劲. 从技术引进到自主创新的学习模式[J]. 科研管理，1994（02）：33.

[18] 刘凤朝，潘雄锋，施定国. 基于集对分析法的区域自主创新能力评价研究[J]. 中国软科学，2005（11）：83-91，106.

[19] 王一鸣，王君. 关于提高企业自主创新能力的几个问题[J]. 中国软科学，2005（07）：10-14，32.

[20] 吴增基. 论“自主创新”的条件[J]. 社会科学，2005（10）：123-128.

[21] 杨水旸. 自主创新的理论基础和基本模式探讨[J]. 工业技术经济，2005（07）：2-4.

[22] 亚当·斯密. 国民财富的性质及原因研究[M]. 北京：商务印书馆，1972.

[23] R.Solow. Technical Change and the Aggregate Production Function[J]. Review of Economics and Statistics, 1957, 39(3): 312-320.

[24] Arrow, K.J. The Economic Implications of Learning by Doing[J]. The Review of Economic Studies, 1962, 29(3): 155-173.

[25] Uzawa, Hirofumi. Optimum Technical Change in an Aggregative Model of Economic Growth [J]. International Economic Review, 1965, 6(1): 18-31.

[26] Paul M Romer. Increasing Returns and Long-Run Growth[J]. Journal of Political Economy, 1986, 94(5): 1002-1037.

[27] Paul M Romer. Endogenous technological Change[J]. Journal of Political Economy, 1990, 98(5): 71-102.

[28] Sergio Rebelo. Long-Run Policy Analysis and Long-Run Growth[J]. Journal of Political Economy, 1991, 99(3): 500-521.

[29] Jesus Felipe, Franklin M Fisher. Aggregation in Production Functions: What Applied Economists Should Know[J]. Metroeconomica, 2003, 54(2-3): 208-262.

[30] R Nelson, S Winter. An Evolutionary Theory of Economic Change[M]. Boston: The Belknap Press of Harvard University Press, 1982.

[31] Robert Lucas. On the Mechanics of Economic Pevelopment[J]. Journal of Monetary Economics, 1988, 22(1): 3-42.

[32] Grossman, Helpman. Quality Ladders in The Theory of Growth[J]. Review of Economic Studies, 1991, 58(193): 43-61.

[33] J W Kendrick, MR Pech. Productivity trends in the United States[M]. Princeton: Princeton University Press, 1961.

[34] Edward F Denison. The Sources of Economic Growth in the United States and the Alternatives Before US[M]. New York: Committee for Economic Development, 1962.

[35] Edward F Denison. Accounting for United States Economic Growth, 1929—1969[M]. Washington, D.C: Brookings Institution Press, 1974.

[36] D W Jorgensen, Z Griliches. The Explanation of Productivity Change[J]. Review of Economic Studies, 1967, 34(7): 249-283.

[37] 傅道臣，张新兰.DENISON 经济增长因素分析的模型化与经济增长方式[J]. 系统工程理论与实践，1996（10）：14-19.

[38] 沈坤荣. 1978—1997 年中国经济增长因素的实证分析[J]. 经济科学，1999（04）.

[39] 王春法. 国家创新体系与东亚经济增长前景[M]. 北京：中国社会科学出版社，2002.

[40] 黄本笑. 科技进步与区域发展[M]. 武汉：武汉大学出版社，2002.

[41] 王乃静. 中国数控机床产业自主创新发展战略研究——基于济南二机床自主创新的分析[J]. 中国软科学，2005（04）：23-29.

[42] 程津培，徐芃. 转变经济增长方式提高我国企业自主创新能力[J]. 中国发展，2006（03）：6-11，70.

[43] 胥和平. 以自主创新理解发展[J]. 中国软科学，2006（03）：6-10.

[44] 李琳. 韩国的自主创新之路[J]. 科学决策，2006（03）：49-50.

[45] 邹再进. 欠发达地区区域创新论——以青海省为例[M]. 北京：经济科学出版社，2006.

[46] 张继红，吴玉鸣，何建坤. 专利创新与区域经济增长关联机制的空间计量经济分析[J]. 科学学与科学技术管理，2007（05）：83-89.

[47] 华民. 比较优势、自主创新、经济增长和收入分配——何为中国未来经济发展之道路[J]. 复旦学报（社会科学版），2007（05）52-58，81.

[48] 尚勇. 增强自主创新能力建设创新型国家[J]. 中国软科学，2005（07）：1-3.

[49] 赵炎，周文，席芙蓉. 提高自主创新能力的迫切性及策略[J]. 经济论坛，2006（05）：28-31.

[50] 张占斌. 国家战略建设创新型国家[M]. 上海：远东出版社，2006.

[51] 卢宁，李国平，刘光岭. 中国自主创新与区域经济增长——基于 1998—2007 年省际面板数据的实证研究[J]. 数量经济技术经济研究，2010（01）：3-18.

[52] 欧阳峣，易先忠，生延超. 技术差距、资源分配与后发大国经济增长方式转换[J]. 中国工业经济，2012（06）：18-30.

[53] 董直庆，宋伟，赵景. 技术差距与经济增长收敛性：来自省

际面板数据的实证检验[J]. 华东师范大学学报（哲学社会科学版），2015（06）：129-139.

[54] 柳卸林. 中国区域创新能力报告 2014[M]. 北京：知识产权出版社，2015.

[55] Larry E. WestPhal, Yung W. Rhee, Gary Pursell. Korean Industrial Competence : Where It Came from[M]. World Bank, 1981.

[56] Robert A. Burgelman, M.A. Maidique, S.C. Whelwright. Strategic Management of Technology and Innovation[M]. New York:Mcgraw Hill Higher Education，2003.

[57] Paul S Adler, Aaron J Shenhar. Adapting Your Technological Base:The Organizational Challenge[J]. Sloan Management Review, 1990, 32(1): 25-37.

[58] Dorothy Leonard Barton. Core Capability and Core Rigidities: A Paradox in Managing New Product Development[J]. Strategic Management Journal, 1992, 13(1): 111-125.

[59] Guan J, N Ma. Innovative Capability and Export Performance of Chinese Firms[J]. Technovation, 2003, 23(9): 737-747.

[60] C K Prahalad, G Hamel. The Core Competence of the Corporation [J]. Harvard Business Review, 1990: 79-93.

[61] 刘国新，李兴文. 国内外关于自主创新的研究综述[J]. 科技进步与对策，2007（02）：196-199.

[62] 魏江.企业技术创新能力的界定及其与核心能力的关联[J]. 科研管理，1998（06）：13-18.

[63] 许庆瑞. 研究、发展与技术创新管理[M]. 北京：高等教育出版社，2000.

[64] 温瑞珺. 企业自主创新能力评价研究[J]. 集团经济研究，2005（09）：68-69.

[65] 刘凤朝. 基于集对分析法的区域自主创新能力评价研究[J]. 中国软科学，2005（11）：83-91，106.

[66] 朱春奎. 自主创新与创新型城市——上海科教兴市战略研究

[M]. 上海：学林出版社，2006.

[67] 柳卸林，胡志坚. 中国区域创新能力的分布与成因[J]. 科学学研究，2002（05）：550-556.

[68] 殷尹，梁梁. 区域技术创新能力短期评估[J]. 中国软科学，2001（01）：71-74.

[69] 邵云飞，唐小我，陈光.中国区域技术创新能力的聚类分析[J]. 中国软科学，2003（05）：113-118.

[70] 何亚琼，秦沛. 一种新的区域创新能力评价视角——区域创新网络成熟度评价指标体系建设研究[J]. 哈尔滨工业大学学报（社会科学版），2005（11）：88-92.

[71] 唐彦东.西部地区区域创新能力评价[J]. 新疆财经学院学报，2003（04）：68-71.

[72] 石琳. 辽宁区域创新能力浅析[J]. 辽宁工学院学报，2005（04）：21-24，64.

[73] 肖智，吕世畅. 基于微粒群算法的西部地区自主创新能力综合评价研究[J]. 科技管理研究，2007（08）：24-26.

[74] 文媪，李小建. 企业网络发育程度与区域创新能力研究[J].世界地理研究，2003（06）：39-46.

[75] 陈钰芬. 外商直接投资对促进区域创新能力的影响[J]. 统计与决策，2005（04）.

[76] 胡德龙，周绍森. 提高区域创新能力是促进中部崛起的突破口[J]. 科技进步与对策，2006（01）：5-9.

[77] 李平，崔喜君，刘建. 中国自主创新中研发资本投入产出绩效分析[J]. 中国社会科学，2007（02）：32-42，204-205.

[78] 刘穷志. 激励自主创新：公共支出效应与最优规模[J]. 数量经济技术经济研究，2007（03）：81-90，101.

[79] 范红忠. 有效需求规模假说、研发投入与国家自主创新能力[J]. 经济研究，2007（03）：33-44.

[80] 金麟洙.从模仿到创新：韩国技术学习的能力[M]. 北京：新华出版社，1998.

[81] 万君康. 论技术引进与自主创新的关联与差异[J]. 武汉理工大学学报，2000（04）：43-46.

[82] 程源，雷家骕. 企业技术源的演化趋势与战略要义[J]. 科学学与科学技术管理，2004（09）：74-77.

[83] 张利华. 论我国科技跨越式发展战略[J].自然辩证法研究，2002（10）：40-42，65.

[84] 张雷. 跟踪模仿到创新跨越[N]. 光明日报，2002-12-13.

[85] 王必达. 后发优势与区域发展[M]. 上海：复旦大学出版社，2004.

[86] 郭燕青. 技术转移与区域经济发展[M]. 北京：经济管理出版社，2004.

[87] 姚志坚，王秀昕. 技术跨越组织主体的选择模型研究[J]. 科学学研究，2003（05）：475-481.

[88] 许治，师萍. 我国汽车产业技术能力发展战略[J]. 中国软科学，2005（05）：125，126-129.

[89] 郎咸平. 高科技领域独树一帜的自主创新战略——三星电子引导世界潮流的成功之路[J]. 上海企业，2006（01）：11-13.

[90] 许庆瑞，吴志岩，陈力田. 转型经济中企业自主创新能力演化路径及驱动因素分析——海尔集团 1984—2013 年的纵向案例研究[J]. 管理世界，2013（04）：121-134，188.

[91] Richard E Caves. International Corporations:The Industria Economics of Foreign Investment[J]. Economica, 1971, 38(149): 1-27.

[92] 纪玉山，吴勇民. 科技创新促进经济增长的微观机理与政策选择[J]. 经济社会体制比较，2007（05）：40-46.

[93] 弗里曼. 技术政策与经济绩效：日本国家创新系统的经验[M]. 张宇轩，译. 南京：东南大学出版社，2008.

[94] Lundvall B A. National Systems of Innovation: Towards a Theory of Innovation and Interactive Learning[M]. London: Pinter Pub Ltd, 1992.

[95] Nelson R. National Innovation Systems: A Comparative Analysis

[M]. NewYork: Oxford University Press, 1993.

[96] Edquist C. Systems of Innovation: Technologies, Institutions and Organizations[M], London: Pinter Pub Ltd, 1997.

[97] Patel P, Pavitt K. The Nature and Economic Importance of National Innovation Systems[R]. OECD:STI Review, 1994.

[98] A Gupta. National Innovation Systems[R]. Organization for Economic Co-Operation and Development, 1997.

[99] Pawan Sikka. Analysis of In-house R&D Centers of Innovative Firms in India[J]. Research Policy, 1998, 27(4)：429-433.

[100]冯之浚. 国家创新系统的理论与政策[M]. 北京：经济科学出版社，1999.

[101]叶帆. 试析自主创新的环境制约及其对策[J]. 科技管理研究，2006（07）：16-18.

[102] 辜胜阻，郑凌云，张昭华.区域经济文化对创新模式影响的比较分析——以硅谷和温州为例[J]. 中国软科学，2006（04）：8-14，45.

[103] 保荣本. 自主创新的文化阻抗[J]. 企业文明，2006（01）：36.

[104] 许庆瑞，谢章澍. 企业创新协同及其演化模型研究[J]. 科学学研究，2004（03）：327-332.

[105] 鲁兴启，王琴. 创新文化的创造性构建[J]. 科学学研究，2003（04）：358-361.

[106] 郝继明. 论以企业为主体的产学研紧密结合的自主创新体系的构建[J]. 科技和产业，2006（04）：7-11，16.

[107] 张淑君，马燕林. 知识经济时代的企业管理创新[J]. 机电产品开发与创新，2006（06）：18-19.

[108] 王成军. 大学—产业—政府三重螺旋研究[J]. 中国科技论坛，2005（01）：90-94.

[109]刘继云. 科技基础条件平台的运行机制初探[J]. 中国科技论坛，2005（05）：56-59.

[110]魏龙，李华威. 知识产权保护对科技进步推动作用的实证分析[J]. 中国科技论坛，2004（02）：97-101.

[111]谭贤楚. 国家创新战略的一种模式——自主创新的机理、主体及环境[D]. 东南大学，2004.

[112]陈雅兰. 原始性创新的理论与实证研究[D]. 武汉理工大学，2005.

[113]袁维海. 构建以企业为主体的自主创新体系[J]. 技术经济，2005（09）：25-28.

[114]赵刚. 建立企业为主体产学研结合的自主创新体系——关于山东丛林集团自主创新能力建设的调查[J]. 中国科技产业，2005（10）：42-46.

[115]竺延风. 企业与城市互动——实现・车・社会的和谐发展[J]. 汽车与社会，2002（01）.

[116]王坚. 试论创新环境的功能及其优化[J]. 江西教育学院学报，2002（04）：7-12.

[117] Braczyk H, Cooks P, Heidenreich M. Regional Innovation Systems: the Role of Governances in a Globalized World[M], London: UCL Press, 1998.

[118]Wiig Heidi, Wood Michelle. What Comprises a Regional Innovation System: An Empirical Study[OL]. ResearchGate, 1995(05).

[119]Bjorn Asheim, Michael Dunford. Regional Futures[J]. Regional Studies, 1997, 31(5).

[120]Anna Lee Saxenian. Regional Advantage: Culture And Competition in Silicon Valley and Route 128[OL]. Social Science Research Network, 1994.

[121]J. Hassink. Effects of Soil Texture and Structure on Carbon and Nitrogen Mineralization in Grassland Soils[J]. Biology and Fertility of Soils, 1992, 14(2): 126-134.

[122]Deborah Corrigan, Peter Fensham, Jennifer Sheed, Rosemary Hutchinson. VCE Chemistry as a Curriculum Innovation[J]. Research in Science Education, 1992, 22(1): 403-405.

[123] 王缉慈. 北京中关村高新技术企业的集聚与扩散[J]. 地理学

报，1996（06）：481-488.

[124] 王缉慈. 从意大利产业区模式看浙江专业化产业区发展前景[J]. 浙江经济，2000（07）：10-12.

[125] 王缉慈. 创新的空间：企业集群与区域发展[M]. 北京：北京大学出版社，2001.

[126] 王缉慈. 创新及其相关概念的跟踪观察——返朴归真、认识进化和前沿发现[J]. 中国软科学，2002（12）：31-35.

[127] 王德禄. 创新中国研究系列：管理创新——市场导向型企业管理[M]. 山东教育出版社，2002.

[128] 邓田生，杨永法. 基于产业集群视角的长株潭区域创新体系研究[J]. 工业技术经济，2011（01）：56-60.

[129] 王丽钧，顾新. 跨行政区域创新体系的形成与演化研究[J]. 科技进步与对策，2012（17）：33-36.

[130] 袁潮清，刘思峰. 区域创新体系成熟度及其对创新投入产出效率的影响——基于我国31个省份的研究[J]. 中国软科学，2013（03）：101-108.

[131]潘鑫，王元地，金珺，陈劲. 区域创新体系模式及演化分析——基于开发—探索模式的视角[J]. 研究与发展管理，2015（01）：61-68.

[132] J S Metcalfe. Equilibrium and Evolutionary Foundations of Competition and Technology Policy: New Perspectives on the Division of Labour and the Innovation Process[OL]. ResearchGate, 2003(01).

[133] Carlsson B，Jacobssons，Holmen M，Rickne A. Innovation Systems: Analytical and Methodological Issues[J]. Research Policy, 2002, 31(2): 233-245.

[134] Cassiolato José Eduardo, Lastres Helena Maria Martins. Local Systems of Innovation in Mercosur Countries[J]. Industry and Innovation, 2000, 7(1): 33-53.

[135]顾新. 区域创新系统的运行[J]. 中国软科学，2001（11）：105-108.

[136]黄鲁成. 关于区域创新系统研究内容的探讨[J]. 科研管理，2000（03）：43-48.

[137]罗守贵，甄峰. 区域创新能力评价研究[J].南京经济学院学报，2000（06）：31-35.

[138]Fan D K. C, Tanu X X. Performance Evaluation of Industry-University-Research Cooperative Technological Innovation Based on Fuzzy Integral[C]. International Conference on Management Science & Engineering. Moscow:Management Science and Engineering, 2009: 1789-1795.

[139]朱俊成. 基于共生理论的区域多中心协同发展研究[J]. 经济地理，2010，30（8）：1272 - 1277.

[140]解学梅. 中小企业协同创新网络与创新绩效的实证研究[J]. 管理科学学报，2010，13（8）：51-64.

[141]杜栋，胡慧玲. 产学研协同创新的绩效评价研究[J]. 中国科技资源导刊，2013，45（1）：73-76.

[142]刘志华，李林，姜郁文. 我国区域科技协同创新绩效评价模型及实证研究[J]. 管理学报，2014，11（6）：861-868.

[143]解学梅，刘丝雨. 协同创新模式对协同效应与创新绩效的影响机理[J]. 管理科学，2015，28（2）：27-39.

[144]樊瑛. 经济增长中系统演化的复杂性研究[D]. 北京：北京师范大学，1999：56.

[145]Jeffrey D Sachs, Andrew M Warner. Natural Resource Abundance and Economic Growth[OL]. National Bureau of Economic Research Working Paper, 1995.

[146]Jeffrey D Sachs, Andrew M Warner. Fundamental Sources of Long-run Growth[J]. The American Economic Review, 1997, 87(2): 184-188.

[147]Thorvaldur Gylfason, Tryggvi Herbertsson, Gylfi Zoega. A Mixed Blessing:Natural Resources and Economic Growth[OL]. Centre for Economic Policy Research Discussion Papers, 1997(07).

[148]Elissaios Papyrakis, Reyer Gerlagh. The Resource Curse Hypothesis and Its Transmission Channels[J]. Journal of Comparative Economics, 2004, 32(1): 181-193.

[149]Gene M Grossman, Elhanan Helpman. Endogenous Innovation in the Theory of Growth[J]. Journal of Economic Perspectives. 1994, 8(1): 23-44.

[150]陈劲. 从技术引进到自主创新的学习模式[J]. 科研管理，1994（02）：32.